国家社会科学基金青年项目（15CZX022）

泰山学者工程专项经费资助项目（TS201712038）

《吕氏春秋》类思维研究

蒋开天 著

中国社会科学出版社

图书在版编目（CIP）数据

《吕氏春秋》类思维研究／蒋开天著．—北京：中国社会科学出版社，
2021.3

ISBN 978-7-5203-7924-3

Ⅰ.①吕…　Ⅱ.①蒋…　Ⅲ.①杂家②《吕氏春秋》—研究
Ⅳ.①B229.25

中国版本图书馆 CIP 数据核字（2021）第 029441 号

出　版　人	赵剑英	
责任编辑	韩国茹	
责任校对	张爱华	
责任印制	张雪娇	

出　　　版	中国社会科学出版社	
社　　　址	北京鼓楼西大街甲 158 号	
邮　　　编	100720	
网　　　址	http://www.csspw.cn	
发　行　部	010-84083685	
门　市　部	010-84029450	
经　　　销	新华书店及其他书店	

印刷装订	北京市十月印刷有限公司	
版　　　次	2021 年 3 月第 1 版	
印　　　次	2021 年 3 月第 1 次印刷	

开　　　本	710×1000　1/16	
印　　　张	19	
插　　　页	2	
字　　　数	310 千字	
定　　　价	118.00 元	

序

吾敬东

　　学生蒋开天在博士学位论文基础上修改完成的著作《〈吕氏春秋〉类思维研究》即将由中国社会科学出版社出版，希望我为之作序，自无法推辞。之前也已经为学生顾瑞荣的《道家"大一"思想及其表达式研究》（上海世纪出版集团2008年出版）和刘刚的《"道"观念的发生——基于宗教、知识的视角》（光明日报出版社2009年出版）写过序，也为梁君的《由思想而行动——南宋理学家伦理实践研究》（花木兰文化事业有限公司2017年出版）做过推荐。看到学生们的博士学位论文纷纷出版，内心真是充满喜悦。

　　跟我读博士学位的学生，除非"自带"论文题目，若与我商量，我一般不建议写儒家，也不建议写伦理、道德或心性，实在是因为做此类题目的人太多，挤作一堆。其实做研究也如同游戏，除了扎堆的玩法，难道就没有其他玩法吗？以我自己的经验，不扎堆本身就很好玩，也可以玩得很好。当然，从深层角度来说，我个人始终认为儒家伦理的可能性是存在问题的，通过与犹太或基督宗教伦理的比较，我们会看到儒家伦理的某些根本性缺陷或不足，这当然只是我个人的看法。基于以上这两个原因，一直以来，我总是鼓励学生做与思维和知识相关的题目。并且多年来我自己在这方面的研究也积累了一定的经验，便于指导。不少学生都听取了我的意见，其中就包括开天，其选择了《吕氏春秋》类思维研究这样一个与知识和思维密切相关的题目。毫无疑问，这样的题目会有一定的难度或风险，例如知识训练，有时还涉及较专门的逻辑训练，这无形之中会给学生增加很多压力。令我欣慰的是，开天没有畏惧，知难而行。

　　类思维及其观念源远流长，对此只要看一下列维·布留尔的《原始思维》和列维·斯特劳斯的《野性的思维》就十分清楚，其中前者涉及了原始思维中的比类形式，后者涉及了原始思维中的分类方法。一般而言，分类多与知识有关，比类多与观念有关。就中国而言，分类意识早在《山海经》《尚书》《尔雅》中就有成熟的运用，比类思维也在《周易》《诗经》中有大量的体现。而开天所选择的《吕氏春秋》正当先秦尾声，其中所反映或包含的类思维可说集先秦类思维之大成，因此，梳理弄清《吕氏春秋》的类思维，对于把握整个先秦类思维的概貌与发展无疑有着提纲挈领之功。不仅如此，《吕氏春秋》又恰值秦汉之际，作为一段历史的起点，此书所呈现的思维对于认知后来者显然也具有管斑窥豹之效。不说其他，看一下两汉时期类思维的弥漫便可一目了然。笼盖普遍思维与观念这种东西及其能力，很多时候还真不会在所谓的经典中找到，或者说无法由所谓的经典来提供。经典作为高束于庙堂之物，往往在被确立为经典之日起就僵化了，它远不及流行于民间的思维那样鲜活。凡此种种，我想就应是开天选择研究《吕氏春秋》类思维的意义与价值所在。而从事后来看，或许正是由于这样一种意义与价值，也或许正是因为做知识与思维研究的人偏少，所以这个题目很顺利地获得了国家社科基金青年项目的资助。由此也可以看出选择与判断的重要性。

开天的博士学位论文是在 2014 年 6 月完成的，当时字数约 16 万，其中包括所附发表论文等 13000 字。现在著作删除了这些附加部分，而总字数却增加到近 30 万字，即扩展了约足足 10 余万字，著作七章加结语的布局比原先论文五章加结语的结构也更加丰满，可知著作在论文基础上有了极大的改进和拓展，也可知这六年时间开天的默默勤奋和孜孜探求，这种勤勉和追求着实令我欣喜。

当然，没有什么工作是不留缺憾的，我也始终认为，"有意义"的"缺憾"比"无意义"的"完美"更有价值。开天的这一研究，我多少觉得若在反思或批判的力度上再加强些也许会更好。例如尽管目前著作通过《黄帝内经》《淮南子》《春秋繁露》三部典籍对后续汉代的分类与比类思维做了考察，但似乎有些"平均分配"和"平铺直叙"。事实上在汉代，比类显然更具有某种"权威性"或"合法性"，其更为哲学所倾情甚至独占，相较之下，分类则更属于被哲学边缘化的知识活动。若再进一步深究，这样一种"割裂"在先秦其实并未出现，公孙龙、后期墨家及荀子都对分类问题有过专门和深入的思考。为什么？这种现象在我看来，就是由理性重返迷信的表现，也就是马克斯·韦伯所说的"祛魅"没有实现的表现。对此开天若能多问一个为什么应会更好。此外，类思维的更深入研究一定离不开更高要求的形式逻辑训练，由此也一定会涉及与作为同时期的古代希腊思维的比较，包括种属关系问题，这样又可以"顺势"进入有关"轴心期"问题的思考，而本书在这方面的思考似乎也有些薄弱。不过，这些要求或许又已经超出了这一研究本身所触及的内容或限定的边界。更何况反思、批判的"感觉"乃有待日复一日的积累，思考力度或深刻性也须在其中形成。相信开天未来会做得更好！

　　是为序。

2020 年 6 月 21 日

目　录

绪　论

一　思维和类思维

思维，是哲学、逻辑学、心理学等多个学科的研究对象。若要对"思维"下一个科学的且被多数人共同接受的定义，实在是难上加难。本书主要是从哲学的视角来审视思维及其相关问题。一般来讲，思维是人脑凭借已有知识，对世界进行的能动的、间接的和概括的反映过程。有关思维问题，与本研究密切相关的如下几点需要着重强调：第一，思维包括经验思维和理性思维。相应地，思维的发展过程也是经历了从感性到知性再到理性几个阶段。第二，思维关注的主要对象是不同事物、要素间的联系，追逐的目标是实现这种联系的秩序化，整个过程是反映和加工的动态发展过程。第三，"思维"与"观念""思想"两个词语既有不同，又有联系。从哲学上讲，"观念"是思维的基础和源泉，主要建立和停留在感觉经验的基础之上；"思想"是思维活动和思维过程的结果或结晶，主要归属于理性认识的范畴。第四，思维一方面表现为思维方式，另一方面表现为思维方法。思维方式具有继承性和稳定性，思维方法具有形式化的特征和创造性。第五，思维的形式和状态即思维形态，具有多样性和复杂性，分类的标准不同，结果也各异。

类思维，既是一种思维形态，又是一种思维方式，有时还作为一种思维方法。有关类思维，也有几点需要指出：第一，从产生的时间和影响上看，它在中国乃至世界思维史上最早发展起来，并对人类产生了深远影响。第二，类思维可以分为两大分支形态——分类思维和比类（比附）思维。第三，从"类"的多种内涵的演进历程中，大体也可以看到一条由具体到抽象、由分类思维到比类思维的类思维发展轨迹。"类"，最初是作为具有动物属性的兽名而存在，然后发展到具有宗教属性的祭名，之后升华到具有道德属性的"善"的意涵,实现了从具体到抽象的内涵转变和理论提升。以此为基础,"类"发展出具有思维意义的"分类"及其相关的"族类""事类""物类"之义,和具有思维意义的"比类"及其相关的"肖似""好像"之义。

二 分类思维和比类思维

分类思维建立在分类观念的基础之上,是早期先民面对纷繁复杂和未知的自然界时,对其中的万事万物长期进行识别、分辨和归类的必然结果。这一分支形态主要是在感性经验的范围内进展。有关分类思维,可以从以下四个方面审视:第一,从"分类"的定义来看,爱弥儿·涂尔干(Emile Durkheim)和马塞尔·莫斯(Marcel Mauss)说:"所谓分类,是指人们把事物、事件以及有关世界的事实划分成类和种,使之各有归属,并确定它们的包含关系或排斥关系的过程。"① 仔细分析,这是西方形式逻辑视域下对于"分类"的把握。然而,由于古代中国分类思维不注重对于概念的种属关系和定义形式的研究,而将更多的注意力放在了对于概念内涵的丰富性的把握上,因此,分类思维主要不是表现为一种"类包含"的关系,而更多地表现为一种"类相似"或"类关联"的关系。这样,也就致使古代中国的分类思维很难向科学的、逻辑的、层次性的方向发展,而呈现出随意性和混乱性的特征。第二,从分类思维的进展路向来看,早期先民最早识别、分辨和归类的对象是与其生产生活实践密切相关的自然界,反映在采集、狩猎活动和农耕活动中就是对于地理知识和生物知识的分类。随着分类思维的逐渐发展,分类范围逐步扩大,最终实现了分类思维由自然知识领域到社会历史领域的质的飞跃。第三,具体到《吕氏春秋》中的分类思维,因延续和展现了自春秋战国以降知识日益扩展特别是人们对于社会历史知识的认知走向日益丰富和深刻的影响,《吕氏春秋》的分类思维呈现出一种兼重自然知识领域和社会历史领域的分类的倾向。第四,从分类思维的历史价值来看,分类思维是类思维的基础形态,是人类思维追逐认知世界的秩序化的起点,具有重要价值。

---

① [法]爱弥儿·涂尔干、[法]马塞尔·莫斯:《原始分类》,汲喆译,渠东校,上海人民出版社 2000 年版,第 4 页。

　　分类思维是比类思维的基础，比类思维是人类在对于分类这一异中求同的相似性问题的考察之上发展而来的。比类思维主要是在逻辑或理性思维的范围内开展。有关比类思维，有四点值得注意：第一，比类思维兼具比较的特性和推理的特性。其中，比较的特性是更为基本的，在产生时间上是在先的；推理的特性是在比较的基础上完成与展现出来的，在产生时间上也是在后的。第二，"类同"是比类推理的依据，如若说两个或两类事物存在类同关系，那么二者必须具有某些共同的特有属性，这些特有属性就是同类事物中的相似性因素。第三，比类思维表现为一种从特殊到特殊的思维比推进路，因此，与归纳推理与演绎推理相较，比类思维更具有联想性与创造性。当然，这也致使比类思维所得出的结论具有主观性和或然性的特征。第四，在中国思维史和中国哲学史上，"比类""类比""推类""类推"四个语词的运用，是在含义相同的情况下来使用的，四者名异而实同，其逻辑本质都是类比推理。其中，"比类"一词更加符合古代中国人的表述习惯。

三　比类思维和比附思维

　　比附思维，是指人们在考察不同类事物的联系时，通过与"象""数"问题相联结，表现出的一种将"表象"等同化为"本质"，将"相似"绝对化为"相同"，将"关联"神秘化为"必然"的思维形态。当然，有一点需要强调的是，比附思维虽然也可以作为一种独立的思维形态存在，但是，与分类思维、比类思维相比较，它更加强调的是其在方法论上的意义，从这一意义上来讲，比附思维实是比类思维发展的极端形态，因而它更是作为一种思维方法而发生作用。吾淳指出："比附形式的出现可以看作是一种比类思维的返祖现象，它是向比类思维源头的复归，复归到比类思维的哺乳时期。"① 既然比附思维是比类思维的变体和延伸，因此，比附思维实则可以作为比类思维的组成部分而存在。换言之，比类思维有狭义和广义之分，广义的比类思维是比类思维和比附思维的统称，狭义的比类思维仅仅包含比类思维本身。

　　有关比附思维，需要从四方面来看：第一，从比附思维致使比类错误

---

① 吾淳：《中国思维形态》，上海人民出版社 1998 年版，第 277 页。

的原因上看，它违背了逻辑学中"异类不比"（《墨子·经下》）的基本原则，并完全走向了一个极端，那就是在异类事物之间建立起了必然性的联结。第二，从本质上看，比附思维是一种向原始思维的回归，它对矛盾采取漠不关心的态度，具备了原始思维所具有的神秘的和原逻辑的性质。列维·布留尔（Levi - Bruhl）就说："如果单从表象的内涵来看，应当把它叫做神秘的思维；如果主要从表象的关联来看，则应当叫它原逻辑的思维。"① 事实上，在中国哲学史上，这样一种思维在晚周时期被人为地放大并在秦汉之际获得了大发展。因此，从比附思维作为一种返祖现象也可以发现，中国社会从野蛮到文明的进程体现为一种"'连续性'的形态"②。第三，从内容上看，比附思维分为附象思维和附数思维两类。它主要表现在两个方面：天人比附和五行比附。具体到《吕氏春秋》中的比附思维，在天人比附上，《吕氏春秋》主要集中在附象层面，呈现为两种基本形式，即"天人相类"和"天人相感"。其中，"天人相类"侧重于天、人之间的结构问题，"天人相感"侧重于天、人之间的影响问题。在五行比附上，在附数和附象方面都有显著的表现。因此，相应地，五行比附思维分为五行附象思维和五行附数思维两种，五行附象思维又分为五行具象比附思维和五行想象比附思维两种形式。其中，五行中单独每一"行"与天地万事万物相比附属于"五行附象"，整个五行与天地万事万物相比附属于"五行附数"。第四，比附思维和世界图式问题密切相关，可以说，世界图式本身就是比附思维的具体体现。世界图式是指人们认知世界时在思维领域所形成的动态的可变结构，具有组织世界万事万物、解释世界一切现象的功能。正是在这一意义上，比附思维作为一种思维方法而不是思维方式的特征才更加凸显。以五行世界图式为例，自它在《吕氏春秋》中首次定型之后，对西汉时期五行比附思维发展的影响非常明显，如《黄帝内经》中的五运六气学说、《淮南子》中有关"五兵"的分类、《春秋繁露》中有关"五官"的分类，都是受到五行五分思维影响的结果。这里，我们看到，不仅分类思维是比类（比附）思维的基础，

---

① ［法］列维·布留尔：《原始思维》，丁由译，商务印书馆2014年版，第80—81页。
② ［美］张光直：《美术、神话与祭祀》，郭净、陈星译，辽宁教育出版社1988年版，第118页。

比附思维作为分类的方法、原则和人们思考问题的思维框架又反向影响着分类思维。

四　思维理论和思维实践

思维理论，是指以思维为研究对象，反映了思维的一般特征和普遍规律的理论抽象的总和，主要包括思维方法、思维形式、思维原则和思维规律等。具体到中国哲学史上的类思维理论，春秋战国以降，获得了较大程度的发展，如惠施的"譬式"推论，讲"以其所知喻其所不知而使人知之"（《说苑·善说》）；《墨子·小取》中也说："譬也者，举他物而以明之也"；公孙龙探讨类的种属关系的"白马非马"命题；荀子所讲的"以类度类""譬称以喻之"（《荀子·非相》）、"以类行杂，以一行万"（《荀子·王制》）；等等。特别是在《墨子》的《墨经》部分，对于"类"进行了较为系统的研究，形成了一系列的类思维理论。如在思维方法和思维形式上，要关注事物共同的本质属性，坚持以"类同"为基本前提和标准："有以同，类同也""不有同，不类也"（《经说上》），反之，不以"类同"为标准者，《墨经》将其视为"狂举"，《经下》中说："狂举不可以知异，说在有不可"；在思维原则上，要坚持同类相推和异类不推，从正面看，要坚持同类相推的原则，《经下》中说："止类以行之，说在同"，《小取》中也说："以类取，以类予。"当然，笔者认为，"以类取，以类予"既属于思维原则，事实上也是一种思维方法。"以类取"应该指的是思维的归纳方法，"以类予"应该指的是思维的演绎方法。从反面看，要坚持异类不推的原则，《经下》中说："异类不比，说在量"。在思维规律上，《经下》中说："推类之难，说在之大小"，是指仅仅依靠大、小来辨类会造成推类活动的失误。如上有关先秦名家、荀子和后期墨家的考察，都是战国秦汉之际类思维理论发展的重要体现。

思维理论达到的高度并不代表在思维实践中一定会成为思维表达和思维运用的基本遵循。众所周知，古代中国的思维理论发展至《墨经》之后，逻辑学派逐步消失抑或融合进其他学派了。因此，思维实践，作为思维在人类生产生活实践中的具体反映，既包括符合正确的思维要求的内容，也包括不符合甚或违背正确思维要求的内容。在中国哲学史上，思维实践最为集中和典型的载体是古代文献的具体内容和表述方式。只有通过对于古代文献的具体内容和表达方式的细致考察，我们才能对古代中国思维的一般特征作出更加准确、科学、有说服力的判断。当然，对于古代文献的选择，笔者认为有一个基本的要求，就是文献必须具有代表性。这主要表现在两个方面：第一，在内容上要"杂"。通过对"杂"所带来的多样性和丰富性内容的大量占有和具体分析，一定能够使得研究结论更加客观、可信。第二，在语言表述上要"精"。语言表述的精致和精炼也一定能够保证研究结论的精确和科学。

五 《吕氏春秋》及其思维特征

《吕氏春秋》就是这样一部有代表性的古代文献。一方面，它不是一家一派之说，而是由吕不韦主持，众多门客士人集体编撰而成，是包括了道家、儒家、墨家、法家、阴阳家、兵家等诸多学派思想的一部晚周著作。《吕氏春秋》可能是先秦文献中唯一可以知道确切著述年代的书，虽然有秦灭东周之后的第八年和秦王政即位之后的第八年之争，但两说也仅仅相差两三年的时间。然而我们知道，思维问题具有较强的稳定性和守常性，因此可以说，它在内容上网罗万有、兼综百家，基本可以反映出公元前240年左右人们在思维实践上所达到的高度和那个时代人们思维的主要特征。另一方面，《吕氏春秋》在语言表述上趋向于更加精致和精炼，我们将《吕氏春秋》中的文字内容与它借鉴过的或对它产生了明显影响的先秦各派典籍中的文字内容作一对比，就会发现，《吕氏春秋》不是对之前典籍内容的简单摘录或摘抄，而是经过了其编撰者的深加工的结果。吕不韦"一字千金"虽然稍嫌过激，但也的确可以从侧面反映出它的语言表述之"精"。东汉高诱说《吕氏春秋》"大出诸子之右"①，近人许维遹说其"总晚周诸子之精英，荟先秦百家之眇义"②，笔者认为都是非常确当的评价。因此，对这样一部语言表述精当的文献进行考察，一定能够更加精准地把握那个时代的思维方式等重大问题。更为可贵的是，《吕氏春秋》不仅在思维实践上极其适合充当分析古代中国思维问题的对象，在思维理论上，它也有许多重要的贡献。如它所讲到的别类问题，以及

---

① （汉）高诱：《吕氏春秋注》，世界书局1935年版，《序》，第2页。
② 许维遹撰：《吕氏春秋集释》上册，中华书局2009年版，《自序》，第7页。

"类同相召""类固不必可推知"等思维方法、思维原则和思维规律问题，都在中国逻辑思维史上占有一席之地。综上所述，选择《吕氏春秋》一书，来考察和透视古代中国的思维问题，应是一件可行的事情。

具体到《吕氏春秋》中的类思维问题，其表现出两个特点：第一，其分类思维总体上呈现出一种既重自然知识领域的分类又重社会历史领域的分类的特征。与《吕氏春秋》之前的《山海经》《尚书·禹贡》《管子·地员》《尔雅》等文献中的分类思维和《吕氏春秋》之后的《黄帝内经》《淮南子》《春秋繁露》中的分类思维比较可知，《吕氏春秋》大体处于分类思维发展史中从偏重自然知识领域的分类到偏重社会历史领域的分类的过渡阶段，因而表现出兼容并蓄的特征。第二，与分类思维相较，不论是从数量上还是对后世的影响上，《吕氏春秋》中的比类（比附）思维都稍多和更加重要，可以说，比类（比附）思维是《吕氏春秋》类思维的主导思维形态。一方面，这与中国类思维发展史的发展进程相符合。及至春秋战国以降，分类思维的发展日益衰落，仅仅表现为一种隐性的存在，而比类思维则获得了大发展，并对后世产生了深远影响。另一方面，这与古代中国思维形态和思维方式中"重比类"的特质相一致。可以说，宏观层面上的传统思维方式"重比类"的特质对于《吕氏春秋》主导思维形态问题的探讨具有重要的启示意义，而通过考察，笔者确定了《吕氏春秋》主导思维方式是比类（比附）思维，这又从微观的视角成为传统思维方式具有"重比类"特质的重要支撑和有力证明，这也是本书的主要价值之所在。

六　本书的内容和框架

最后，我想对本书的内容和框架再作一扼要的概述和交代。

本绪论，主要是针对"《吕氏春秋》类思维问题的提出"这一问题作出解释。这是全书的重要铺垫，包括思维、类思维、分类思维、比类思维、比附思维、思维理论、思维实践等基本的事实和基础的理论。这些事实、理论和后文对于《吕氏春秋》类思维问题的具体考察直接相关。

第一章"《吕氏春秋》之前的类思维"，一方面从思维的角度考察《吕氏春秋》之前"类"的基本内涵的发展及定型，另一方面对于《吕氏春秋》之前的分类思维和比类思维发展的大致历程进行简要梳理。总之，这是对《吕氏春秋》类思维问题的"前史"进行考察，主要包括《吕氏春秋》类思维的前提与背景问题，这样，可以为此问题的研究提供一条较为清晰的"史"的路径。

第二章"《吕氏春秋》对于'知类'问题的阐明"，主要考察《吕氏春秋》中的"类"是否可知与何以可知的问题，包括两方面内容：一是讲"类"的存在的可能性与"知类"的必要性，二是讲"知类"的方法问题。这样，为《吕氏春秋》类思维研究的开展作了认识论上的铺垫。

第三章"《吕氏春秋》与分类思维"，主要是对《吕氏春秋》类思维的一大分支形态——分类思维作具体考察。本章着重分析《吕氏春秋》分类思维在地理、生物、农业等自然知识领域和养生、音乐、政治、兵刑、道德等社会历史领域的具体表现，进而归纳总结《吕氏春秋》分类思维所呈现出的兼重自然知识领域的分类和社会历史领域的分类的基本特征，并最终对分类思维的价值作简要评述。

第四章"《吕氏春秋》与比类思维"，主要是对《吕氏春秋》类思维的另一分支形态——比类思维作具体考察。本章着重梳理了《吕氏春秋》比类思维发展的三个阶段：第一是有"比"无"推"的比喻初期形态的阶段，第二是符合比类推理公式化形式结构的成熟形态的阶段，第三是作为成熟形态的比类思维与演绎式思维、归纳式思维的混合运用的阶段。这三个阶段也大体揭示了比类思维在《吕氏春秋》中发展的逻辑进程。

第五章"《吕氏春秋》与比附思维"，主要是对《吕氏春秋》中的比附思维进行考察。事实上，比附思维是比类思维的极端形态，从广义上讲，比附思维是属于比类思维的。然而，鉴于《吕氏春秋》中比附思维的重要价值及其对后世的重大影响，我对其进行了单独的研究。本章主要包括两方面内容：一是《吕氏春秋》中的天人比附思维，二是《吕氏春秋》中的五行比附思维。

第六章"《吕氏春秋》类思维在西汉的历史演进（上）"，主要是对西汉时期分类思维的进展概况进行考察。本章选取西汉时期三部具有代表性的文献即《黄帝内经》《淮南子》和《春秋繁露》，分别对其中的分类思维进行考察。在此过程中，我将三书与《吕氏春秋》分类思维的对比贯穿了考察的全过程，基本厘清了西汉时期的分类思维对于《吕氏春秋》分类思维在新的历史时期的承继和发展概况，这样，对于《吕氏春秋》

分类思维的历史价值和历史定位也就有了一个更加明确的认知。

第七章"《吕氏春秋》类思维在西汉的历史演进（下）"，主要是对西汉时期比类思维的进展概况进行考察。当然，首先应该明确的是，这里的比类是广义上的，比附思维也囊括其中。本章仍是以《黄帝内经》《淮南子》和《春秋繁露》三书为例，通过与《吕氏春秋》比类思维的对比，分别考察三书的比类思维。这样，我们对于《吕氏春秋》比类思维的历史价值和历史定位等问题也就有了一个更为确当的把握。

结语，是对全书的归纳总结和理论升华，主要包括两方面内容：一是从总体上对于《吕氏春秋》分类思维、比类思维、比附思维的再考察；二是对于《吕氏春秋》类思维中的主导思维形态问题进行分析，并指出比类思维是《吕氏春秋》中的主导思维形态。

第一章 《吕氏春秋》之前的类思维

有关《吕氏春秋》之前的类思维概况，可以从三个方面进行考察：第一，对于"类"的基本内涵的把握，这是涉及类思维具体类别划分的重大问题，是进行《吕氏春秋》类思维研究的重要前提与题中之意；第二，对于《吕氏春秋》之前的分类思维的梳理，主要从地理知识与生物知识的双重线索进行考察；第三，对于《吕氏春秋》之前的比类思维的探究，主要表现为易学倾向上的取象比类思维、文学倾向上的比兴思维和美学倾向上的观物比德思维。

第一节 类的基本内涵

有关类的内涵的问题，吴建国、陈梦麟、周山、张晓芒、吾淳等前辈学人从逻辑（理性）与概念的角度出发已做过相关研究，且取得了较大进展。具体言之，吴建国、陈梦麟、周山、张晓芒主要是从逻辑的角度对"类"的含义进行了考察①，吾淳主要是从概念的角度进行考察，特别是集中于春秋时期及以前。② 这里，笔者试图就思维的角度对类的基本内涵再作一考察。

---

① 参见：（1）吴建国：《中国逻辑思想史上类概念的发生发展与逻辑科学的形成》，《中国社会科学》1980年第2期；（2）陈梦麟：《从类概念的发生发展看中国古代逻辑思想的萌芽和逻辑科学的建立——兼与吴建国同志商榷》，《中国社会科学》1985年第4期；（3）周山：《中国古代逻辑中几个重要范畴的历史考察》，《上海社会科学院学术季刊》1988年第2期；（4）张晓芒：《中国古代从"类"范畴到"类"法式的发展演进过程》，《逻辑学研究》2010年第1期。

② 参见吾淳《中国哲学的起源》，上海人民出版社2010年版，第151—155页。

一　从具体到抽象：兽名、祭名与"善"义

"类"的本义应与兽名有关。《说文解字·犬部》中说："类：种类相似，唯犬为甚。从犬頪声。"《玉篇》中也说："类，兽名，种类也，法也，盖本许书。"其实，约自中石器时代始，犬已经是人类最早驯养的动物之一，经过长期观察、分辨，人类逐步发现了犬与犬之间的类似性或相似性，因此，将犬自觉地看作"类"也便顺理成章了。此外，《山海经》中记载有"类"兽，虽不是犬，但也为兽："有兽焉，其状如狸而有髦，其名曰类，自为牝牡，食者不妒。"（《南山经》）《列子·天瑞》中也说："亶爰之兽，自孕而生，曰类。"我们虽无法判定这种身形像"狸"（野猫）却头上长有头发的自孕生崽的"类"究竟为哪种动物，但可以肯定的是，它是一种兽。

"类"由兽名转变为祭名的具体过程今人已无从考证，但从一些考古发掘的动物形状的玉器等物件，可以推测，"类"这种兽可能曾被某个部落作为祭祀活动中的祭品，经长期演变，发展成为一种普通的、成熟的祭祀形式。无论其作为祭名的来源为何，及至殷周时期，"类"作为一种祭名形式已是不争的事实。《诗经·大雅·皇矣》中便说：

> 临冲闲闲，崇墉言言。执讯连连，攸馘安安。是类是祃，是致是附。四方以无侮。

其中，"类"是指出师前祭祀上帝即"天"的一种仪式，"祃"是指出师后军中祭天。此外，先秦其他诸多文献中也有对于类祭的记载，如《尚书·尧典》："肆类于上帝，禋于六宗，望于山川，遍于群神"；《周礼·春官宗伯·肆师》："凡师甸，用牲于社宗，则为位。类造上帝，封于大神，祭兵于山川，亦如之"；《周礼·春官宗伯·大祝》："大师，宜于社，造于祖，设军社，类上帝，国将有事于四望，及军归献于社，则前祝。"通过对这几则材料的分析可见，"类"祭的主要对象为上帝（天），是一种层次很高且极为隆重的祭祀形式。这一点，从《礼记·王制》中的表述也可窥见一二：

天子将出，类乎上帝，宜乎社，造乎祢。诸侯将出，宜乎社，造乎祢。[①]

可见，"类"祭实为天子的专利，特别是在天子登基或出征时才能举行，诸侯是没有进行"类"祭的资格的。

那么，这种情况有没有变通呢？《周礼·春官宗伯·小宗伯》："凡王之会同、军旅、甸役之祷祠，肆仪为位。国有祸灾，则亦如之。凡天地之大灾，类社稷、宗庙，则为位。"孙诒让考证这段话时说："《大祝》六祈一曰类，是类亦祷祈之祭。依正礼者，据《大祝》注，类亦用牲，盖依放祭社稷宗庙之正礼而略杀，亦取象类正祭之义，故谓之类。"[②] 可见，如遇大灾特别如"日月食，四镇五岳崩"（《周礼·春官宗伯·大司乐》）之时，常祭可上升为"类"祭，"类"祭的范围也就相应扩大了。

"类"不论是作为具有动物属性的兽名，还是作为具有宗教属性的祭名，都丝毫没有分类、比类之义，二者都具有具象性与个别性。而"善"义，则是"类"从动物属性到宗教属性再到道德属性的演进过程中所形成的。"善"，是一个抽象的道德观念，"类"之含义之所以会由"祭"上升为"善"，实则是因为祭祀本身是一个扬善以求上帝庇佑的过程。这一过程，同时开启了由具象的、个别的"类"向抽象的、一般的"类"的进展之路，对于"类"进一步具有分类、比类的意蕴产生了深远的影响。

《尔雅·释诂》中将诸多具有"善"义的字辑于一处："仪，若，祥，淑，鲜，省，臧，嘉，令，类，绦，縠，攻，谷，介，徽，善也。"清代古文字学家朱骏声在《说文通训定声》中也说："类者，肖也。《周语》'类也者，不忝前哲之谓也'，故又转为善。"[③] 可见，"类"的"善"义与其"肖似"义密切相关，凡是与父辈相似的为善、为贤，反之则为不善、不贤。"不肖"一词的出现便是明证。因此，"类"即为善，"不类"则为不善，正如《逸周书·官人解》中所载："六曰言行不类，终始相悖，外内不合，虽有假节见行，曰非诚质者也。"其中，"言行不类"即

---

① 《礼记·王制》中还有一条相类似的记载："天子将出征，类乎上帝，宜乎社，造乎祢，祃于所征之地。"

② （清）孙诒让：《周礼正义》第5册，中华书局1987年版，第1462—1463页。

③ （清）朱骏声：《说文通训定声》，武汉古籍书店1983年影印本，第576页。

言行不善。

那么，具体到"类"的"善"义，它的具体表现是什么呢？对此，《左传·昭公二十八年》中有一段经典的论述：

> 心能制义曰度，德正应和曰莫，照临四方曰明，勤施无私曰类，教诲不倦曰长，赏庆刑威曰君，慈和遍服曰顺，择善而从之曰比，经纬天地曰文。

这里，成鱄在回答魏献子的问话时讲到如上九种德行，其中，指明了"类"之为"善"的具体表现，即要勤于施舍且无私心。这虽不能涵蕴"善"的全部，但就今天来看，也算是抓住"善"的核心了，这种对"类"的道德属性的准确把握在当时是难能可贵的。

综上可见，类作为兽名、祭名与"善"义，尚未有明确的分类、比类意蕴，然而，"类"正是经由"兽名→祭名→善"这一逻辑演变与进展的过程，才为后来能够迁延出分类、比类等思维意蕴的"类"打下了坚实的基础。至此，具有思维意义的分类、比类已呼之欲出。

二　分类："族类""事类""物类"，具有区分、归类的意义

至春秋时期，随着知识不断扩增和人们对周围事物朴素分类能力的提高，"类"的"分类"义逐渐产生、发展并定型。《左传·襄公九年》："晋君类能而使之，举不失选，官不易方。"这里，"能"是指有才能的人，"类能"则是"将能人分成不同类型"① 之义，故可以判定，"类"在此处具有"分类"的意蕴。再如，《国语·晋语四》："举善援能，官方定物，正名育类。"这一段讲的是晋文公即位为君后，采取的一系列富国强兵措施中的一部分。当时晋文公初平晋乱，为了维护国家权力的至尊地位，辨正上下尊卑的"正名"措施便受到了重视。同时，如何分辨与举荐贤臣在当时也是格外重要的，因此，"育类"是指培养区分善恶的能力，而"区分"的过程本身就属于"分类"的过程。

"类"的"分类"义确定之后，"族类""事类""物类"义便应运而

---

① 李梦生：《左传译注》，上海古籍出版社 1998 年版，第 674 页。

生。对"族"的分类就形成了"族类",对"事""物"的分类就形成了"事类""物类",换句话说,"族类""事类""物类"都与分类有关且是以分类为基础的。

首先讲"族类"①。在先秦文献的表述中,我们可将其分为三种情况。第一,一条文献记载中仅出现"类"字,且表示"族类"之义。如《诗经·大雅·既醉》:

> 孝子不匮,永锡尔类。其类维何,室家之壶。

这里,两个"类"字都是表示"族类"。当然,"同类"则为同族:"彼无亦置其同类以服东夷,而大攘诸夏,将天下是王,而何德于君,其予君也?"(《国语·鲁语下》)"异类"则指异族:"异姓则异德,异德则异类。"(《国语·晋语四》)

第二,在同一条文献记载中既出现"族"又出现"类",但二字未连用。如《左传·僖公十年》:

> 神不歆非类,民不祀非族。

① 前文已述,"类"的"分类"义产生于春秋时期,将"族类"放在此处来讲,似乎承认"族类"的产生也在春秋时期,实则不然。事实上,此处的"族类",是指"族类"概念,并非"族类"观念。有关"族类"观念的产生,有两种代表性的观点:(1)"族类"由"类"作为动物属性的兽名义演变而来。陈梦麟在《从类概念的发生发展看中国古代逻辑思想的萌芽和逻辑科学的建立——兼与吴建国同志商榷》(《中国社会科学》1985年第4期)一文中指出:"总之,类最初是一种动物名是无疑的,这是类字本义。类作族义,我认为,是古代图腾制用作氏族徽帜的演变。类族同义,应该在古代图腾制中去追索。"(2)"族类"由"类"的祭名义演变而来。张晓光在《中国古代从"类"范畴到"类"法式的发展演进过程》(《逻辑学研究》2010年第1期)一文中就指出:"祭祀活动总是一个集体参加或为集体谋利益的活动,'类'的'祭'名形式与相似形特点,在求善、求治的祭祀活动中,就有了一种共同性的特点,并具体体现在宗法社会中";"'宗族'的意义就因其'尊祖故敬宗'的相同性,理所当然地与用做'祭'名的具有相似形的'类'名联系在了一起。"综上所述,纵然"族类"观念产生于春秋之前,但也难以确定"族类"观念产生的具体过程,正像陈梦麟自己所讲的,"类"逐步演变为"族类",的确早已"书缺有间,不可详考"了。退一步讲,抛却所有时间问题,"族类"确是建立在对于人群属性的分类思维之上,因此,将"族类"放此处讲,从思维的角度来看,既是合理的,也是可行的。

此处，"类"即是"族"，"族"亦为"类"。

第三，在同一条文献记载中"族""类"连用，形成"族类"一词。这样的例子非常普遍，如：

（1）非我族类，其心必异。（《左传·成公四年》）

（2）鬼神非其族类，不歆其祀。（《左传·僖公三十一年》）

（3）教之《训典》，使知族类，行比义焉。（《国语·楚语上》）

（4）夫鬼神之所及，非其族类，则绍其同位，是故天子祀上帝，公侯祀百辟，自卿以下不过其族。（《国语·晋语八》）

……

综上可见，"类"在先秦时期确有"族类"之义，侯外庐等人就指出："在古代文字中，'类'字与'族'字同义。"[①]

再来谈"事类""物类"。"族类"是人类对自身分类的结果，当将这一范围抽离人本身，而扩充到"事""物"时，则有了"事类""物类"的意蕴。吴建国说："一旦把类与人群的分类挂起钩来，那就会不仅限于此，事实上，与族类概念出现的同时，标示同一抽象思维发展高度的一系列物类、事类的概念也随之产生了。"[②]《左传·文公十八年》中记载了一则典型事例：

昔帝鸿氏有不才子，掩义隐贼，好行凶德，丑类恶物，顽嚚不友，是与比周，天下之民，谓之浑敦。

其中，"丑类恶物"一句着实令人费解，前辈学人针对此句的释义，也是注解不一。李梦生的《左传译注》对这一句未作任何注释，只是在文后将全句意译为"爱和坏东西在一起"[③]。杨伯峻解释为："丑，类也。

---

① 侯外庐等：《中国思想通史》第一卷，人民出版社1957年版，第239页。

② 吴建国：《中国逻辑思想史上类概念的发生发展与逻辑科学的形成》，《中国社会科学》1980年第2期。

③ 李梦生：《左传译注》，第423页。

丑类，同义词连用，以作动词，恶物为其宾语，言与恶物相比类也。"① 杨先生将全句解释为"与恶物相比类"，抓住了此句的核心，但说"丑"与"类"同义，却有待商榷。在笔者看来，"丑类恶物"一词不应为杨先生所说的动宾结构，而应为并列结构，即"丑"与"恶"同义，"类"与"物"同义，有两条注解为证。其一，孔颖达对"丑类恶物"所作的正义为："丑亦恶也，物亦类也，指谓恶人等辈，重复而言之耳。"② 其二，洪亮吉对此句所做的训诂为："《诗》毛《传》：丑，恶也。"③ 在此基础上，笔者再列举"比物丑类"一词，以与"丑类恶物"相对照。《礼记·学记》中说："古之学者，比物丑类。"此处，"丑，犹比"④，"丑"与"比"同义，故可推知，"物"与"类"也同义。假若如上看法正确，那么，此处的"类"即指某一类"事""物"，"类"即为"事类""物类"之义。

此外，如《国语·郑语》："夏禹能单平水土，以品处庶类者也。"《左传·昭公七年》："六物不同，民心不壹，事序不类，官职不则，同始异终，胡可常也？"两处"类"也是"物类""事类"之义。前一句中，"庶""类"连用，"类"当指"事类""物类"，因此，"庶类"应为"万事万物"之义。那么，全句可译为："禹除水灾，使万物高下各得其所。"⑤ 后一句中，从晋平公与士文伯的对答可知，"事序"也有不可混淆的"类"，此"类"也应为"事类""物类"义无疑。

三　比类："肖似""好像"，具有比较、推理的意义

众所周知，"分类"或"归类"的过程本身就是异中求同的过程，在此过程中，人们将某类事物归并在一起，其依据就是这类事物之间具有相似性或类似性。因此，大约"类"具有"分类"义的同时，"类"的

---

① 杨伯峻：《春秋左传注》第二册，中华书局 1990 年版，第 638 页。

② 李学勤主编：《十三经注疏》之《春秋左传正义》，北京大学出版社 1999 年版，第 580 页。

③ 洪亮吉：《春秋左传诂》，李解民点校，中华书局 1987 年版，第 390 页。

④ 杨天宇：《礼记译注》，上海古籍出版社 2004 年版，第 465 页。

⑤ 上海师范大学古籍整理组校点：《国语》，上海古籍出版社 1978 年版，第 512 页。

"比类"义也发展起来，"类"又具有了"肖似""相像""类似"的意蕴。当然，由于早期先民对事物类种关系的意识比较淡薄，他们所注意到的"完全是一种表象上的'类'似，而不是一种本质上的类属关系"①。尽管如此，这一过程具有比较的意义是毋庸置疑的。而且，据笔者考察，对于中国思维史上的"比类"而言，比较的特性是更为基本的，在产生时间上是在先的；推理的特性是在比较的基础上完成与展现出来的，在产生时间上是在后的。

首先，在《吕氏春秋》之前，"类"作为"比类"义时，所表现出的比较的特性，主要涵容"肖似""好像"等多重含义。这在先秦文献中多有阐述，如《左传·桓公六年》中说：

> 公问名于申繻，对曰："名有五，有信，有义，有象，有假，有类。以名生为信，以德命为义，以类命为象，取于物为假，取于父为类。"

这里，齐桓公向鲁大夫申繻请教如何给太子起名，申繻讲述了5种方式，其中3次提到"类"字，涉及2种命名方法。第1种，"以类命为象"，是指用相似的事物来命名，如《史记·孔子世家》中说孔子"生而首上圩顶，故因名曰丘云"，也就是说，孔子由于头顶是凹陷的，才取象命名为丘的。这里的"类"明显是"肖似""相像"之义。第2种，"取于父为类"，是指用与父亲相类似的意思来命名，后文齐桓公所说"是其生也，与吾同物，命之曰同"（《左传·桓公六年》），就是采用了这种取名方式，对此，东汉王充《论衡·诘术》中也说："取于父为类，有似类于父也。"可见，这里的"类"也是指"肖似""相像"，即在某一方面与其父相像。

此外，《左传·昭公二十五年》中也说："为刑罚，威狱，使民畏忌，以类其震曜杀戮。"可以看出，国家制定的刑罚、牢狱与雷霆闪电在功效方面是类似的，具有相似性，即都能够起到震慑、杀戮以使人民畏惧的作用，因此才把刑罚、牢狱与雷霆闪电归为同类。以"类"的

---

① 吾淳：《中国思维形态》，第267页。

"肖似"义为基础,"类"还延伸出了"好像"的意蕴,如《国语·吴语》:

> 董褐既致命,乃告赵鞅曰:"臣观吴王之色,类有大忧,小则嬖妾、嫡子死,不则国有大难;大则越入吴。将毒,不可与战。主其许之先,无以待危,然而不可徒许也。"赵鞅许诺。

此句中,"类有大忧"的"类"是指"好像",徐元诰集解说"类,似也。《传》曰:肉食者无墨,今吴王有墨。墨,黑气也"[1],可为明证。"类"为"肖似""相像"义,那么,"不类"则应指"不肖似""不相像"。如《左传·庄公八年》:"遂入,杀孟阳于床,曰:'非君也,不类。'"这里,孟阳伪装成齐襄公被刺杀后,贼人发现被杀之人与齐襄公"不类",即指样子长得不像。

在此基础上,"比类"一词出现,这在中国思维史上意义重大,吾淳便说:"比类概念的出现为比类思维以及观念的普及乃至泛滥提供了重要的语词与概念基础。"[2] 有关"比类"一词在先秦文献中的记载,大体可分为两类,这两类同时也可被看作体现了"比类"一词发展的逻辑进程。

第一,同一条文献记载中既有"比"字,又有"类"字,但二字未连用。如《国语·周语下》:

> 度之天神,则非祥也。比之地物,则非义也。类之民则,则非仁也。方之时动,则非顺也。咨之前训,则非正也。

很明显,这里的"比"与"类"同义,都是"比类""比照"的意思。

第二,同一条文献记载中"比""类"连用,构成"比类"一词。

---

[1] 徐元诰:《国语集解》,王树民、沈长云点校,中华书局2002年版,第551页。

[2] 吾淳:《中国哲学的起源》,第155页。

据统计，《吕氏春秋》之前的先秦文献中共出现"比类"一词2次①，其中，《国语》1次，《荀子》1次，具体情况如下：

（1）其后伯禹念前之非度，厘改制量，象物天地，比类百则，仪之于民，而度之于群生，共之从孙四岳佐之。（《国语·周语下》）

（2）从者将论志意，比类文学邪？直将差长短，辨美恶，而相欺傲耶？（《荀子·非相》）

这里，第（1）条中的"比类百则"为"比照各种旧例"之义，第（2）条中的"比类文学"为"比较人的文才学识"之义，两处"比类"都已作为独立的语词而存在，且都具有比较的意义。

其次，在《吕氏春秋》之前，"类"作为"比类"义时，也可表示推理的意蕴。据笔者考察，此义主要集中在《墨子》特别是《墨经》中。②《墨子·公输》："义不杀少而杀众，不可谓知类。"不杀少数人，而因此建造杀人武器——云梯以发动战争而杀死众多的人，不可谓懂得类推。《墨经》中也说：

止，类以行人。说在同。（《经下》）

以类取，以类予。（《小取》）

《墨子·经说下》对前一句解释说："止：彼以此其然也，说是其然

---

① 笔者查阅的《吕氏春秋》之前的先秦文献范围包括：《诗经》《尚书》《周易》《周礼》《左传》《国语》《老子》《庄子》《论语》《孟子》《荀子》《墨子》《孙子兵法》《韩非子》。

② 有关《墨经》的成书年代，自孙诒让怀疑其非墨子自著开始，众说不一。方授楚、胡适、冯友兰、侯外庐等人都有自己的看法，但无论如何，将《墨经》的成书放在《吕氏春秋》之前是可取的。如：方授楚认为，"此六篇迨楚威王以后至荀子以前，始先后写成"，侯外庐等人在方氏的基础上则认为，"其下限还须推迟些"（侯外庐等：《中国思想通史》第一卷，第478页）。冯友兰也认为："这六篇的形成，应在名家和庄周以后……大体说来，应该是后期墨家的作品。"（冯友兰：《中国哲学史新编》上，人民出版社1998年版，第560页）

也；我以此其不然也，疑是其然也。"孙诒让据此判定"人"字当为"之"字之误。进而，孙氏认为，"类以行之"一句"谓以然不定其是非，可以类推，所谓同也"，"说在同"一句"亦取类推之义"。① 后一句中，"'取'即《经上》'法取同'及'取此释彼'之'取'，即今所谓举例也"；"予"，《说文解字》中说："予，相推予也"，"即今所谓断语或断案"。② 将如上之义带入原文，我们明显可以捕捉到"类"的推理的意蕴。而且，从后文"有诸己不非诸人，无诸己不求诸人"中同样能够看到推理的痕迹。

从如上对于"类"的"比类"意蕴的考察，我们可以明显看出，"比类"具有比较与推理的双重特性，且比较的特性在先秦文献中表现得更为普遍。

综上所述，从作为兽名、祭名与"善"义的"类"到"分类"与以此为基础所迁延出的"族类""事类""物类"，再到具有比较和推理双重属性的"比类"义，这不但符合"类"的逻辑进程，同时也是"类"的历史进程。从文献记载的角度来看，自春秋战国之交，作为兽名、祭名与"善"义的"类"已几近泯灭，而"类"的"分类""比类"义在此后的中国哲学史与思维史上将起着越发重要的作用。

第二节　《吕氏春秋》之前的分类思维

早期先民面对具有多样性与差异性的外部世界，首先发展起来的就是分类思维。在《吕氏春秋》之前，分类思维主要沿地理知识与生物知识两条主线向前进展，当有关这两大范围的分类思维取得了较为成熟的形态之后，又必然向社会历史领域迁延，这是分类思维发展的自然历史进程。

---

① （清）孙诒让：《墨子闲诂》，中华书局 2001 年版，第 319 页。
② 李渔叔：《墨子今注今译》，台湾商务印书馆 1974 年版，第 316 页。

一 分类思维进展的地理知识线索

分类思维的地理知识线索最早可以追溯到《山海经》这部文献中。[①] 以《山经》为例，它首先按照南、西、北、东、中的方位顺序分为五区，继而对山系的相对位置、矿产资源与水系概况进行叙述，其中，《中山经》记述尤详。对于山系的概况，据杜石然的统计，"以河南西部作为主要部分的《中山经》叙述最详，'凡百九十七山'，分十二列，当是作者最为熟悉的地方；《东山经》'凡四十六山'，分四列；《西山经》'凡七十七山'，分四列；《南山经》'凡四十山'，排成三列；《北山经》'凡八十七山'，分三列"。这样，共计有447座山，分为26列。对于矿产资源，"《山经》所记金属产地有170多处，种类凡金、银、铜、铁、锡等十多种，至于重要玉石的产地，记载的就更多了"。[②] 对于水系概况，《山经》从河流的发源、流向、湖泊、沼泽等方面各有阐述。但是，总体而言，《山海经》中有关地理知识的记载，尚停留在对地理事实进行简单罗列的层面，远未达到分类思维所应具有的水平，这是早期先民通过观察世界万物，并将其进行简单识别与分辨的结果，也是分类思维形成的起点。

---

① 这里，有关《山海经》的成书年代便成为关键问题。历来，对于《山海经》的成书年代看法不一，如：

(1) 杜石然认为："《山海经》由山经、海经和大荒经组成。其中山经写成时间大约在春秋之末，海经和大荒经是后来陆续增补而成的。"（杜石然：《中国科学技术史稿》上册，科学出版社1982年版，第133页）

(2) 吕子方认为，《山海经》的主要材料"传自战国以前，不然是说不通的"（吕子方：《中国科学技术史论文集》下册，四川人民出版社1984年版，第5页）。

(3) 李约瑟认为，除《山经》部分外，"《山海经》的最后几卷（卷六至卷十八）则很可能是秦或后汉时代的作品"。（［英］李约瑟：《中国科学技术史》第五卷《地学》第一分册，《中国科学技术史》翻译小组译，科学出版社1976年版，第19页）

但笔者认为，有两点确然无疑：(1) 以最保守的限度来算，《山经》部分一定完成于《吕氏春秋》之前。因此，本书所引《山海经》的所有文献，仅限于《山经》。(2) 退一步讲，抑或《山海经》成书年代较晚，特别是《海经》与《大荒经》，可能确实成书于秦汉之际或之后，但不可否认的是，本书所记载的具体内容应该是与采集时代的相关知识与活动密切相关的。所以，抛开书中荒诞离奇的神话成分，单从人类文化进步与科学演进历程的角度言之，我们可以将《山海经》看作采集时代先民生产生活的忠实记录。

② 杜石然：《中国科学技术史稿》上册，第133—134页。

《尚书·禹贡》的分类思维是对《山海经》的延续。[①] 但是，《禹贡》对地理知识的记载已然超越了对地理事实的简单罗列，而是依据地理现象，选择某些因素（特别是土壤因素）为标志，分区记述。《禹贡》中有关分类思维的表述，主要表现在两个方面：（1）首次提出了九州的区域划分。《禹贡》沿着夏禹治水的顺序，依照山脉、河流等自然分界将天下分为冀、兖、青、徐、扬、荆、豫、梁、雍九州，这种区域划分带有明显的自然色彩，是人们对当时所掌握的地理知识进行分类的结果。（2）对土壤进行分类。《禹贡》中对土壤的分类是其分类思维的集中表现。其中，主要是以颜色与质地为主导评判标准，且对每一土类做了肥力评价，具体为：

（1）冀州：厥土惟白壤……厥田惟中中。

（2）兖州：厥土黑坟，厥草惟繇，厥木惟条。厥田惟中下。

（3）青州：厥土白坟，海滨广斥。厥田惟上下。

（4）徐州：厥土赤埴坟，草木渐包。厥田惟上中。

（5）扬州：厥土惟涂泥。厥田唯下下。

（6）荆州：厥土惟涂泥。厥田惟下中。

（7）豫州：厥土惟壤，下土坟垆。厥田惟中上。

（8）梁州：厥土青黎。厥田惟下上。

（9）雍州。厥土惟黄壤。厥田惟上上。

这种依据土壤的颜色与质地的分类方法是有一定的科学道理的，"在现代土壤科学中，常用的土壤质地分类是三级分类法，即按砂粒、粉砂粒、粘粒三种粒级的百分数，将土壤划分为砂土、壤土、粘壤土、粘土4类12级。对照《禹贡》中的土壤质地分类，我们看到，壤、垆、坟、

---

① 此处也涉及《禹贡》的成篇年代问题。目前学界主要有四种观点：（1）西周初期说，王国维为代表。（2）孔子创作或整理成篇说，康有为、王成祖为代表。（3）战国中期说，顾颉刚为代表。（4）战国末至汉初说，日本学者内藤虎次郎为代表。其中，战国中期说影响最巨。当然，退一步讲，抑或《禹贡》的最终成篇时代较晚，但从文中所记述的史实来看，大体应属于大禹治水的时代。不论在大禹之后是以口耳相传的形式，还是以文本的形式传至战国甚至汉初并以当时流行的语言进行整理，其反映的基本内容是三代时期无疑。也正因为这样，周光华认为："《禹贡》的成篇年代，在夏禹治水时期。"（周光华：《远古华夏族群的融合——〈禹贡〉新解》，海天出版社2013年版，第6页）因此，我们以《禹贡》来解释三代时期的分类思维概况是合理的，也是可行的。

埴、涂泥也是按土壤中所含颗粒大小来分的。只不过当时还不可能做到有精确的粒级百分比而已……由此可见，《禹贡》的土壤分类与现今的土壤质地分类相符合，与实际情况相符合"①。可见，远在两千多年前，中国先人在土壤分类方面已经取得了非常高的成就，于希贤就认为，这一土壤分类方式，"开了农业区划研究的先河"②，李约瑟（Joseph Needham）更是将《禹贡》与欧洲出现第一幅地图的价值并列来看待，且认为"中国的这部文献比从阿那克西曼德时代流传至今的任何文献都详细得多"③。

《管子·地员》很好地延续与扩展了《禹贡》中有关土壤分类的记述，成为先秦典籍中对土壤分类问题最详细的论述。④ 主要表现在四个方面：第

---

① 中国科学院自然科学史研究所地学史组主编：《中国古代地理学史》，科学出版社 1984 年版，第 208 页。

② 于希贤：《中国古代地理学史略》，河北科学技术出版社 1990 年版，第 31 页。

③ ［英］李约瑟：《中国科学技术史》第五卷《地学》第一分册，第 15 页。

④ 这里，有关《管子·地员》的成书年代便成为关键问题。《地员》是《管子》第五十八篇，首先来看《管子》的成书年代。《汉书·艺文志》《旧唐书·经籍志》《宋史·艺文志》均认为《管子》为管仲所作，后南宋叶适在《习学记言》卷四十五中讲《管子》"非一人之笔，亦非一时之书"，此后一观点迄今已然成为学界的一种共识。但是，《管子》到底成书于何时，学界观点不一，主要有两种：（1）成书于战国时期。如冯友兰、顾颉刚、胡寄窗等前辈学人便持这一观点。白奚通过考察，更是将时间锁定在齐宣王、齐湣王时期，指出："《管子》是齐宣王、湣王时期稷下学宫中一批佚名的齐地土著学者依托管仲编集创作而成。"（白奚：《也谈〈管子〉的成书年代与作者》，《中国哲学史》1997 年第 4 期）（2）成书于秦汉时期。如马非百，通过对现存《管子》中《轻重》第十六篇的研究，认为这一部分成书于"西汉末年王莽时代"（马非百：《管子轻重篇新诠》上册，中华书局 1979 年版，第 4 页）。今人翟江月通过对《管子》和《吕氏春秋》两部著作的文本考察，得出结论说："基本可以推断《管子》中作品的完成时间当在《吕氏春秋》编纂完成并且在社会上流传开来之后。"（翟江月：《试论〈管子〉中的作品完成在〈吕氏春秋〉成书之后》，《管子学刊》2004 年第 3 期）因此，首先需要强调的是，《管子》的成书年代，不能作为判定《管子·地员》成书年代的依据。

关于《管子·地员》的成书年代，有人疑其成书于汉代，有代表性的如罗根泽，依据为战国时期"国界未泯，各地质产物，不易调查如此详细"；又，《管子·地员》中有阴阳五行说倾向，"盖汉儒最中阴阳五行之毒，喜名五以配五行"。因此，罗氏讲《管子·地员》"疑为汉初人作"。然而，罗氏自己都说："但无确证，故姑举所疑，以俟博考。"（罗根泽：《管子探源》，岳麓书社 2010 年版，第 73 页）后来，夏纬瑛对《管子·地员》作了精细的考证，说："战国时代，虽然国界未泯，但各国学者的眼光并不拘限于一国，凡所讨论，往往涉及天下之事……至于五行之说，孟轲、子思即已倡之，后有邹衍之辈广大其说，那就是称为阴阳家的一些人。是战国之时，阴阳五行说已在盛行。《地员篇》虽有五行说的倾向，但不一定要看做汉人的作品。"总之，"《地员篇》，不出于秦汉，当出于战国"（夏纬瑛：《管子地员篇校释》，农业出版社 1981 年版，第 99 页）。笔者以夏氏之说为正。因此，将《管子·地员》置于《吕氏春秋》之前，也应该是合理的，可行的。

一，将平原之地的土壤类型分为5种，分别为涘田、赤垆、黄唐、斥埴和黑埴。第二，将丘陵分为15种类型，为坟延、陕之芳、祀陕、杜陵、延陵、环陵、蔓山、付山、付山白徒、中陵、青山、赤壤山、山白礐壤、徙山、高陵土山。第三，将山地分为5种类型，为县泉、复吕、泉英、山之材、山之侧。第四，更进一步，《地员》将九州内的土地分为三等18种类型，且每一类又分为5种亚类，共90种土壤：

（1）群土之长，是唯五粟，五粟之物，或赤、或青、或白、或黑、或黄，五粟五章。

（2）粟土之次曰五沃，五沃之物，或赤、或青、或黄、或白、或黑，五沃五物，各有异则。

（3）沃土之次曰五位，五位之物，五色杂英，各有异章。

（4）位土之次曰五蘟，五蘟之状，黑土黑落，青怵以肥，芬然若灰。

（5）蘟土之次曰五壤，五壤之状，芬然若泽若屯土。

（6）壤土之次曰五浮，五畜之状，捍然如米，以葆泽，不离不坼。

（7）中土曰五怸，五怸之状，廪焉如坣，润湿以处，其种大稷细稷，秞茎黄秀，慈忍水旱。

（8）怸土之次曰五垆，五垆之状，彊力刚坚。

（9）垆土之次曰五壏，五壏之状，芬焉若糠以肥。

（10）壏土之次曰五剽，五剽之状，华然如芬以脉。

（11）剽土之次曰五沙，五沙之状，粟焉如屑尘厉。

（12）沙土之次曰五塥，五塥之状，累然如仆累，不忍水旱。

（13）下土曰五犹，五犹之状如粪。

（14）犹土之次曰五壮，五壮之状如鼠肝。

（15）壮土之次曰五殖，五殖之状，甚泽以疏、离坼以轹埤。

（16）五殖之次曰五觳，五觳之状娄娄然，不忍水旱。

（17）觳土之次曰五凫，五凫之状，坚而不骼。

（18）凫土之次曰五桀，五桀之状，甚咸以苦，其物为下。

这里，我们可以发现《地员》对土壤的分类已经达到了如此细致的程度。当然，《地员》明显受到当时流行的阴阳五行说的影响，将每类又分为5种亚类，有时还要与五色、五音相配，这是《地员》中有关土壤分类的弱点。但是，必须明确的是，这一建基于劳动人民长期生产实践之上的土壤分类，大体是科学的。至此，可以判定，《地员》中的分类思维是十分明显的，如张九辰就认为，《地员》中"已经有了土壤分类的思想"①。

如前所述，《山海经》《禹贡》《地员》在地理知识方面都含有非常丰富的分类思维，但是，它们并非专门的分类学著作。另外，随着地理知识的日渐累积，对地理知识的认识与研究必然逐步深入，最主要的成果便是某些文字训诂之书、类书及载有分类知识的其他著作，其代表作是《尔雅》。② 在《尔雅》中，专门谈及地理知识的有4篇：《释地》《释丘》《释山》与《释水》。这些篇章中表现出的分类思维相较于《山海经》《禹贡》《地员》更加细致。以《释地》《释丘》两篇为例，《释地》中提出了"九州""十薮""八陵""九府""四极""四荒""四海"等地理概念，且划分了国内土地的相对位置：

> 邑外谓之郊，郊外谓之牧，牧外谓之野，野外谓之林，林外谓之坰。

此外，更为可贵的是，《释地》中还将土地区分为8种，其中某些名称在中国西北地区被沿用至今：

> 下湿曰隰，大野曰平，广平曰原，高平曰陆，大陆曰阜，大阜曰

---

① 卢嘉锡主编：《中国科学技术史（地学卷）》，科学出版社2000年版，第134页。

② 这里，同样涉及《尔雅》的成书年代问题。主要有五类：（1）西周成书说。（2）战国初期成书说，即孔子门人作。（3）战国末年成书说。（4）西汉初年成书说。（5）西汉中后期成书说。（参见胡奇光、方环海《尔雅译注》，上海古籍出版社1999年版，《前言》，第3—4页）仅据于此，难以判定《尔雅》一书是成书于《吕氏春秋》之前还是之后，但是，我们认为，《尔雅》中的自然知识部分即《释地》《释丘》《释山》《释水》《释草》《释木》《释鱼》《释鸟》《释兽》《释畜》等篇章，其成篇时间应该较之解释家族关系与日常生活的《释亲》《释宫》《释器》《释乐》等篇早出。这样，我们将《尔雅》中的自然知识部分看作出现或形成于《吕氏春秋》之前便成为可能。

陵，大陵曰阿。可食者曰原，陂者曰阪，下者曰隰。

当然，将土地区分为隰、平、原、陆、阜、陵、阿、阪 8 类未必完全合理，但这种以概念的形式来完成对土地分类的思想方法却是难能可贵的。

在《释丘》中，我们能够更为明晰地感受到分类思维的存在：

> 丘，一成为敦丘，再成为陶丘，再成锐上为融丘，三成为昆仑丘。如乘者，乘丘。如陼者，陼丘。水潦所止，泥丘。方丘，胡丘。绝高为之京，非人为之丘。水潦所还，坏丘。上丘，章丘。泽中有丘，都丘。途出其右而还之，画丘。途出其前，戴丘。途出其后，昌丘。水出其前，渻丘。水出其后，沮丘。水出其右，正丘。水出其左，营丘。如覆敦者，敦丘。逦迤，沙丘。左高，咸丘。右高，临丘。前高，旄丘。后高，陵丘。偏高，阿丘。宛中，宛丘。丘背有丘为负丘。左泽，定丘。右陵，泰丘。如亩，亩丘。如陵，陵丘。丘上有丘，为宛丘。陈有宛丘。晋有潜丘。淮南有州黎丘。

这里，有的是按照地形分类的，有的是按照地貌条件分类的，不一而足。但是，可以肯定的是，《尔雅》中的这种细密的分类必然是《吕氏春秋》之前分类思维的最高成果的体现。

二 分类思维进展的生物知识线索

分类思维进展的生物知识线索也应追溯到《山海经》。以《山海经》的地理划分为基础，有关生物知识的更为细密的分类思维也随之产生并发展，主要体现在植物和动物两方面。[①]

在植物方面，《山海经》在分类思维上的最大贡献是它已经具有了将

---

① 以语词的形式将生物明确分为动物和植物两大类的记载，最早见于《周礼·地官司徒·大司徒》："以土会之法，辨五地之物生：一曰山林，其动物宜毛物，其植物宜早物，其民毛而方。二曰川泽，其动物宜鳞物，其植物宜膏物，其民黑而津。三曰丘陵，其动物宜羽物，其植物宜核物，其民专而长。四曰坟衍，其动物宜介物，其植物宜荚物，其民皙而瘠。五曰原隰，其动物宜裸物，其植物宜丛物，其民丰肉而庳。"此处将《山海经》中的生物知识分为植物与动物两类进行探讨，完全是出于研究的需要，并非《山海经》本身的自觉分类。

植物分为草本与木本的模糊认识。根据统计，《山经》中出现"草木"一词共 100 次，其中，《南山经》15 次，《西山经》10 次，《北山经》30次，《东山经》23 次，《中山经》22 次。不仅如此，《山经》中还有许多在同一篇中"草""木"并举的例子，如：

> 南山经之首曰鹊山。其首曰招摇之山，临于西海之上，多桂，多金玉。有草焉，其状如韭而青华，其名曰祝余，食之不饥。有木焉，其状如谷而黑理，其华四照，其名曰迷谷，佩之不迷。（《南山经》）
>
> 西南四百里，曰昆仑之丘……有木焉，其状如棠，华黄赤实，其味如李而无核，名曰沙棠，可以御水，食之使人不溺。有草焉，名曰薲草，其状如葵，其味如葱，食之已劳。（《西山经》）
>
> 又东二十里，曰苦山……其上有木焉，名曰黄棘，黄华而员叶，其实如兰，服之不字。有草焉，员叶而无茎，赤华而不实，名曰无条，服之不瘿。（《中山经》）

可见，《山海经》虽未明确指出植物分为草本与木本两类，或者说并未将这一问题上升到理论层面，但已初具雏形，这一点应是确然无疑的。

再看动物方面。不可否认，《山海经》中的确有许多荒诞离奇、难以解释的动物种类，但据郭郛、吕子方等人的研究，其中大部分动物还是真实存在的。郭郛还将其分为化石类、螺蚌类等，并对其一一考证，总结出书中所出现的动物共计 291 种，列表格为：

《山海经》中动物种类的数目[①]

类别	数目
化石类	3

---

① 郭郛等：《中国古代动物学史》，科学出版社 1999 年版，第 78 页。当然，郭郛等人对于《山海经》中动物数目的统计是否精确以及动物名称是否准确尚且存在争议，如李海霞在《自然科学史研究》2002 年第 1 期上刊载的《〈中国古代动物学史〉古动物名考误》一文中便订正了 10 条有关动物名的误释。但是，我们认为，郭郛等人的考证大体还是科学客观的。况且，笔者引用这一表格的目的并不在于考察《山海经》中动物种类的精确数目或具体名称，而是为了展现《山海经》中有关生物知识的分类概况。

类别	数目
螺蚌类	10
螃蟹类	2
昆虫类	4
鱼类	40
两栖类	4
爬行类	21
鸟类	100
兽类	107
合计	291

从如上表格我们可以清晰地看到《山海经》中记述的动物种类之多。吕子方就说:"若把各经所载各地的鸟兽虫鱼综合起来加以整理,应该说(《山海经》)是研究中国古代动物学的宝贵资料。"[①] 当然,如上的分类是郭郛等人来完成的,不是《山海经》的本然面目,《山海经》只是或简单或错综地罗列了各种动物存在的事实。但是,从表格中发现,兽类数目最多,鸟类次之,鱼类排第三,这种情况的出现不是偶然的,和《山海经》中多次出现"有兽焉"(《山经》中84次[②])、"有鸟焉"(《山经》中45次[③])、"有鱼焉"(《山经》中2次)的表述相吻合。笔者推测,《山海经》中已然出现了将动物分为兽类、鸟类、鱼类等种类的模糊认识。郭郛从动物分类的角度也总结说:"《山海经》中动物学知识可以说是中国动物区系学或普通动物学、动物地理学的最古老的典籍。"[④]

《尔雅》承继与发展了《山海经》的生物知识成果,且分类更细,记述更详。据统计,《尔雅》的《释草》《释木》2篇中提到的植物有100余种,《释虫》《释鱼》《释鸟》《释兽》《释畜》5篇中提到的动物达300

[①] 吕子方:《中国科学技术史论文集》下册,第73页。
[②] 此外,《海外北经》中出现1次,《山海经》共出现"有兽焉"一词85次。
[③] 此外,《海外西经》中出现1次,《山海经》共出现"有鸟焉"一词46次。
[④] 郭郛等:《中国古代动物学史》,第79页。

余种。具体来说，在植物方面，主要贡献有四：第一，在中国植物史上，《尔雅》首次明确将植物分为草本与木本两大类。第二，依据《释木》中"小枝上缭为乔，无枝为檄，木族生为灌"的记载，可以推知，《尔雅》中首次将木本植物分为乔木、檄木、灌木三个次类。第三，更细致的是，《尔雅》这部语辞学著作在编排时无形中将归属同一科属的一些植物排列在了一起，以便记忆与掌握，"如'释草'中把同属于百合科葱属的薤（山韭）、茖（山葱）、蒚（山蒚）、葝（山蒜）排在一起；'释木'中将今天蔷薇科李属的楔（荆桃）、旄（冬桃）、休（无实李）等数种李属的植物排在一起。另外，松柏纲的松、柏，桑科的各种桑，榆科的各种榆也都排在一块"①。第四，《尔雅》在植物知识方面提出了一些有关分类的定义，如对于草本与木本植物所开的花的分类："木谓之华，草谓之荣"；对于植物结果与否的分类："不荣而实者谓之秀，荣而不实者谓之英。"（《尔雅·释草》）

在动物方面，《尔雅》的主要贡献也有四个方面：第一，提出了一些有关动物知识分类的定义，如《释虫》："有足谓之虫，无足谓之豸"；《释鸟》："二足而羽谓之禽，四足而毛谓之兽。"第二，首次将动物分为虫、鱼、鸟、兽四类②。第三，同样的，《尔雅》将属于同一科属的动物排列在一起，如"在《释虫》中，同翅目的各种蝉，鞘翅目的各种甲虫

---

① 卢嘉锡主编：《中国科学技术史（生物学卷）》，科学出版社2005年版，第80—81页。

② 对于《尔雅》究竟将动物分为几类，学界有不同看法。汪子春、程宝绰认为分为虫、鱼、鸟、兽四类，他们指出：这种四类分法"至今沿用。所分四类也与现代动物分类阶元基本相符，即'虫'相当于无脊椎动物，'鱼'为鱼纲、两栖纲、爬行纲等变温动物总称，'鸟'为鸟纲，'兽'为哺乳纲"（汪子春、程宝绰：《中国古代生物学》，商务印书馆1997年版，第25页）。当然，因《尔雅》中讲到动物的共5篇，即《释虫》《释鱼》《释鸟》《释兽》《释畜》，所以，也有人认为《尔雅》将动物分为虫、鱼、鸟、兽、畜五类。如罗桂环认为，《尔雅》"将动物分为虫、鱼、鸟、兽、畜五类"[卢嘉锡主编：《中国科学技术史（生物学卷）》，第80页]。

但是，笔者认为，固然有《说文解字》说："畜，田畜也"；孔颖达正义也说："家养谓之畜，野生谓之兽。"（李学勤主编：《十三经注疏》之《春秋左传正义》，第1450页）可见"兽"与"畜"似为两类，不可合一。但是，我们推测，许慎、孔颖达所记载的"兽"与"畜"的明确分类应在《尔雅》成书之后，有《尔雅》本身的记载为证。《尔雅·释畜》中所记载的不仅是家养的畜，还有如"敏""駏蹏""犘牛"等兽类，可见，《尔雅》中还没有对"兽"与"畜"的自觉分类，二者在范围上是相交叉的，且"兽"在某种意义上包含了"畜"，因此，针对《尔雅》中的动物分类，笔者更倾向于四类分法。

被排在一起。在《释鱼》中，鱼纲中的各种鱼，两栖爬行类中的蛇、蛙，以及今属宝贝科蝲蛄、玄贝、余贮、余泉、蚆、蜩的数种贝类，也都被分别排在一起。在《释鸟》中，雉科的各种雉，雁科的雁鸭，鸥鹆科的各种鹆被排在一块。在《释兽》中，哺乳动物中鹿科中的各种鹿，猫科中的虎豹等也都被排在一块"[①]。诸如此类。

三 分类思维由地理、生物知识向天象领域与社会历史的伸延

如上所述，在《吕氏春秋》之前，分类思维在地理知识与生物知识领域已经取得了较为成熟的形态，那么，跨越地理知识与生物知识领域而延伸至其他领域特别是社会历史领域便成为分类思维持续进展的必经之路。吾淳就曾指出：分类思维"在当时也并不仅仅局限于生物学、地理学知识，其他许多活动或知识领域也都会受到已经成熟起来的分类思维与观念的影响"[②]。

在天象知识领域中，四象与二十八宿的对应划分是分类思维进展的集中体现。[③] 陈遵妫说："古人是先设四象，而后才在四象的基础上细划二十八宿的。"[④] 换句话说，二十八宿以四象为基础，并可以根据四象的基本特征，归类到四象之中。其中，东方苍龙七宿为：角、亢、氐、房、心、尾、箕；西方白虎七宿为：奎、娄、胃、昴、毕、觜、参；南方朱雀

---

① 卢嘉锡主编：《中国科学技术史（生物学卷）》，第 81 页。

② 吾淳：《中国哲学的起源》，第 147 页。

③ 这里，首先涉及四象与二十八宿对应划分的年代问题。20 世纪 80 年代之前，新城新藏、李约瑟、夏鼐、竺可桢、钱宝琮、郭沫若等人都有不同推测。例如：（1）新城新藏认为二十八宿体系在西周初年就已形成。（参见新城新藏《东洋天文学史研究》，中华学艺社 1933 年版，第 257—286 页）（2）夏鼐认为在公元前八至六世纪，但"真正的起源可能稍早"（参见夏鼐《从宣化辽墓的星图论二十八宿和黄道十二宫》，《考古学报》1976 年第 2 期）。（3）其他人认为大致在战国时期。

1978 年，湖北随县擂鼓墩发掘的战国早期曾侯乙墓中出土了一个刻画有中国二十八宿的漆盖箱，中国学界对此问题的争论逐渐消失。在这一漆盖箱上，不仅有二十八宿的完整名称，而且盖面两端还有头尾相反的青龙、白虎（其中未有朱雀、玄武）图案，陈遵妫得出结论："四象的划分至迟也是战国初期（公元前五世纪）的事情了。"（陈遵妫：《中国天文学史》第二册，上海人民出版社 1982 年版，第 329 页）可见，四象与二十八宿的对应划分应该是早于《吕氏春秋》的成书时间的，因此将四象与二十八宿的对应划分放在此处进行探讨是合理的、可靠的。

④ 陈遵妫：《中国天文学史》第二册，第 330 页。

七宿为：井、鬼、柳、星、张、翼、轸；北方玄武七宿为：斗、牛、女、虚、危、室、壁。仔细分析可以发现，这种分类是有一定科学依据的。例如东方苍龙七宿中，角、亢为苍龙的头部，氐、房、心为龙身，尾为龙尾。再如南方朱雀七宿中，翼、轸明显表示尾部。其他宿星，《史记·天官书》中说："柳为鸟注……七星，颈……张，素。"这里，"注"为"喙"，《尔雅》中就说："鸟喙谓之柳"；"素"，实则为"嗉"，《尔雅》中载"鸟张嗉"，郭璞注说："嗉，鸟受食之处也。"可见，"柳"表示鸟喙，"星"表示脖颈，"张"表示"鸟嗉"，都与朱雀有关。西方白虎七宿与北方玄武七宿也多类于此。但是，不可否认，与前文讲的地理知识与生物知识领域分类思维进展的客观性与科学性相较，四象与二十八宿的对应划分更加带有主观色彩。如东方七宿中的"箕"，无论如何也难以与苍龙的某些特征联系在一起，南方七宿中的"井""鬼"二宿也难与朱雀相联系，等等。

分类思维由地理知识、生物知识向天象领域的扩展仍然属于自然知识领域，但其分类过程中的主观性已然彰显。当其进展至社会历史领域时，主观色彩将更加浓重。首先表现在政治方面，如《尚书·洪范》中曾提出"洪范九畴"，即九条治国大法：

> 初一曰五行，次二曰敬用五事，次三曰农用八政，次四曰协用五纪，次五曰建用皇极，次六曰乂用三德，次七曰明用稽疑，次八曰念用庶征，次九曰向用五福，威用六极。

这里，将君主在国家治理过程中所应遵循的基本准则分类为9个方面，涉及宇宙结构、道德修养、天文历法、政务、卜筮、伦理、法制等多个方面。更细致的是，每一"畴"都有具体的次类，如将五行分为"水""火""木""金""土"，将五事分为"貌""言""视""听""思"，将五纪分为"岁""月""日""星辰""历数"，将三德分为"正直""刚克""柔克"，将五福分为"寿""福""康宁""攸好德""考终命"，将六极分为"凶短折""疾""忧""贫""恶""弱"……

其次，分类思维在军事领域也有所体现。《孙子兵法》中分类思维的运用便达到了相当成熟的高度，如《地形》中说：

地形有通者，有挂者，有支者，有隘者，有险者，有远者。

这里主要论述了与作战有密切关系的地形，共分为6种，即"六形"。其中，"通"为通达，指往来便利之地；"挂"为阻碍，指易往难返之地；"支"为相持，指先动手者不利之地；"隘"为狭隘，指通路狭隘，队伍难以展开之地；"险"为地势险要，指高下悬殊之地；"远"指距离，为敌我相距较远之地。可见，对地形的分类还是比较细致的。此外，《孙子兵法》中类似的分类还有许多，如把将领面临的危险分为五类："必死可杀"（只知拼命就会被杀死）、"必生可虏"（一味贪生就会被俘虏）、"忿速可侮"（忿怒急切就会被挑逗）、"廉洁可辱"（爱重名节就会被侮辱）、"爱民可烦"（溺爱民众就会被烦扰）；将军队必败的情况分为六类："走""驰""陷""崩""乱""北"；将火攻分为五类："火人""火积""火辎""火库""火队"……

从如上分类思维在政治、军事领域的进展可以看出，社会历史领域的分类思维已经脱离了地理、生物等自然知识领域重视客观化与科学性的发展方向，明显具有了一种观念化与主观性的特征。

第三节 《吕氏春秋》之前的比类思维

在分类思维得到了充分发展的基础上，比类思维也在对事物相似性问题的摸索与运用过程中发展起来了。在《吕氏春秋》之前，比类思维主要体现在对取象比类思维、比兴思维与观物比德思维的认识与运用中。

一 "取象比类"与比类思维

取象比类思维是比类思维的一种重要形式，在先秦文献中多有涉及。那么，何谓取象比类？姜广辉说："古人常常把形象相似、情境相关的事物，通过比喻、象征、联想、推类等方法，使之成为可以理喻的东西。我们称这种方法叫取象比类的思维方法。这种方法常常是形象思维与抽象思维交替并用，甚至浑然难分。"① 如《尚书·盘庚上》中说："盘庚迁于殷，民不适有居，率吁众戚出矢言……先王有服，恪谨天命，兹犹不常宁；不常厥邑，于今五邦。"这就是说，盘庚迁殷，臣民都不高兴住在新邑，盘庚将近戚重臣叫来并和他们一起去向不同意迁都的臣民陈述自己的意见，指出先王因为恭敬顺从上天的命令，所以不敢永久地居住在同一个地方，而且自立国到现在，已经迁徙了 5 次之多。接着，盘庚作譬说："若颠木之有由蘖，天其永我命于兹新邑，绍复先王之大业，厎绥四方。"这里，用"颠木"比类旧都，"由蘖"比类新都，树木砍伐后尚可以发出新芽，国家迁都之后也定能复兴先王伟业，安定四方。由此，我们明显发现枯木能发出新芽这一自然现象与迁都后能复兴先王遗业这一政治现象之间的相似性特征，即都是由岌岌可危之象向欣欣向荣之象进展。这是取象比类思维的典型运用。若细加考察，在《吕氏春秋》之前，取象比类思维最集中的体现是在《周易》中。章学诚就曾说："《易》象虽包六艺，与《诗》之比兴，尤为表里"；"《易》象通于《诗》之比兴"。② 今人刘明明也指出："《周易》的符号集——初始符号阴爻" -- "、阳爻"—"及八卦和由它演化成的六十四卦，是'观物取象'而制成的。"③《易传·系辞下》中就说：

> 象也者，像此者也。
> 是故《易》者，象也；象也者，像也。

众所周知，六十四卦构成了《易经》的主要内容，其中，卦象是核心。④ 既然"易"是讲卦象的，那么卦象是做什么的？"像此者也""像也"明显是说卦象是象征万物的，这是一个联想、象征、比拟的过程，

---

① 姜广辉：《整体、直觉、取象比类及其他》，载张岱年等《中国思维偏向》，中国社会科学出版社 1991 年版，第 83 页。

② 章学诚：《文史通义》，上海书店 1988 年版，第 6、7 页。

③ 刘明明：《中国古代推类逻辑研究》，北京师范大学出版社 2012 年版，第 319 页。

④ 研究显示，卦象是先于卦名与卦爻辞而产生的。孙星衍说："卦之始，有象无字。"（孙星衍：《周易集解》上，成都古籍书店 1988 年版，《序并注》，第 5 页）李镜池也认为："卦画只是一种符号，不好称谓，故根据卦爻辞加上标题作为卦名。"（李镜池：《周易通义》，中华书局 1981 年版，第 6 页）由此，可见卦象在《易经》中的重要地位。

因此，《易经》的核心内容就是取象比类思维的具体表现。难怪周山认为《周易》是人类历史上第一个以类比为特征的符号系统。①

更深一层，"象"又由何而来呢？《易传》中说：

（1）易与天地准，故能弥纶天地之道。仰以观于天文，俯以察于地理，是故知幽明之故……圣人有以见天下之赜，而拟诸其形容，象其物宜，是故谓之象。（《系辞上》）

（2）古者包牺氏之王天下也，仰则观象于天，俯则观法于地，观鸟兽之文，与地之宜，近取诸身，远取诸物，于是始作八卦，以通神明之德，以类万物之情。（《系辞下》）

这里指出，卦象是通过实际"观""察"天象、地形、鸟兽纹样等，然后通过"拟诸其形容，象其物宜"的过程而得到的，其中，"拟"就是"比拟"，"象"就是"象征"，简言之，卦象实为取象比类的结果。

综上可见，作为《易经》核心的"卦象"，既是取象比类思维的直接"产品"，又是取象比类思维的具体表现。那么，卦辞、爻辞的具体内容是否也涵蕴着丰富的取象比类思维呢？答案是肯定的。例如《剥·上九》："硕果不食，君子得舆，小人剥庐。"这里是用小人不能吃大的果实来比类劳动果实受到剥夺。②《大过·九二》："枯杨生梯，老夫得其女妻，无不利"；《大过·九五》："枯杨生华，老妇得士夫，无咎无誉。"这后两

---

① 周山是从中国逻辑史角度研究《周易》的思维方式着力最勤、影响最大的当代学者之一。在温公颐、崔清田主编的《中国逻辑史教程》（修订本）中，周先生就著有"《周易》的逻辑思想——古代'推类'的发轫"一章，较为系统地论述了古代推类思维发轫于《周易》的基本观点，并创造性地揭示了《周易》"据象推类""据辞推理""象辞结合推类"3种推类方法。（温公颐、崔清田主编：《中国逻辑史教程》修订本，南开大学出版社2001年版，第10—30页）此后，周先生聚焦《周易》的思维方式问题且屡有著述面世，如2007年发表于《周易研究》第6期的《〈周易〉与类比推理》，2009年发表于《社会科学》第7期的《〈周易〉：人类最早的类比推理系统》，2013年发表于《哲学分析》第5期的《〈周易〉的文本结构及其言说方式》；此外，2011年于上海辞书出版社出版《中国传统类比推理系统研究》一书。可以说，周先生是一以贯之地坚持《周易》是类比推理的符号系统这一观点的。

② 李镜池就指出："硕果不食，是比喻语。比喻劳动果实不能自己享受。农民被征调去为贵族造车子，要离开自己的家，君子得舆了，农民却没得坐。"（李镜池：《周易通义》，第48页）

则分别用枯萎的杨树重新发芽与开花来比类老夫娶得小娇妻与老妇又得小丈夫。《明夷·初九》："明夷于飞，垂其翼。君子于行，三日不食，有攸往，主人有言。"这里是以明夷鸟飞行时垂其左翼①这一"饥不得食之象"② 来比类君子旅途中"三日不食"的艰辛。《中孚·九二》："鸣鹤在阴，其子和之，我有好爵，吾与尔靡之。"这是用鹤的彼此和鸣来比类人类的酬酢。

二　"比""比兴"与比类思维

比兴原本并非指《诗经》的体裁或表现方法，而是指一种用诗的方法，它是比类或比喻思维方法在诗歌领域的集中体现。先秦时期，最早论及"比兴"的文献为《周礼·春官宗伯·大师》："教六诗，曰风，曰赋，曰比，曰兴，曰雅，曰颂。"这里，有关"比""兴"的认识已然初具雏形。鲁洪生推断，"赋、比、兴这三个概念至迟在战国中期就已出现"③。此后，有关比兴思维方法的探讨与运用纷至沓来，有代表性的如：郑玄对如上这句话作注说："比，见今之失，不敢斥言，取比类以言之。兴，见今之美，嫌于媚谀，取善事以喻劝之。"又注引郑司农语曰："比者，比方于物也。兴者，托物于事。"④ 又如《文心雕龙》中专设《比兴》一章，解释说："比者，附也，兴者，起也。附理者切类以指事，起情者依微以拟议。"⑤ 再如，孔颖达在《毛诗正义·国风·周南》中疏引郑玄之语并评论说："比者，比方于物，诸言如者，皆比辞也"，"兴者，托事于物，则兴者起也，取譬引类，起发己心，诗文诸举草木鸟兽以见意者皆兴辞也"。⑥ 朱熹在《诗集传》中也对比兴有一个更为确当的理解，说："兴者，先言他物以引起所咏之词也"，"比者，以彼物比此

① 刘大均、林忠军等人根据帛书《易》中"垂其左翼"的记载，加之与后文《明夷·六二》"夷于左股"、《明夷·六四》"入于左腹"相对照，认为此处"垂其翼"应为"垂其左翼"，笔者以为是。（刘大钧、林忠军：《周易经传白话解》，上海古籍出版社2006年版，第99页）

② 高亨：《周易古经今注》，中华书局1984年版，第264页。

③ 鲁洪生：《从赋、比、兴产生的时代背景看其本义》，《中国社会科学》1993年第3期。

④ 李学勤主编：《十三经注疏》之《周礼注疏》，北京大学出版社1999年版，第610页。

⑤ 范文澜：《文心雕龙注》，人民文学出版社1958年版，第601页。

⑥ 李学勤主编：《十三经注疏》之《毛诗正义》，北京大学出版社1999年版，第12页。

物也"。① 由此，我们可知，"比"主要是通过比喻、比拟与象征的手段来比类事物，使之更易理解，"兴"则是借助于外物缘诗歌之情、寓诗歌之意、言诗歌之志、协诗歌之韵。这都是比类思维的集中表现。李健曾从艺术的角度对比兴思维作过定义：比兴思维"是一种受某一（类）事物的启发或借助于某一（类）事物，综合运用联想、想象、象征、隐喻等手法，表现另一（类）事物的美的形象、展示其美的内涵的艺术思维方式"②。

提到比兴，必然联系到《诗经》。《诗经》作为我国最早的一部诗歌总集，是运用比兴思维的滥觞。这里，主要以《诗经》为例，试析《吕氏春秋》之前比兴思维的发展概况。《诗经》一书中已经涵蕴了比兴思维进展的大体阶段与基本类型：仅为"比"句；比兴兼有。③

由于《诗经》是比兴思维语言形式的发端，故仍可以发现一段话中纯比不兴或纯兴不比的情况。如单纯用"比"的就有许多：

（1）有匪君子，如切如磋，如琢如磨……有匪君子，如金如锡，

---

① 朱杰人等主编：《朱子全书》（修订本）第一册之《诗集传》，上海古籍出版社、安徽教育出版社 2010 年版，第 402、406 页。

② 李健：《比兴思维研究——对中国古代一种艺术思维方式的美学考察》，安徽教育出版社 2003 年版，第 37 页。

③ 这里并未列出有兴无比的情况，并非《诗经》中不存在，而是因为笔者认为这种情况与比类思维关系甚微，故舍弃。1925 年，顾颉刚发表《起兴》一文，顾先生从怀疑朱熹的《诗集传》对比兴的定义入手，通过对自己所辑九首歌谣的分析，证实了自己"忽然在无意中悟出兴诗的意义"。这个意义是什么？顾先生认为：兴诗的作用与意义只是"协韵"；起兴的一句"和承接的一句是没有关系的"（顾颉刚编著：《古史辨》三，上海古籍出版社 1982 年版，第 674—675 页）。对于顾先生说兴诗之作用在于"协韵"，笔者以为是，但对于顾先生说起兴之语和后文无关，笔者却难以苟同，那么二者是什么关系呢？笔者认为二者正是比类的关系，是比类思维的运用。

此外，钟敬文不同意顾先生将兴诗之作用仅归为"协韵"的看法，在《谈谈兴诗》一文中，钟先生将兴诗分为两类：（1）"只借物以起兴，和后面的歌意了无相关的，这可以叫它做'纯兴诗'。"（2）"借物以起兴，隐约中兼略暗示点后面的歌意的，这可以叫它'兴而带有比意的诗'。"（顾颉刚编著：《古史辨》三，第 681 页）第一种"纯兴诗"应和顾先生所说兴诗有"协韵"作用相合，而第二种情况"兴而带有比意的诗"，笔者认为已经具有比兴兼有的色彩了。所以，有兴无比，这种情况是不具备比类思维的特征。因此，笔者在此处对《诗经》中有兴无比的情况不做考察。

如圭如璧。(《卫风·淇奥》)

(2) 手如柔荑,肤如凝脂,领如蝤蛴,齿如瓠犀,螓首蛾眉。
(《卫风·硕人》)

(3) 有女同车,颜如舜华……有女同行,颜如舜英。(《郑风·
有女同车》)

(4) 彼汾一方,言采其桑。彼其之子,美如英……彼汾一曲,
言采其藚。彼其之子,美如玉。(《魏风·汾沮洳》)

这里,第(1)条是把君子比类为切磋过的象牙、琢磨过的美玉、精
炼过的金锡以及精致的圭璧。第(2)条是连用6个比喻,来形容庄姜的
容貌之美:把她的手比类为初生的茅芽,把她的皮肤比类为白润的膏脂,
把她的脖颈比类为木中所生的白虫(形容脖颈白且长),把她的牙齿比类
为排列整齐的葫芦籽,把她的额比类为螓(似蝉而小)的方正而广平的
额,把她的眉比类为蚕蛾触须似的细眉。第(3)句是把这位姑娘的容貌
比类为漂亮的木槿花。第(4)句是把那位英俊的小伙子比类为俊美的花
与美玉。如上诸例都是单纯用"比"而不用"兴",但我们已然能够看出
比类思维在《诗经》中的广泛运用。

比兴兼有的情况能使我们更加明确地捕捉到比类思维的身影,这突出
表现在《诗经》中经常以花鸟鱼虫、飞禽走兽、山川树木、日月星辰等
自然物起兴,并与后文存在比类关系的诗歌中:

(1) 关关雎鸠,在河之洲。窈窕淑女,君子好逑。(《周南·
关雎》)

(2) 雄雉于飞,泄泄其羽。我之怀矣,自诒伊阻。(《邶风·
雄雉》)

(3) 桑之未落,其叶沃若……桑之落矣,其黄而陨。(《卫风·
氓》)

(4) 硕鼠硕鼠,无食我黍。三岁贯女,莫我肯顾。逝将去女,
适彼乐土。乐土乐土,爰得我所。(《魏风·硕鼠》)

(5) 黄鸟黄鸟,无集于谷,无啄我粟。此邦之人,不我肯谷。
(《小雅·黄鸟》)

其中，第（1）条是以雎鸠（鱼鹰）起兴，以关雎求鱼比类君子追求淑女。第（2）条是以雄雉起兴，以雄雉高飞比类丈夫的远行。第（3）条是以桑起兴，以桑叶的润泽鲜嫩比类热恋与蜜月之时双方的情盛意浓，以桑叶的发黄坠落比类结婚后实际生活的情衰意减。第（4）条是以硕鼠起兴，以硕鼠的贪婪比类统治者的贪心无度。第（5）条是以黄鸟起兴，以黄鸟食粟比类作为外邦人的自己未受到国家的善待。

综上所述，我们可以发现，比兴思维或方法在《诗经》中所表现出的比类特征是极为鲜明的。对于此，鲁洪生很早就十分强调比兴思维的比类特征，说："兴、比二法作为比类思维的具体表现，同样是以其与《诗》某一点的相似而举一反三、触类旁通、主观随意性极强的方法。"①

三 "观物比德"与比类思维

观物比德思维也是比类思维的一种重要形式，它主要表现在以物的内在属性或外在特征比类人的道德品性与精神修养，这是一个将自然物的自然属性人性化、伦理化，将人的道德属性具体化、客观化的过程。如《论语》中对这一问题便多有论及。《论语·雍也》："子曰：知者乐水，仁者乐山。知者动，仁者静。知者乐，仁者寿。"这是以水来比类智者的动、乐之德，以山来比类仁者的静、寿之德。《论语·颜渊》："君子之德，风。小人之德，草。草上之风，必偃。"这是以风比类君子之德，以草比类小人之德。

其实，关于以何物来比类人的道德的问题，可能是先秦时期人与人交流时的一个基本论题，《管子·小问》中便有记载：

> 桓公曰："何物可比于君子之德乎？"隰朋对曰："夫粟，内甲以处，中有卷城，外有兵刃。未敢自恃，自命曰粟，此其可比于君子之德乎？"管仲曰："苗始其少也，眴眴乎何其孺子也。至

---

① 鲁洪生：《从赋、比、兴产生的时代背景看其本义》，《中国社会科学》1993 年第 3 期。

其壮也，庄庄乎何其士也。至其成也，由由乎兹免，何其君子也。天下得之则安，不得则危，故命之曰禾，此其可比于君子之德矣。”

此处，齐桓公提出论题，隰朋认为"粟"退可守（"内甲以处，中有卷城"）、进可攻（"外有兵刃"），却不敢自恃强大，所以可用"粟"比类君子之德；管仲则认为"禾"在生长过程中始终柔嫩和顺、庄严持重、丰实和悦，因此可用"禾"比类君子之德。

此外，还有以水比类人的德行的，《孟子·离娄下》中说：

徐子曰：仲尼亟称于水，曰："水哉，水哉。"何取于水也？孟子曰：原泉混混，不舍昼夜。盈科而后进，放乎四海，有本者如是，是之取尔。苟为无本，七八月之间雨集，沟浍皆盈；其涸也，可立而待也。故声闻过情，君子耻之。

这是孟子门徒徐辟与孟子的一段对话，文中并未指明孔子多次赞美的水是哪种水，但通过孟子所说"有本"之水与"无本"之水的对比，可以推知，孔子赞美的应是如泉水之类的水。泉水之类的"有本"之水不分昼夜，永远保持奋发前进的精神状态和不竭动力，这是君子之德的基本表现；雨水之类的"无本"之水尽管也会有短暂的迸发与辉煌，但终究不能持之以恒，干涸之日立等可待，这是君子所耻、所弃之德的基本表现。

如上都是以某种自然物来比类君子之德，其中对于君子之德的剖析非常笼统。随着观物比德思维的进展，对于君子之德的阐明逐步走上了精细化的道路，《荀子·法行》中说：

子贡问于孔子曰："君子之所以贵玉而贱珉者，何也？为夫玉之少而珉之多邪？"孔子曰："恶！赐，是何言也！夫君子岂多而贱之，少而贵之哉！夫玉者，君子比德焉。温润而泽，仁也；栗而理，知也；坚刚而不屈，义也；廉而不刿，行也；折而不桡，勇也；瑕适并见，情也；扣之，其声清扬而远闻，其止辍然，辞也。故虽有珉之雕雕，不若玉之章章。《诗》曰：'言念君子，温其如玉。'此之谓也。"①

经分析，这一段可分为三层意思。第一层是阐明"玉"是用来比类君子之德的这一观点。自开头至"夫玉者，君子比德焉"。这是通过"玉"与"珉"（一种像玉的石头）的对比得出的，从这一点可以看出，先秦文献中所记载的可与人的德行相比类的自然物的选择仅仅具有相对的随意性，如这里的"珉"便不行。第二层是详述"玉"的特质与君子之德相比类的表现。从"温润而泽，仁也"至"其止辍然，辞也"。其中，连续运用了7组比类，这是观物比德思维精细化发展的集中表现。这里，以"玉"的质地与光泽比类君子之"仁"，以"玉"的纹理比类君子之"知"（智），以"玉"的硬度比类君子之"义"，以"玉"的清正而不伤人比类君子之"行"，以"玉"的宁折勿桡比类君子之"勇"，以"玉"的不掩瑕（玉上的斑点，即瑕疵）适（美、善）比类君子之"情"，以"玉"的声音清脆激越比类君子之"辞"。最后一层进一步总结以突出论点，再次强调即使经过精雕细琢且带有美丽花纹的"珉"也比不上自身本然明洁光亮的"玉"，这实则是在突出君子之德的醇美与高尚，并以《诗经·秦风·小戎》中的话语作结，指明温润之玉就是比类于性情温和的君子的。

综上所述，从取象比类的易学倾向到比兴的文学倾向，再到观物比德的美学倾向；从《易经》到《诗经》再到《管子》《论语》《孟子》《荀子》，这既是《吕氏春秋》之前比类思维进展的逻辑展

---

① 在《管子·水地》中有类似记载："夫玉之所贵者，九德出焉，夫玉温润以泽，仁也。邻以理者，知也。坚而不蹙，义也。廉而不刿，行也。鲜而不垢，洁也。折而不挠，勇也。瑕适皆见，精也。茂华光泽，并通而不相陵，容也。叩之，其音清搏彻远，纯而不杀，辞也。是以人主贵之，藏以为宝，剖以为符瑞，九德出焉。"这一条文献中是以"玉"的自然属性比类"人"的9种德行，相较于《荀子·法行》中"七德"的记载，多出两种，即（1）"鲜而不垢，洁也。"这是以"玉"的鲜亮无垢比类君子的"洁"。（2）"茂华光泽，并通而不相陵，容也。"这是以"玉"之间华美互映但不相侵凌比类君子之"容"。

开，也大体反映了《吕氏春秋》之前比类思维进展的历史进程。① 对此，可以作出一个基本判定：在思维实践上，《吕氏春秋》之前的比类思维大

---

① 有关《论语》《孟子》《荀子》成书的大体时间，学界基本达成一定的共识。而《易经》《诗经》《管子》的成书时间（《管子》的成书时间问题前文已做相关梳理），学界历来争鸣不已。

首先来看《易经》的成书时间问题。经考察，学界主要有5种观点：（1）殷周之际说。如金景芳、刘大钧等人持此说。金景芳终生研易，1987年在《周易讲座》一书中便说：《易经》"作于殷周之际，作于中古，大概是一种推测，但是这种推测是正确的，也是很慎重的。今天看来，《易经》应当是文王时代的东西，说产生于殷周之际是对的"（金景芳：《周易讲座》，吉林大学出版社1987年版，第26页）。后来，金先生在1998年96岁高龄时依然再次重申，《易经》产生于3000年前的殷周之际。（金景芳：《论〈周易〉的实质及其产生的时代与原因》，《传统文化与现代化》1998年第3期）刘大钧也说："自阴阳爻画组成八卦，至八卦重为六十四卦，最后到《周易》全书的完成，这中间恐怕有一个较长的历程。特别是卦辞和爻辞的产生，必然经过了多人的采辑、订正和增补，最后到殷末周初才成为今天的样子。"（刘大钧：《周易概论》，齐鲁书社1986年版，第5—6页）（2）西周初年说。如顾颉刚、张岱年等人持此说。顾颉刚说：《易经》的"著作时代当在西周的初叶"（顾颉刚编著：《古史辨》三，第43页）。张岱年根据《易经》中"丧牛于易""高宗伐鬼方"等故事都是商代及周初的故事，而周成王以后的故事《易经》中没有引用的事实，证明得出："《周易》古经应是西周前期的作品。"（张岱年：《〈周易〉经传的历史地位》，《人文杂志》1990年第6期）（3）西周晚年说。如李镜池等人持此说。李镜池通过考证，"不同意文王作《易》这个传统的说法"，明确指出："我们现在认为《周易》的编著，出于周王朝的卜史之官，成书年代，约在西周晚期。"（李镜池：《周易探源》，中华书局1978年版，第2—3页）（4）春秋早期说。如张增田等人持此说。张增田于1994年与1997年连撰两文，考证《易经》的成书年代，得出结论说："《易经》成书于春秋早期近百年的时间里，其下限绝不会超过其首次面世的鲁庄公二十二年，即公元前672年。"（张增田：《〈易经〉成书年代新证》，《安徽大学学报》1994年第1期）"综上所考，《易经》绝不会成书于殷周之际，也不至于是战国初年的作品。它是在西周灭亡前至春秋开始后不到100年间形成的，属于裂变时代的产物。"（张增田：《〈易经〉成书年代新证补考》，《古籍研究》1997年第3期）（5）战国初年说。如郭沫若等人持此说。郭沫若作《〈周易〉之制作时代》一文，考证得出："《周易》之作决不能在春秋中叶以前"；《周易》"经部作于战国初年的楚人馯臂子弓，我相信是没有问题的"（郭沫若：《郭沫若全集》历史编第一卷之《青铜时代》，人民出版社1982年版，第384、404页）。

再来看《诗经》的成书年代。学界的一个基本共识是，《诗经》成书在春秋中叶左右。然而，对于《诗经》与其中的《风》《雅》《颂》各部分的具体成书时间，也是众说纷纭。晁福林说："《诗经》的成书年代非为一时。若以时段而言，大体可以分为西周时期——春秋时期——战国秦汉时期这样三个阶段。"（晁福林：《从新出战国竹简资料看〈诗经〉成书的若干问题》，《中国史研究》2012年第3期）金荣权还将《诗经》在先秦时期的成书细分为4次结集的过程：第一次结集在西周前期，所收诗歌为《周颂》和《大雅》；第二次结集在西周后期至春秋初期，所收诗歌为《商颂》；第三次结集在春秋中期，所收主要为《小雅》和《国风》；第四次结集在春秋中后期，鲁太师挚将《鲁颂》编入诗集，完成了《诗经》的定编。（金荣权：《关于〈诗经〉

体停留在有比无推的阶段，属于比类思维发展的初期形态。如若要探究比类思维的成熟形态或复杂形态的相关问题，则只能寄望于后来的《吕氏春秋》诸书了。

小　结

有关"类"的内涵问题的考察，是《吕氏春秋》类思维研究的理论基础；有关《吕氏春秋》分类思维、比类思维的"前史"的考察，是《吕氏春秋》类思维研究的历史前提。二者都为《吕氏春秋》类思维研究的题中之意。

首先，从思维方式的角度言之，"类"的多种内涵的演进历程呈现出一条较为清晰的轨迹，体现为历史与逻辑的辩证统一。这一轨迹，由最初具有动物属性的兽名到具有宗教属性的祭名，再到具有道德属性的"善"的意涵，实现了从具体到抽象的内涵转变和理论提升。以此为基础，发展出具有思维意义的"分类"及其相关的"族类""事类""物类"之义，和具有思维意义的"比类"及其相关的"肖似""好像"之义。一方面，这是"类"的内涵演进的逻辑历程；另一方面，这也是"类"的内涵发展的历史进程。

其次，从《山海经》到《尚书·禹贡》，再到《管子·地员》，最后

（接上页）成书时代与逸诗问题的再探讨》，《诗经研究丛刊》2007 年第 2 期）

因此，仅仅考察《易经》与《诗经》的具体成书年代，难以得出从《易经》到《诗经》，从取象比类到比兴，反映了《吕氏春秋》之前比类思维进展的历史进程的结论。故，这里要强调的是，笔者所讲的反映了比类思维进展的历史进程，并不是单纯从《易经》和《诗经》的具体成书年代讲的，更是从两部经书所记载的主要内容来讲的。《易经》是一部记录了新石器时代以来古代先人社会生活缩影的经书。郭沫若在《中国古代社会研究》一书中曾作《〈周易〉时代的社会生活》一篇，指出："让《易经》自己来讲《易经》，揭去后人所加上的一切神秘的衣裳，我们可以看出那是怎样的一个原始人在作裸体跳舞"；"《周易》的时代是由畜牧转化到农业的时代"（郭沫若：《郭沫若全集》历史编第一卷之《中国古代社会研究》，人民出版社 1982 年版，第 38、44 页）。戚文也说："《周易》是上古时代生活面貌的一种镜像。"（胡道静、戚文编著：《周易十讲》，上海人民出版社 2003 年版，第 43 页）另，一般认为，《诗经》主要是全面展示了中国周代时期的社会生活。至此，从《易经》和《诗经》所记录的主要内容来看，说二者之间反映了比类思维演进的历史进程，应该是可行的。

到《尔雅》，《吕氏春秋》之前的分类思维在地理知识和生物知识领域中呈现出一种从简单到复杂、从杂乱到有序、从错综罗列到逐步精细化的发展特征。在这一过程中，分类思维开始向社会历史领域伸延。需要指出的是，自然知识领域的分类，主要体现为一种逻辑意义上的"类包含"的关系，其本质在于"求真"，因此，分类相对客观、科学；而社会历史领域的分类，主要体现为一种"类关联"的关系，其本质在于"求善""求美"以"求道"，因此，分类带有浓重的主观色彩。

最后，从《易经》的取象比类思维，到《诗经》之比兴思维，再到《管子》《论语》《孟子》《荀子》的观物比德思维，《吕氏春秋》之前的比类思维大体呈现为一种在易学、文学、美学领域循序而行、交叉并进的发展特征。当然，比类思维既具有比较的特性，又具有推理的特性，综观《吕氏春秋》之前比类思维的逻辑展开和历史发展，与比类所具有的推理的特性相较，比较的特性表现得更为突出。

事实上，将《吕氏春秋》类思维研究置身于"类"的内涵的探讨和"前史"的梳理之中，既是研究的前提，更是研究的起点。以此为基础，《吕氏春秋》类思维研究得以顺利展开。

第二章 《吕氏春秋》对于"知类"问题的阐明

前文已述，类思维包括分类思维与比类思维，且分类思维是比类思维的前提与基础。但是，"类"是否可知？如若可知，是人们生而知之，还是后天学而知之？这些问题依然悬而未决。实际上，《吕氏春秋》首先是坚持包括"类"在内的万事万物的可知论，而且是学而知之，如《壹行》："夫天下之所以恶，莫恶于不可知也"；《尊师》："天生人也，而使其耳可以闻，不学，其闻不若聋；使其目可以见，不学，其见不若盲；使其口可以言，不学，其言不若爽；使其心可以知，不学，其知不若狂"；等等。更进一步，"类"既然可知，那么，具体何为"知类"呢？"知类"是指要知晓、懂得分类思维、比类思维本身及其相互关系。当然，"知类"最大的障碍就是事、物、言辞、规律的复杂性与迷惑性，这是分清与运用分类、比类思维的基本前提。如若要"知类"，首要任务便是要解决事、物、言辞、规律等所具有的复杂性与迷惑性问题，在《吕氏春秋》中，主要方法有三：去宥、别类、审察。

第一节 知类之前提：复杂性与迷惑性

若天地万事万物既无种类之别，又无形态之异，那么，"类"的问题就根本不存在，"知类"也更无从谈起了。在《吕氏春秋》中，之所以存在"类"与"知类"问题，就是因为存在着一个根本前提，即事、物、言辞、规律等方面都具有复杂性与迷惑性。

一　"万物殊类殊形，皆有分职"

《吕氏春秋》在论述天圆地方来比类君臣关系应主圆臣方时涉及对于万物的整体认知，指出：

> 万物殊类殊形，皆有分职，不能相为，故曰地道方。(《圆道》)

这里，"类"指种类，"形"指形态，"分职"为名分、职分，"相为"指相互替代。陈奇猷认为："为犹言役作、作为，凡做某事即谓之为……不能相为，犹言不能相互役作，正是说明'皆有分职'之义。"[1] 因此，这句话是指，之所以地道方，就在于万物异类异形，都有各自的名分、职守，且彼此不能相互役作。而值得强调的是，《吕氏春秋》首先所承认的"万物殊类殊形"，恰是天地万物复杂性、多样性的集中体现。此外，《吕氏春秋》还在多处承认天地万物具有复杂性，如《情欲》中在讲到万物性情"一体"时，就指出"万物之形虽异"，《执一》中也说："天地阴阳不革，而成万物不同。"这在给人们对万事万物的分类乃至比类造成了较高的难度的同时，也为分类、比类的实现提供了前提与可能。若万事万物千篇一律，则必将无物可划分，无类可比推。

然而，纵使书中多次承认万事万物的多样性，但这一客观事实在《吕氏春秋》中是否具有一贯性与必然性，还是另一个问题。这就涉及《吕氏春秋》论及天地万物时所探讨的天地万物的来源这一问题：

> 万物所出，造于太一，化于阴阳。(《大乐》)

在《吕氏春秋》中，"造于太一"的"太一"为"道"，为"一"，

---

[1]　陈奇猷：《吕氏春秋新校释》，上海古籍出版社2002年版，第177页。

对此学界几无疑义，① 但此句中"造"字却颇为难解。高诱解"造"为"始"，说："造，始也。太一，道也。阴阳，化成万物者也。"② 许维遹、王利器等人都以高诱之说为正。而陈奇猷则认为，"造当训为生"，因此"造于太一，化于阴阳"一句则是"言万物之所出，由道而生，由阴阳而变化③。通过对校考察，笔者以陈说为是。既然天地万事万物为"太一"所生，"太一"在《吕氏春秋》中又为宇宙万物的最高本原，对于生育万物具有决定性作用，不可渝变，则天地万事万物的复杂性、多样性于此便找到了其本原之基。换言之，在《吕氏春秋》中，事物复杂性与多样性的存在具有必然性。

据笔者考察，《吕氏春秋》中天地万事万物的复杂性主要表现在四个方面，即"事"的复杂性、"物"的复杂性、言辞的复杂性、规律的复杂性。

首先来看"事"的复杂性。《似顺》中说："事多似倒而顺，多似顺而倒。"其中，"倒，逆也"④，指违背事理，"顺"指合乎事理，也就是说，有很多事情看似悖理的却是合理的，看似合理的却是悖理的。由此，"事"的复杂性可见一斑。如若不加细致考察，极有可能会以"倒"为"顺"，以"顺"为"倒"。《任数》中记述有孔子穷于陈、蔡之事：

---

① 在《吕氏春秋》中，"太一""道""一"三者同义，这就不同于老庄学派的"道"。与老子的"道"为"无"相较，《吕氏春秋》中"太一""道""一"更强调"有"。这一点大致已为学界共识。如，张岱年说："老子以为道先于天地，其所谓道，即超越事物的虚构观念，所以老子的宇宙论可谓一种客观唯心论"；"至《吕氏春秋》乃合'太''一'二字为一名词，以为'道'之称谓，云：道也者，至精也，不可为形，不可为名，强为之谓之太一……然皆与老子所说'道生一'之言不相合。"（张岱年：《中国哲学大纲》，中国社会科学出版社1982年版，第21、22页）

张双棣等人也指出："在《吕氏春秋》一书中，作为万物本原的'太一'、'道'、'一'，三者内涵是相同的。这与老子的'道生一、一生二、二生三、三生万物'有着根本不同。在老子学说中，'道'是'无'，是超乎'一'的虚构的观念。而在《吕氏春秋》中'道'是'有'，是'太一'、'一'。"（张双棣等：《吕氏春秋译注》，北京大学出版社2000年版，第105—106页）

② （汉）高诱：《吕氏春秋注》，第46页。

③ 陈奇猷：《吕氏春秋新校释》，第262页。

④ （汉）高诱：《吕氏春秋注》，第317页。

孔子穷乎陈、蔡之间，藜羹不糁，七日不尝粒。昼寝。颜回索米，得而爨之，几熟。孔子望见颜回攫其甑中而食之。选间，食熟，谒孔子而进食。孔子佯为不见之。孔子起曰："今者梦见先君，食洁而后馈。"颜回对曰："不可。向者煤炱入甑中，弃食不祥，回攫而饭之。"孔子叹曰："所信者目也，而目犹不可信；所恃者心也，而心犹不足恃。弟子记之，知人固不易矣。"

此处，孔子无意间看到颜回抓取锅里的饭来吃，之后还旁敲侧击地告诫颜回要"食洁而后馈"，但是孔子不知，颜回之所以蔽于自己抓取锅中之米，是因为有烟尘掉落锅中，是为了保证孔子能够吃上洁净的饭不得已而为之。因此，孔子由这件事感悟到，人们日常生活中对事情做出判断所信任和依仗的眼睛与心都是不可靠的，万事都具有复杂性，仅凭表面现象对其作简单化判断必然会导致各种各样的错误。

其次来看"物"的复杂性。《别类》中说："物多类然而不然，故亡国戮民无已。""类"为类似、好像之义，这里是说，诸物好像是这样，但事实上并非如此，可见"物"也是极为复杂的，仅就表面观察难以发现其本质。但是，如果不穷其究竟，后果严重以致会走向亡国戮民的深渊。《吕氏春秋》还进一步举例说：

夫草有莘有藟，独食之则杀人，合而食之则益寿。万堇不杀。漆淖水淖，合两淖则为蹇，湿之则为干。金柔锡柔，合两柔则为刚，燔之则为淖。（《别类》）

这里，莘草与藟草同为药草，分开服用会致人死亡，混合使用却可使人益寿延年；蝎子和紫堇同为毒药，配在一起却不具备杀人之功效；漆与水同为流体，二流体相遇却会凝固，且越潮湿干得越快；铜与锡同为质地柔软之物，混合起来却会变得坚硬，用火焚烧又会变为流体。从如上例证中我们不难看出，许多物类看起来十分相似，且功效也相类，但经过不同的排列组合却会得出与原来截然相异甚或截然相反的结果，表面上的相似掩盖着本质上的区别，"物"的复杂性已跃然纸上。

再次来看言辞的复杂性。《察传》中指出："辞多类非而是，多类是而非。"也就是说，言辞像如上所讲的"事""物"一样，看似错误实为正确的，看似正确却又是错误的，正确与否难以捉摸，表现出较强的复杂性。这一言辞的复杂性在《吕氏春秋》所例举的一则典型例子中表现得尤为明显：

> 数传而白为黑，黑为白。故狗似玃，玃似母猴，母猴似人，人之与狗则远矣。(《察传》)

这里指出，言辞通过多次的辗转相传，则会黑白颠倒。如狗与玃相似，玃与母猴相似，母猴又与人相似，那么，最后推知的结果竟是狗与人相似，而狗与人实则异若天壤。由此，我们可以深刻体会到言辞的复杂性特质。

最后来看规律的复杂性。《必己》中记载了一段援引于《庄子·山木》中的话：

> 庄子行于山中，见木甚美，长大，枝叶盛茂，伐木者止其旁而弗取。问其故，曰："无所可用。"庄子曰："此以不材得终其天年矣。"出于山，及邑，舍故人之家。故人喜，具酒肉，令竖子为杀雁飨之。竖子请曰："其一雁能鸣，一雁不能鸣，请奚杀？"主人之公曰："杀其不能鸣者。"[1]

此处以庄周论山中之木与家中之雁的不同命运来表达规律的错综复杂性。山中之木因为"不材"而得以终其天年，家中之雁却因其"不材"被宰杀烹食，同为"不材"，命运却截然迥异。这说明类似性质的事物，规律却不尽相同，于此物为幸运，于彼物则可能为厄运。规律具有复杂性，需具体分析，分别对待。

---

[1] 《庄子·山木》中文字有异：庄子行于山中，见大木，枝叶盛茂，伐木者止其旁而不取也。问其故，曰："无所可用。"庄子曰："此木以不材得终其天年。"夫子出于山，舍于故人之家。故人喜，命竖子杀雁而烹之。竖子请曰："其一能鸣，其一不能鸣，请奚杀？"主人曰："杀不能鸣者。"

二 "使人大迷惑者，必物之相似也"

鉴于天地万物极具复杂性，迷惑性在此基础上也伴随而来。了解迷惑性、发现迷惑性且最终找到解决迷惑性的具体措施才能算是真正意义上的知类，换句话说，祛除迷惑性的过程本身就是知类的过程。而这一过程的起点是要对迷惑性的存在有一个客观的把握，《吕氏春秋》中说：

> 使人大迷惑者，必物之相似也。玉人之所患，患石之似玉者；相剑者之所患，患剑之似吴干者；贤主之所患，患人之博闻辩言而似通者。亡国之主似智，亡国之臣似忠。相似之物，此愚者之所大惑，而圣人之所加虑也，故墨子见歧道而哭之。（《疑似》）

这里指出了迷惑性产生的根源，即"物之相似"。玉工所忧虑的"似玉者"实则非玉，相剑者所担忧的"似吴干者"实则非吴干，贤主所担心的"似通者"实则并非通达事理之人。同样，亡国之主"似智"也非有真智，亡国之臣"似忠"也非真的忠心。可见，这些"似玉者""似吴干者""似通者""似智""似忠"等的表面现象为我们真正认识事物的原貌或本质设置了一道很大的障碍，这恰是迷惑性产生的根由之所在。而且，这些似是而非给人们带来的迷惑与错觉，不仅存在于愚昧之人身上，即使是圣人也必须认真思索才可能加以解决，故而天地万物的迷惑性是具有普遍性的。

据笔者考察，天地万物的迷惑性同样表现在"事"的迷惑性、"物"的迷惑性、言辞的迷惑性、规律的迷惑性四个方面。

首先考察"事"的迷惑性，主要体现在周幽王烽火戏诸侯一事上。这则事例集中表现了多次重复同一行为或事件会致使迷惑性产生：

> 周宅酆、镐，近戎人。与诸侯约：为高葆祷于王路，置鼓其上，远近相闻。即戎寇至，传鼓相告，诸侯之兵皆至，救天子。戎寇当至，幽王击鼓，诸侯之兵皆至，褒姒大说，喜之。幽王欲褒姒之笑也，因数击鼓，诸侯之兵数至而无寇。至于后戎寇真至，幽王击鼓，诸侯兵不至，幽王之身乃死于丽山之下，为天下笑。此夫以无寇失真

寇者也。(《疑似》)

这里，周幽王出于欲褒姒笑的私念，戏耍诸侯，在戎寇未至之时，击打了本与诸侯约定仅在寇至时才能敲响的鼓，且多次重复这一行为，由此，迷惑性油然而生：周幽王再次命令击打鼓时究竟有没有寇贼到来？这一问题在诸侯心里因为前面的迷惑性便产生了狐疑，此种真假猜测与其受到戏耍的气愤相交织，致使周幽王诚信皆失，国败身亡，迷惑性的危害之大可得而观之。

其次考察"物"的迷惑性。不仅"物"的种类、形状的"多""杂"会引起迷惑性，"物"的似是而实非的特点更会引起迷惑性。有一个典型的例子可以为证：

> 梁北有黎丘部，有奇鬼焉，喜效人之子侄昆弟之状。邑丈人有之市而醉归者，黎丘之鬼效其子之状，扶而道苦之。丈人归，酒醒，而诮其子曰："吾为汝父也，岂谓不慈哉？我醉，汝道苦我，何故？"其子泣而触地曰："孽矣！无此事也。昔也往责于东邑，人可问也。"其父信之，曰："嘻！是必夫奇鬼也！我固尝闻之矣。"明日端复饮于市，欲遇而刺杀之。明旦之市而醉，其真子恐其父之不能反也，遂逝迎之。丈人望其真子，拔剑而刺之。丈人智惑于似其子者，而杀于真子。夫惑于似士者而失于真士，此黎丘丈人之智也。(《疑似》)

此处，黎丘丈人的思想完全被像他儿子的奇鬼所迷惑，不知"似其子者"之鬼实非其子，即难以辨清这一奇鬼到底是否为自己的儿子，奇鬼与真子难辨，仅是凭借自己所见与想象而把真子当成了奇鬼，酿成了白发人送黑发人的惨祸，迷惑性的弊端祸及人子，让人追悔莫及。

再次考察言辞的迷惑性。孙中原认为，言辞"在很多情况下，随着语境的不同，同一语句结构可以包含不同的语义。这就出现言辞语句表面为非，而实际为是，或表面为是，而实际为非的情况"[①]。这一"表面为非，而实际为是，或表面为是，而实际为非"的现象就是言辞迷惑性的

---

① 孙中原：《中国逻辑史（先秦）》，中国人民大学出版社 1987 年版，第 366 页。

集中体现。举《吕氏春秋·察传》中三例为证：

　　（1）鲁哀公问于孔子曰："乐正夔一足，信乎？"孔子曰："昔者舜欲以乐传教于天下，乃令重黎举夔于草莽之中而进之，舜以为乐正。夔于是正六律，和五声，以通八风，而天下大服。重黎又欲益求人，舜曰：'夫乐，天地之精也，得失之节也，故唯圣人为能和。乐之本也。夔能和之以平天下，若夔者一而足矣。'故曰'夔一足'，非'一足'也。"

　　（2）宋之丁氏，家无井而出溉汲，常一人居外。及其家穿井，告人曰："吾穿井得一人。"有闻而传之者曰："丁氏穿井得一人。"国人道之，闻之于宋君。宋君令人问之于丁氏，丁氏对曰："得一人之使，非得一人于井中也。"求能之若此，不若无闻也。

　　（3）子夏之晋，过卫，有读史记者曰："晋师三豕涉河。"子夏曰："非也，是己亥也。夫'己'与'三'相近，'豕'与'亥'相似。"至于晋而问之，则曰"晋师己亥涉河"也。

　　如上，第（1）例是在阐明"夔一足"这句话的迷惑性，鲁哀公理解为夔天生只有一只脚，孔子解释说夔为舜整理音乐，成绩昭著，所以"夔一足"意为像夔这样的人，只要有一个就足够了。对"夔一足"这种断章取义式的分析致使鲁哀公产生了迷惑。第（2）例主要集中于对"穿井得一人"的理解不同。宋君与国人皆认为丁氏凿井，于井中获得一个人，因此大惑不解。而丁氏解释说："我是说得到一个人使唤，并不是从井里挖到一个人。"① 言辞的迷惑性可见一斑。第（3）例是因为字形相似而导致的迷惑性。由于"己"与"三"字形相近，"豕"与"亥"写法类似，所以读书者将"己亥"误读成了"三豕"，荒唐至极。

　　最后来看规律的迷惑性。《吕氏春秋》中有许多按照常理推断应该如此却并非如此的例证，如《似顺》中所载：

---

　　① 张双棣等：《吕氏春秋译注》，第691页。

> 荆庄王欲伐陈，使人视之。使者曰："陈不可伐也。"庄王
> 曰："何故？"对曰："城郭高，沟洫深，蓄积多也。"宁国曰：
> "陈可伐也。夫陈，小国也，而蓄积多，赋敛重也，则民怨上矣。
> 城郭高，沟洫深，则民力罢矣。兴兵伐之，陈可取也。"庄王听
> 之，遂取陈焉。

这里，楚庄王想要攻打陈国，派使者察看陈国国情。使者回来报告
说，陈国"城郭高，沟洫深，蓄积多"，所以不可攻伐。按照常理来说，
城墙高，护城河深，粮食财货蓄积丰厚，明显是国家繁盛丰足之象，此时
不适合攻伐它。但是，理是而实非，宁国从中看到了所"非"之处，即
城墙高、护城河深必定民力凋敝，粮食财货蓄积丰厚必然赋税繁重，如此
人民定会怨恨君主横征暴敛，所以，此时恰是攻取陈国的好机会。结果正
如宁国所料，攻陈成功。由此可见，常理也具有迷惑性，楚庄王如若按照
常理行事，则可能丧失良机，劳而无功。

天地万物的迷惑性普遍存在，危害甚重，除如上迷惑性可使国败家
亡、误杀真子、文意相离、错失良机等危害外，《吕氏春秋》认为还有一
项更加严重且更为根本的危害，那就是不能"执一"：

> 先王不能尽知，执一而万物治。使人不能执一者，物感之也。
> （《有度》）

此处，"物感之也"的"感"为"惑"义，高诱就作注说："感，
惑也。"① 因此，这句话就是说，人们之所以不能"执一"，应该归因于
万事万物、言辞、规律的迷惑性。何谓"执一"？陈奇猷认为，"此所
谓'一'即通乎性命之情"②，也就是君主虚一而待、执守一道，如此
即可平治万物。由于天地万物具有迷惑性，人们不能执守根本之道，而
这在以"求道"为基本精神和文化传统的古代先人心目中，危害性之
巨可以想见。

---

① （汉）高诱：《吕氏春秋注》，第321页。
② 陈奇猷：《吕氏春秋新校释》，第1664页。

第二节 知类之保障:"知类"的方法论阐明

要想正确理解并运用分类思维与比类思维,即达到"知类"的目的,就要破除事、物、言辞、规律等万事万物所具有的复杂性与迷惑性,在《吕氏春秋》中具体方法包括三个:"去宥""别类""审察"。

一 去宥

破除天地万物的复杂性与迷惑性,首先要"求诸己",即从主观方面入手,尽量降低情感、利欲等因素对思想、观念的干扰程度,最大程度地消除偏见,这就是"去宥"。复杂性与迷惑性本身就是"宥"。在《吕氏春秋》中,对"宥"的来源、表现、影响(危害)等问题多有阐述:

> (1)世之听者,多有所尤。多有所尤,则听必悖矣。所以尤者多故,其要必因人所喜,与因人所恶。东面望者不见西墙,南乡视者不睹北方,意有所在也。(《去尤》)
>
> (2)夫人有所宥者,固以昼为昏,以白为黑,以尧为桀。宥之为败亦大矣。亡国之主,其皆甚有所宥邪?(《去宥》)

这里,"宥""尤"都为主观偏见,"'宥'同于囿,意指局限性;'尤'同于疣,意指缺陷。'宥'和'尤'的意思相同,'去宥'和'去尤'都在于消除偏见"[①]。其中,第(1)条首先强调了"宥"存在的普遍性,进而明确指出,人们产生主观偏见的根由是情感的喜恶。第(2)条则更为强调"宥"的危害之大,并进而指出"去宥"的必要性与紧迫性,所以人们"必别宥然后知"(《去宥》),不"别宥"则难以"知"。

在《吕氏春秋》中,阐述人们为"宥"所蔽的例子有很多,其中特以"人有亡铁者"与"齐人有欲得金者"最为典型:

> 人有亡铁者,意其邻之子。视其行步,窃铁也;颜色,窃铁也;

---

① 赵玉瑶:《〈吕氏春秋〉的认识论思想》,《社会科学战线》1986年第2期。

言语，窃铁也；动作态度，无为而不窃铁也。相其谷而得其铁，他日，复见其邻之子，动作态度，无似窃铁者。其邻之子非变也，己则变矣。变也者无他，有所尤也。（《去尤》）

其中，"铁"一般指斧子，这里是说，有人丢了一把斧子，他主观猜测是其邻家之子所窃。于是，看他走路的样子（"行步"）、脸色（"颜色"）、说话的样子（"言语"）、一举一动（"动作态度"）等诸方面都像窃铁之人，但随后在巡视其谷的过程中又发现了这把"铁"。① 此后，当再次见到邻家之子时，发现他的动作态度都不像窃铁的样子了。这里，亡铁之人"观察的对象没有变化，而他自己的认识前后却不一样，就是由于当初的认识有所'尤'，后来去其'尤'才获得了正确的结果"②。洪家义还将这种"尤"取名曰"偏见障碍"③。

再来看"齐人有欲得金者"一例，这则例子与"人有亡铁者"所体现的主观偏见不同，其主要体现了攫金之人的贪心不足：

齐人有欲得金者，清旦，被衣冠，往鬻金者之所，见人操金，攫而夺之。吏搏而束缚之，问曰："人皆在焉，子攫人之金，何故？"对吏曰："殊不见人，徒见金耳。"（《去宥》）

这里，这名齐人在光天化日的闹市之中公然抢夺别人的金子，被官吏抓获后竟然理直气壮地回答出让人啼笑皆非的那句"殊不见人，徒见金耳"，可见攫金之人"真大有所宥也"（《去宥》）。洪家义将这种"尤"称为"贪欲障碍"④。

综上所述，"宥"的存在具有广泛性，且会产生极大的危害，因此，

---

① 毕沅认为，"相其谷而得其铁"的"相"字为"扣"字之误。范耕研认为："《治要》引作'掘'，'掘'即'扣'字，毕校改是也。但'相'字亦可通。'相'，视也。谓巡视其谷遂得铁也。"陈奇猷案曰："毕改非也，范后说是也。"（陈奇猷：《吕氏春秋新校释》，第696页）其中，"后说"即指范耕研解"相"为"视"义，此处，笔者亦以陈奇猷说为正。

② 牟钟鉴：《〈吕氏春秋〉与〈淮南子〉思想研究》，人民出版社2013年版，第76页。

③ 洪家义：《吕不韦评传》，南京大学出版社1995年版，第433页。

④ 洪家义：《吕不韦评传》，第433页。

必须"去宥""别宥"。那么，如何去宥、别宥呢？《吕氏春秋》的《去尤》《去宥》两篇并未提供给我们明确有效的措施或路径，但是当《去尤》篇讲到鲁国的一名父亲认为自己丑陋的儿子美于至美的商咄这一则例子时，曾引用了一段庄子的话：

> 《庄子》曰："以瓦殹者翔，以钩殹者战，以黄金殹者殆。其祥一也，而有所殆者，必外有所重者也。外有所重者泄，盖内掘。"[①]

由此可知，要想去宥，则不能只重外物，必须"内掘"，即"求诸己"。只有自身主动摒弃偏见和贪欲壁障，才能从根本上去宥。因此，如何"去宥"也就转化为如何"求诸己"的问题。《吕氏春秋》中说：

> 何谓反诸己也？适耳目，节嗜欲，释智谋，去巧故，而游意乎无穷之次，事心乎自然之涂。若此则无以害其天矣。无以害其天则知精，知精则知神，知神之谓得一。（《论人》）

也就是说，向自身求得，让自己顺乎自然，这样，人们就可以知晓事物的精微、事理的玄妙了，也就得到了"一"或"道"。《去尤》篇结束时又举老聃一例："老聃则得之矣，若植木而立乎独，必不合于俗，则何可扩矣。"其中，"若植木而立乎独，必不合于俗"明显是顺其自然以达"一"得"道"风范的外在表现。

二　别类

"别类"也是知类的一种重要手段。"别"为分别、区分之义，因此"别类"之"类"理应包括分类思维。然而事实上，在《吕氏春秋》中，"别类"主要是针对比类思维而发的。陈奇猷曾说："别类者，谓凡事必分别类居而寻求其所以然，否则必致理论与事实相违戾。"[②] 其中，"分别

---

① 原文为："以瓦注者巧，以钩注者惮，以黄金注者殙。其巧一也，而有所矜，则重外也。凡外重者内拙。"（《庄子·达生》）

② 陈奇猷：《吕氏春秋新校释》，第1652页。

类居"是指分类，但陈先生也注意到"别类"的主要目的或指向并非要解决分类问题，它的宗旨是"寻求其所以然"，实则是在强调"类"的比类之义。在《别类》篇中，列举的所有例子都是与比类思维有关的。据笔者考察，可以分为如下两类。

其一，人们在比类的过程中，可能存在以偏概全的弊端，这是因对事物量与质的关系问题把握不清所致：

> 鲁人有公孙绰者，告人曰："我能起死人。"人问其故，对曰："我固能治偏枯，今吾倍所以为偏枯之药，则可以起死人矣。"物固有可以为小，不可以为大，可以为半，不可以为全者也。

此处，公孙绰由自己能够"治偏枯"出发，认为如若加倍用药，则可以"起死人"了。但他并未考虑到，"治偏枯"与"起死人"看似"量"的增加，实则存在"质"的不同，是病人"死"与"未死"的区别，而不是病的"轻微"与"严重"的区别。因此，公孙绰的这种比类明显是站不住脚的。

其二，同样，在比类过程中，人们可能会犯笼统比类的错误，这主要是由人们对概念认识不足或强词夺理、为辩而辩所引起：

> （1）小方，大方之类也；小马，大马之类也；小智，非大智之类也。
>
> （2）义，小为之则小有福，大为之则大有福。于祸则不然，小有之不若其亡也。
>
> （3）相剑者曰："白所以为坚也，黄所以为牣也，黄白杂则坚且牣，良剑也。"难者曰："白所以为不牣也，黄所以为不坚也，黄白杂则不坚且不牣也。又柔则锩，坚则折。剑折且锩，焉得为利剑？"剑之情未革，而或以为良，或以为恶，说使之也。故有以聪明听说，则妄说者止；无以聪明听说，则尧、桀无别矣。此忠臣之所患也，贤者之所以废也。
>
> （4）高阳应将为室家，匠对曰："未可也。木尚生，加涂其上，必将挠。以生为室，今虽善，后将必败。"高阳应曰："缘子之言，

则室不败也。木益枯则劲，涂益干则轻，以益劲任益轻，则不败。"匠人无辞而对，受令而为之。室之始成也善，其后果败。高阳应好小察，而不通乎大理也。

如上，第（1）（2）条是因为对概念认识不足所引起的笼统比类，第（3）（4）条是由于人们强词夺理、为辩而辩所引起的笼统比类。第（1）条中，小的方形与大的方形是同类的，小马与大马也是同类的，不论小与大，都无感情色彩，但是，小聪明与大智慧却不是同类的，人们鄙薄耍小聪明的人，而景仰有大智慧的人。第（2）条中，小福与大福同类，对人皆有好处，若二者必选其一，人们必欲取大福而舍小福，但祸却与之截然相反，稍有小祸也不如没有好。第（3）条中，相剑的人认为剑的白色（锡所表现出的颜色）表示坚硬，黄色（铜所表现出的颜色）表示柔韧，那么黄白相杂则表示剑既坚且韧。① 剑依然为同一把剑，然而，反驳的人却有完全相反的看法。他认为白色是表示不柔韧的，黄色是表示不坚硬的，所以黄白相杂表示剑既不坚硬也不柔韧。相剑者与反驳者各从自己的立场和知识背景出发，对同一事物作出截然对立的结论，可见笼统比类并没有考虑客观实际，只是各据一辞而已。第（4）条中，木匠以实践经验为基础，劝诫高阳应暂停建造房屋，理由是现在木料湿，上面再加上泥，木料必然被压弯，但高阳应却仅是为辩而辩，说木料干了会更加结实，泥干了重量会更轻，用越来越结实的木材来负重日益变轻的泥，房屋是不会倒塌的。高阳应不听劝告，坚持继续盖房子，最终房屋还是倒塌了，自食恶果。

那么，针对以偏概全、笼统比类等谬误，别类应该如何"别"？那就一定要尊重客观实际，杜绝主观臆断才行。《别类》篇最后指出：

> 骥、骜、绿耳背日而西走，至乎夕则日在其前矣。目固有不见也，智固有不知也，数固有不及也。不知其说所以然而然，圣人因而

---

① 郭宝钧曾说："《吕氏春秋·别类》篇：'金柔锡柔，合两柔则为刚。'又说：'白（指锡）所以为坚也，黄（指铜）所以为牣也，黄白杂则坚且牣，良剑也。'铜锡合金的性质，我们古人早有体察到了。"由此可知，郭先生亦主张"白"是指锡的颜色，"黄"是指铜的颜色。（郭宝钧：《中国青铜器时代》，生活·读书·新知三联书店1963年版，第10页）

兴制，不事心焉。

这里，以骥、骜、绿耳等良马背向太阳向西奔跑，傍晚时太阳依旧在其前方作喻，说明人的眼睛本来就有看不到的东西，智慧本来就有弄不懂的道理，道术本来就存在解释不了的地方，人们难以通晓许多事物的所以然，但是那些客观事实就是那样，不会因为人们不懂得而有所改变。那么，怎么办呢？圣人的做法是顺应自然，创立制度，不在一时不懂的地方主观臆断。当然，这是对"类"进行"别"的一个必经阶段。

三　审察

鉴于万事万物所具有的复杂性与迷惑性，可能会导致人们在分类与比类过程中产生谬误，《吕氏春秋》进一步要求人们在思维表达、比类推理论证时必须符合事物的类别，即要"察类"：

> 听其言而察其类，无使放悖。(《听言》)

此处，"察"是指观察、了解、分析、鉴别之义，这是一个发现"类"从而正确对待"类"的过程。"察类"是"知类"的具体方法，"知类"是"察类"的必然结果，只要坚持"察类"，"类"必可知。据考察，《吕氏春秋》中"察类"的具体表现形式有五种："察微""察疑似""察传言""察其所以""察不疑"。

第一，针对事、物的复杂性与多样性所引发的分类不清、比类矛盾等现象，《吕氏春秋》以国家的治乱存亡为例告诫我们要"察微"：

> 使治乱存亡若高山之与深谿，若白垩之与黑漆，则无所用智，虽愚犹可矣。且治乱存亡则不然。如可知，如可不知；如可见，如可不见。故智士贤者相与积心愁虑以求之，犹尚有管叔、蔡叔之事与东夷八国不听之谋。故治乱存亡，其始若秋毫。察其秋毫，则大物不过矣。(《察微》)

可见，治乱存亡的差别并非像高山与深谷、白土与黑漆一样，泾渭分明，若此，则智慧的人与愚钝的人治国的效果就不会有差别。因此，尽管周武王、周公旦尽心竭力，依旧会发生管蔡之乱、东夷之叛。于是，最后得出结论，治国理政，必须察其秋毫，这样才不会犯大的过失。不仅治国为政，处理其他事情也应从小处入手，不然就会产生难以估量的恶果，《慎小》中说："巨防容蝼，而漂邑杀人。突泄一熛，而焚宫烧积。将失一令，而军破身死。主过一言，而国残名辱，为后世笑。"也就是说，大堤中伏藏着一只蝼蚁这种小事情，就可能会致使发生水灾并冲毁城邑、淹死民众等大祸患；烟囱里冒出一个火星的小事情，便可酿成火灾，带来焚烧宫室、烧掉财货的悲剧；将领下错一道命令，就可能兵败身死，影响战局；君主说错一句话，就可能致使国破身辱，为后世笑。由此可知，做任何事情必须从细微处着眼，"察微"方能"知著"，观察事、物更应如此，这样，即使事、物再复杂多样，也都可以把握。

第二，针对由事、物的迷惑性所造成的分类、比类的困难，《吕氏春秋》明确提出要"察疑似"：

> 疑似之迹，不可不察。（《疑似》）

此处，"疑"为"似"。那么，对于这种相似的迹象，具体处理方法为何呢？那就是"察"。如何"察"？一定要"察之必于其人也"（《疑似》），"其人"具体指"了解和熟悉这方面情况的人"[1]，就是说要审察这种现象，必须找到适当的熟悉情况的人，《吕氏春秋》举了两个例子：

> 舜为御，尧为左，禹为右，入于泽而问牧童，入于水而问渔师。奚故也？其知之审也。夫李子之相似者，其母常识之，知之审也。（《疑似》）

这里是说，即使像尧、舜、禹一样的圣贤之人，进入草泽之地也要查问牧童，到了水边也要查问渔夫，原因在于牧童与渔夫才是最熟悉草泽和水边情况的人。此外，孪生兄弟长得很相似，他们的母亲却总能清楚地分

---

① 张双棣等：《吕氏春秋译注》，第 678 页。

辨，原因在于母亲对他们是非常了解的。扩及至天地万事万物，只要掌握正确的方法，疑似必得"察"，万事万物所具有的迷惑性对人们的迷惑程度也必将有所减弱，对事、物的分类、比类的认识也会更加清晰。

第三，针对言辞的复杂性与迷惑性所造成的人们在思维方式、言辞表达等方面对分类与比类的困惑，《吕氏春秋》提出要"察传言"：

（1）夫得言不可以不察。（《察传》）

（2）闻而审，则为福矣，闻而不审，不若无闻矣。（《察传》）

此处，有关第（1）条中的"得"，历来存在争议。陈奇猷认为："'得言'犹言得人传闻之言。"① 这里强调了《吕氏春秋》的基本态度，即传言不可不"察"。第（2）条中，"审"就是"察"，是说听到传闻若加以审察，可能会带来好处，但听到传闻不加审察，还不如什么也没听到，同样是在强调对所闻之传言必须加以审察的态度。那么，如何来审察传言呢？《吕氏春秋》提出了自己的看法：

（1）凡闻言必熟论，其于人必验之以理。（《察传》）

（2）缘物之情及人之情以为所闻，则得之矣。（《察传》）

第（1）条中，"验，效也；理，道理也"②。也就是说，听到传言后一定要加以审察，并且必须要用事理加以验证。第（2）条讲得更加具体，其中，陈奇猷认为："'物'，事物。'为'，犹'治'也。"③ 张双棣等人更是直接将"为"译为"审察"④。由此可知，对于传言，必须要顺应自然与人事的情理进行审察，如穿井得一人就不合事物之情，夔一足也不合人之情。这种察传言的方法，"与我们今天深入实际调查研究的方法自然不可同日而语"⑤，但是不可否认，"《吕氏春秋》所提出的传言不可

---

① 陈奇猷：《吕氏春秋新校释》，第 1537 页。

② （汉）高诱：《吕氏春秋注》，第 294 页。

③ 陈奇猷：《吕氏春秋新校释》，第 1540 页。

④ 张双棣等：《吕氏春秋译注》，第 690 页。

⑤ 张双棣等：《吕氏春秋译注》，第 689 页。

不察的真理，直至今日仍有其现实意义"①。综上所论，如若运用适当的方法，使传言得"察"的话，有关言辞方面的分类和比类的困惑便会迎刃而解。

第四，针对规律的复杂性与迷惑性所造成的在分类、比类方面的矛盾，《吕氏春秋》主张"察其所以"：

> 圣人不察存亡、贤不肖，而察其所以也。（《审己》）

这里，"察其所以"就是指察其"故"，王利器曾疏曰："张湛曰：射虽中而不知所以中，则非中之道；身虽存而不知所以存，则非存之理。故夫射者，能拙俱中，而知所以中者异；贤愚俱存，而知所以存者殊也。"②可见，"察其所以"是考察致使某一结果发生的根本原因。《吕氏春秋》在这里强调，圣人之所以为圣人，并不是去考察存与亡、贤与不肖本身，而是考察造成它们的原因。那么，为何要如此呢？《吕氏春秋》指出：

> 凡物之然也，必有故。而不知其故，虽当，与不知同，其卒必困。先王、名士、达师之所以过俗者，以其知也。水出于山而走于海，水非恶山而欲海也，高下使之然也。稼生于野而藏要于仓，稼非有欲也，人皆以之也。（《审己》）

这里强调，任何事物的"然"背后必有其"所以然"，外在表现的背后必然存在深层次的原因。因此，"认识要把握事物的所以然之故，如果只知其然而不知其所以然之故，那毋宁说其'知'就与'不知'相去不远"③。《吕氏春秋》进一步举例说，水从山中奔向大海，并非由于水喜海而恶山，而是山高海低的地势使其如此；庄稼生于田野而贮于粮仓，并非庄稼有这种欲望，而是因为人们都需要它。推而广之，如若人们能够尽可能多层次地"察其所以"，探究万事万物背后的基本规律，那么，由规律

---

① 牟钟鉴：《〈吕氏春秋〉与〈淮南子〉思想研究》，第77页。
② 王利器：《吕氏春秋注疏》第二册，巴蜀书社2002年版，第918页。
③ 孙中原：《中国逻辑史（先秦）》，第387页。

的复杂性与迷惑性所引起的分类与比类的错误或矛盾将会逐步得到化解。

第五，"察微""察疑似""察传言""察其所以"是《吕氏春秋》告诫我们要对事、物、言辞、规律所引起的谬误、疑问、矛盾等进行审察。在《吕氏春秋》看来，有"疑"需"察"，"不疑"也需"察"：

> 故人主之性，莫过乎所疑，而过于其所不疑；不过乎所不知，而过于其所以知。故虽不疑，虽已知，必察之以法，揆之以量，验之以数。若此则是非无所失，而举措无所过矣。(《谨听》)

此处，"不疑"指已知的知识，高诱认为："所疑者，不敢行，故不过也。其所不疑者，不可而行之，故以为过……所不知者，不敢施，故不为。所以知者，不可施而必为，故曰过于其所以知。"[1] 可见，人们往往在自己认为不成问题之处出现问题。因此，必须对"不疑"也要审察，具体方法为："察之以法，揆之以量，验之以数"，即考察不疑之处是否符合法令、合乎度量、适于术数。对于同一认识进行反复测定、多次验证，方可得到更加准确可靠的知识，以达到"是非无所失""举措无所过"的理想境界。这里，《吕氏春秋》告诫我们要在"不疑"之处再"察"，实则是"察微""察疑似""察传言""察其所以"四者的必要补充与保障。这样，由事、物、言辞、规律等的复杂性与迷惑性所致使的分类、比类的各种问题便可得到一个更加完善的解决。

小　结

《吕氏春秋》认为，事、物、言辞、规律等都具有复杂性和迷惑性，这是"类"存在的可能性与"知类"的必要性。其中，复杂性与迷惑性存在着逻辑上的先后关系，复杂性是引起迷惑性的直接诱因或前提，迷惑性是复杂性的必然结果。复杂性主要强调天地万物的"杂""多""乱"的特征，迷惑性更加强调万事万物似是而实非、似然而非然的特征。当然，有一点需要着重指出的是，当天地万物具有复杂性的同时，迷惑性也

---

① （汉）高诱：《吕氏春秋注》，第131页。

已如影随形,这是同一问题的两个方面。因此,二者之间逻辑上的先后关系实则仅存在于理论意义上,并非实然存在。

既然"类"可知且要被知,那么,如何知?《吕氏春秋》提出三大主张:从反面讲,要"去宥";从正面讲,要"别类";从深度讲,要"审察"。三者密切相关,有机相连。这又为《吕氏春秋》类思维研究提供了方法论上的保证。

至此,事、物、言辞、规律等的复杂性和迷惑性所致使的"类"是否可知与何以可知的问题壁障已然得到了一个较为合理的解决。这对于《吕氏春秋》两大主干思维形态——分类思维、比类思维研究的开展,做了认识论上的铺垫。基于此,有关《吕氏春秋》类思维的具体问题得以具体展开了。

第三章 《吕氏春秋》与分类思维

　　分类思维是《吕氏春秋》类思维的重要组成部分。这一思维方式自原始社会已然产生，最初主要沿地理知识与生物知识两条主线向前发展。有关《吕氏春秋》之前中国分类思维的进展概况，笔者已通过对《山海经》《尚书·禹贡》《管子·地员》《尔雅》等文献的考察，基本厘清了其发展的地理知识线索与生物知识线索。此外，在《吕氏春秋》之前，分类思维已然表现出由地理、生物知识领域向社会历史领域伸延的迹象，特别体现在《尚书·洪范》《孙子兵法》等政治、军事著作中，从量的角度来说，分类思维在社会历史领域的表现相对较少。这是分类思维在早期发展的重要特征之一。然而，随着人们对社会历史知识认知的逐步深入，分类思维在社会历史领域的表现也必然增多。我们从爱弥儿·涂尔干和马塞尔·莫斯对"分类"下的定义中便可窥见一二："所谓分类，是指人们把事物、事件以及有关世界的事实划分成类和种，使之各有归属，并确定它们的包含关系或排斥关系的过程。"① 其中所提到的"事件以及有关世界的事实"的部分就应该且不能只归属于自然知识领域。具体到《吕氏春秋》中，分类思维不仅表现在对于之前地理、生物知识的分类思维的传统承继与进展方面，还在养生、音乐、政治、兵刑、道德等多方面都有所表现。因此，本章试图将《吕氏春秋》分类思维问题大体分为两大部分进行探讨：第一部分即《吕氏春秋》对于地理、生物及农业等自然知识分类思维的传统承继与进展，此为第一节；第二部分即《吕氏春秋》分类思维向养生、音乐、政治、兵刑、道德等领域的伸延。针对第二部分，为避免内容的冗长繁杂，且鉴于《吕氏春秋》浓重的政治哲学色彩，

---

① ［法］爱弥儿·涂尔干、［法］马塞尔·莫斯：《原始分类》，第4页。

现人为地将其分列为三节，即第二节"《吕氏春秋》分类思维向养生及音乐领域的伸延"，第三节"《吕氏春秋》分类思维在政治领域的表现"和第四节"《吕氏春秋》分类思维在兵刑及道德领域的表现"。

第一节 《吕氏春秋》对于自然知识分类思维的传统承继与进展

《吕氏春秋》对于自然知识分类思维的传统承继与进展主要体现在地理知识、生物知识和农业知识三个方面，其中，对于地理知识分类思维的传统承继与发展主要集中在《有始》篇中，着重表现为对于九州的区域划分以及对九野、九山、九塞、九薮、六川等的分类上；对于生物知识分类思维的传统承继与发展主要表现在对于六谷、五谷、五虫的分类上；对于农业知识分类思维的承继与发展主要表现在有关上农之善的分类，有关民不尽力于田而侵夺农时的因素的分类，以及有关"三盗"的分类上。

一 九州与有关地理知识的分类思维

在地理知识方面，《吕氏春秋》对于已有知识的传统承继主要体现在对九州的区域划分上。《有始》中载：

> 何谓九州？河、汉之间为豫州，周也；两河之间为冀州，晋也；河、济之间为兖州，卫也；东方为青州，齐也；泗上为徐州，鲁也；东南为扬州，越也；南方为荆州，楚也；西方为雍州，秦也；北方为幽州，燕也。

这里，对于豫、兖、青、徐、扬、荆、雍、幽八州的阐释，历来几无疑义。其中，"河、汉之间为豫州"一句中，"河"为黄河，"汉"为汉水，高诱说："河在北，汉在南，故曰之间"[①]；"河、济之间为兖州"一

---

① （汉）高诱：《吕氏春秋注》，第125页。

句中，"河"为黄河，"济"为济水，高诱说："河出其北，济经其南"①，故为"之间"；"泗上为徐州"中的"泗，水名也"②，"泗上"为"泗水流域"③或"泗水之滨"④；其余方位名称毋须解释而自明。然而，对于"两河之间为冀州"中"两河"的解释，却有较大争议。高诱认为"两河"为"清河"与"西河"，注曰："东至清河，西至西河。"⑤后来，许维遹、陈奇猷、张双棣等人都以此说为正，但王利器却认为"两河"应为"东河"与"西河"，其案曰："李巡释两河及东河西河之义，明白可据，则高注'清河'当为'东河'之误也。"⑥如上是《吕氏春秋》对于九州的列举与阐明，从这段话中可以显而易见地发现九州之名与国名的一一对应关系：豫州——周；冀州——晋；兖州——卫；青州——齐；徐州——鲁；扬州——越；荆州——楚；雍州——秦；幽州——燕。这是中国历史上第一次将九州的区域划分与其所对应的国家作一一对应的处理，具有开创性的意义。

当然，若要对《吕氏春秋》中的九州区划及其价值作进一步全面系统的研究，那么，与《禹贡》《尔雅》中的"九州"作一比较是必要的。另，先秦时期，除《禹贡》《尔雅》《吕氏春秋》三书讲到"九州"外，《周礼》中也有相关记载。这里，我们可以将《禹贡》《尔雅》《周礼》⑦《吕氏春秋》四者对于九州的阐明精简为如下表格（以《吕氏春秋》所述的顺序为基准排列）：

----

① （汉）高诱：《吕氏春秋注》，第125页。
② （汉）高诱：《吕氏春秋注》，第125页。
③ 王利器：《吕氏春秋注疏》第二册，第1233页。
④ 张双棣等：《吕氏春秋译注》，第296页。
⑤ （汉）高诱：《吕氏春秋注》，第125页。
⑥ 王利器：《吕氏春秋注疏》第二册，第1232页。
⑦ 在本书第一章中，对《禹贡》中的"九州"作了较为细致的阐释，但对于《周礼》《尔雅》中的"九州"，未作细述。
《周礼·夏官司马·职方氏》中对"九州"的记述为："东南曰扬州……正南曰荆州……河南曰豫州……正东曰青州……河东曰兖州……正西曰雍州……东北曰幽州……河内曰冀州……正北曰并州……"
有关《尔雅》中的"九州"，《尔雅·释地》中说："两河间曰冀州，河南曰豫州，河西曰雍州，汉南曰荆州，江南曰扬州，济河间曰兖州，济东曰徐州，燕曰幽州，齐曰营州。"

先秦时期九州区划对照表

《禹贡》	豫	冀	兖	青	徐	扬	荆	雍	梁
《尔雅》	豫	冀	兖	营	徐	扬	荆	雍	幽
《周礼》	豫	冀	兖	青	并	扬	荆	雍	幽
《吕氏春秋》	豫	冀	兖	青	徐	扬	荆	雍	幽

在此表格中，九州各有所异，其主要原因可能是源于文献成书或记述的时代所依古制不同所致。针对《禹贡》《周礼》《尔雅》三书中九州的不同记述，邢昺在论述《尔雅》与另两书的不同时指出："此文上与《禹贡》不同，下与《周礼》又异。禹别九州，有青、徐、梁，而无幽、并、营，是夏制也。《周礼》周公所作，有青、幽、并，而无徐、梁、营，是周制也。此有徐、幽、营，而无青、梁、并，疑是殷制也。"[①] 可见，邢昺认为之所以各书对于九州记述有异，原因在于《禹贡》中"九州"为夏制，《尔雅》中"九州"为商制，《周礼》中"九州"为周制。由此，我们可以看到九州发展的地理变迁与时代演进的对应关系。那么，可以推测，《吕氏春秋》中的"九州"可能也是地理变迁在晚周时的反映。以《禹贡》与《吕氏春秋》为例，《吕氏春秋》将《禹贡》中的"梁州"改为"幽州"，其余八州同。之所以有此变化，在于公元前 316 年，梁州即巴、蜀之地已被秦国所吞并，"《吕氏春秋》无梁州，盖已并入雍州了"[②]。"雍州"即为秦地无疑。因此，《吕氏春秋》不载"梁州"，是时代演进所引起的地理变迁的结果。换言之，如上表格四书中所记载的"九州"，应为先秦时期九州地理区域分类变迁史的真实写照。

通过如上比较考察，笔者认为，《吕氏春秋》中所述"九州"除了第一次将九州的区域划分与国家作——对应处理的开创性意义之外，还有两方面的重要价值：其一，《吕氏春秋》中更加强调北方的州。[③] 与《禹

---

① 王利器：《吕氏春秋注疏》第二册，第 1231 页。

② 史念海：《论〈禹贡〉的著作年代》，《陕西师范大学学报（哲学社会科学版）》1979 年第 3 期。

③ 当然，《尔雅》《周礼》中的"九州"与《禹贡》相比也是强调北方的州。《尔雅》与《禹贡》相较，变"青州"为"营州"，二者皆为北方州，同时与《吕氏春秋》一样，也将"梁州"改为"幽州"，是用北方州来代替西南州。《周礼》与《禹贡》相较，将"徐州"改为"并州"，都为北方州，但同时又将"梁州"改为"幽州"，也是对北方州的强调。

贡》相比，"梁州"为西南州，而《吕氏春秋》将"梁州"改为"幽州"，"幽州"为北方州。这一将九州的范围在西南部收缩、在北部延展的区域修正，实非偶然。我们知道，至东周时，赵武灵王"胡服骑射""北破林胡、楼烦，筑长城，自代并阴山下，至高阙为塞"，逐步实现了对阴山以南地区的占领。之后，燕国名将秦开于燕昭王十二年（公元前300 年），"袭破走东胡，东胡却千余里"（《史记·匈奴列传》）。于是，对于华夏人而言，中国北方的疆域大幅度扩展。因此，此时调整九州的组合方案，实是时代演进过程中当时中国政治形势变化的反映。其二，从《禹贡》开始，经由《尔雅》《周礼》直至《吕氏春秋》，"九州"已然并非仅仅指代地域划分的格局，而是日渐演变为一种观念与秩序，并被社会普遍接受。在《禹贡》开篇，有"禹别九州"之语，可知"九州"与大禹治水有关，是大禹平水土之后而分。但在《吕氏春秋》论述"九州"时，并未提到大禹其人，而是在《有始》开篇讲了一番有关天地生成的大道理："天地有始，天微以成，地塞以形，天地合和，生之大经也。以寒暑日月昼夜知之，以殊形殊能异宜说之。"九州，便是"殊形殊能"的"众异"之象的表现之一。在《吕氏春秋》看来，正是根源于天地和合，才将大地划分为九州，唐晓峰就说："九州是在天地和合的大框架中存在着的，天地之法是终极原因。即使禹曾分定过九州，那也是按照天地之大经来做的，禹只能居第二位。"这种没有大禹存在的九州，经过长期的历史进展，"渐渐在社会中根深蒂固，最终成为一种'不易'的秩序"。[1]至此，《吕氏春秋》中的"九州"已经演变为一种具有普遍性的观念了。

除九州外，《吕氏春秋》的分类思维还表现在将天分为"九野"，将山分为"九山"，将塞分为"九塞"，将泽分为"九薮"，将水分为"六川"上。

首先来看天分九野的记述。[2]"野"，指星宿所在的星空区域。九野，

---

[1] 唐晓峰：《从混沌到秩序——中国上古地理思想史述论》，中华书局 2010 年版，第 222—223 页。

[2] 有关"九野"的问题，本应属星占学即古代天文学的内容，但由于《吕氏春秋》分类思维在天文知识方面的表现极少，难以形成独立部分进行探讨，故置于此。更重要的是，清初著名地理学家顾祖禹在《读史方舆纪要》中也曾指出："方舆所该，郡邑、河渠、食货、屯田、马政、盐铁、职贡、分野之属是也。"（顾祖禹：《读史方舆纪要》第 1 册，中华书局 2005 年版，《凡例》，第 9 页）可见，将"分野"问题置于地理知识的大范围内讨论也是可行的。

即指天的中央及八方，分别为：钧天、苍天、变天、玄天、幽天、颢天、朱天、炎天、阳天。这种九分法的分类形式是《吕氏春秋》分类思维在地理知识方面的典型表现。更为可贵的是，在《有始》中，九野、方位及二十八宿表现为一一对应的关系：钧天——中央——角、亢、氐；苍天——东方——房、心、尾；变天——东北——箕、斗、牵牛；玄天——北方——婺女、虚、危、营室；幽天——西北——东壁、奎、娄；颢天——西方——胃、昴、毕；朱天——西南——觜嶲、参、东井；炎天——南方——舆鬼、柳、七星；阳天——东南——张、翼、轸。由此，"九野"分类的细致化程度可见一斑。当然，需要着重强调的是，继作为文物遗存意义上的战国早期曾侯乙墓中出土的二十八宿漆盖箱上篆文刻画的二十八宿的完整名称之后，《有始》列举的二十八宿完整名称是先秦时期重要的文献遗存，对于后世《淮南子·天文训》《汉书·律历志》中有关二十八宿的记载产生了深远影响。

其次，《有始》中有"土有九山"[①]的记载，即认为境内有九座高山："何谓九山？会稽、太山、王屋、首山、太华、岐山、太行、羊肠、孟门。"其中，会稽山在今浙江绍兴东北；太山即东岳泰山，在今山东泰安；王屋山在今山西阳城县西南；首山即首阳山，在今山西永济县南；太华山即西岳华山，在今陕西华阴市；岐山在"右扶风美阳县西北，周家所邑"；太行山在"河内野王县北"[②]；羊肠山在今山西晋城县南；孟门山在今陕西宜川东北。九山皆有地可查。

再次，《有始》中将险隘分为九塞。"何谓九塞？大汾、冥阨、荆阮、方城、殽、井陉、令疵、句注、居庸。"这里，有关"大汾"的确切位置有较大争议，高诱认为"大汾处未闻"[③]，陈奇猷以之为正，但毕沅却认为"大汾"在晋国，张双棣等人以之为是；冥阨、荆阮、方城三险塞在楚国；殽塞在今河南渑池西；井陉塞在今河北井陉县北；令疵塞在辽西；

---

① 许维遹、陈奇猷、王利器、张双棣等注本皆作"土有九山"，但高诱注本中为"上有九山"。[（汉）高诱：《吕氏春秋注》，第124页] 可知，高诱注本中意为地上有九山，与"土有九山"意义实则无别。

② （汉）高诱：《吕氏春秋注》，第125页。

③ （汉）高诱：《吕氏春秋注》，第125页。

句注塞在今山西雁门关西；居庸塞在"上谷沮阳之东"①。九塞也多有处可寻。

复次，《有始》中还将渊泽分为九薮。许慎在《说文解字》中说："薮，大泽也"，可知"薮"与"泽"通用。但实际上，"泽""薮"有别，高诱说："有水曰泽，无水曰薮。"② 与高诱大约同时代的东汉经学家刘熙著《释名》一书，在《释地》篇中也指出："下而有水曰泽，言润泽也。"③ 可为旁证。当然，《有始》中所述"泽有九薮"，实是取"泽""薮"同义来使用。那么，九薮分别为何？即"吴之具区，楚之云梦，秦之阳华，晋之大陆，梁之圃田，宋之孟诸，齐之海隅，赵之钜鹿，燕之大昭"。其中，具区即今太湖；云梦即今湖北监利县西北；阳华在"凤翔或曰在华阴西"④；大陆在今河南卫辉市一带；圃田在今河南中牟县西；孟诸在今河南商丘东北；海隅是今蓬莱、掖县以西，沾化、无棣以北的广大地区；巨鹿在今河北隆尧、巨鹿、任县之间；大昭在今山西祁县西南。九薮仍有址可探。

最后，《有始》中将水分为六川。"何谓六川？河水、赤水、辽水、黑水、江水、淮水。"此处，高诱作注说："河水昆仑东北陬；赤水出其东南陬；辽水出砥石山，自塞北东流，直至辽东之西南入海；黑水出昆仑西北陬；江水出岷山，在蜀西徼外；淮水出桐柏山，在南阳平氏县也。"⑤ 可见，纵使六川在今天未必能够找到与现实中一一对应之处，但在高诱看来或在高诱之时"六川"却是确然存在的。

二 六谷、五谷、五虫及有关生物知识的分类思维

《吕氏春秋》中包含有关生物知识的大量记述。早在 20 世纪 40 年代，张孟闻为纪念中国科学社生物研究所成立二十周年撰述了《中国生

---

① （汉）高诱：《吕氏春秋注》，第 125 页。

② （汉）高诱：《吕氏春秋注》，第 125 页。

③ （汉）刘熙：《释名》，中华书局 1985 年版，第 10 页。

④ （汉）高诱：《吕氏春秋注》，第 125 页。

⑤ （汉）高诱：《吕氏春秋注》，第 126 页。对于这段话，包括许维遹、陈奇猷、王利器等人在内的诸位学人在注疏时皆援引高诱注，却都将其首句"河水昆仑东北陬"录为"河出昆仑东北陬"［分别见：(1) 许维遹：《吕氏春秋集释》上，第 281 页；(2) 陈奇猷：《吕氏春秋新校释》，第 674 页；(3) 王利器：《吕氏春秋注疏》第二册，第 1262 页］。

物分类学史述论》一文，这是有关我国生物分类学史的首次论述，其中极大地肯定了《吕氏春秋》在保存生物物种与生物分类上的重要价值："《夏小正》者，行夏之时，谓创自夏禹，而传于汉世；属辞此事，缀句遣词，类先秦文字，则吕览尚矣。故傅子俊谓其袭自吕氏，第《礼记》四十七；小戴取作《月令》，《周书》别为《时训》。大抵皆仿自《吕氏春秋》，而各与以增损。"之后，张先生对《吕氏春秋》与《夏小正》《月令》《时训》在禽兽草木等生物知识方面进行了简要对照，最后得出结论说："是知禽兽应变之序，草木宛荣之情，落赋于周初，敷华于秦汉，盖两三千年于兹矣。"① 《吕氏春秋》成于晚周之时，为生物知识"敷华"之际，可以窥见张先生对《吕氏春秋》中生物知识的肯定。罗桂环也关注到这一问题，指出："春秋战国时期，我国的学术出现了百家争鸣的繁荣景象。各诸侯国学者间广泛的学术交流促进了生物学知识的迅速积累。《禹贡》《管子·地员》《周礼》和《山海经》《吕氏春秋》等著作中都包含了众多的生物分布和生态学方面的知识。"② 可见，罗先生对于《吕氏春秋》中所记述的生物知识及其意义是持肯定态度的。但遗憾的是，或因《吕氏春秋》中生物知识之记载相当繁杂，或因《吕氏春秋》其书尚未受到足够重视，前辈学人对于该书生物知识问题粗疏概述甚或一笔带过者多，详述者寡。

《吕氏春秋》所记生物知识极为繁杂，植物、动物种类不下数百种，此处试举《本味》篇一例即可窥见一二：

> 肉之美者：猩猩之唇，獾獾之炙，隽觾之翠，述荡之腕，旄象之约。流沙之西，丹山之南，有凤之丸，沃民所食。鱼之美者：洞庭之鲋，东海之鲕。醴水之鱼，名曰朱鳖，六足、有珠、百碧。雚水之鱼，名曰鳐，其状若鲤而有翼，常从西海夜飞游于东海。菜之美者：昆仑之苹，寿木之华。指姑之东，中容之国，有赤木玄木之叶焉。徐哲之南，南极之崖，有菜，其名曰嘉树，其色若碧，阳华之芸，云梦之芹，具区之菁。浸渊之草，名曰土英。和之美者：阳朴之姜，招摇

---

① 张孟闻：《中国生物分类学史述论》，《中国科技史料》第 8 卷 1987 年第 6 期。
② 卢嘉锡主编：《中国科学技术史（生物学卷）》，第 7 页。

之桂，越骆之菌，鳣鲔之醢，大夏之盐，宰揭之露，其色如玉，长泽
之卵。饭之美者：玄山之禾，不周之粟，阳山之穄，南海之秬……果
之美者：沙棠之实。常山之北，投渊之上，有百果焉，群帝所食。箕
山之东，青鸟之所，有甘栌焉。江浦之橘，云梦之柚，汉上石耳。

粗略统计一下，这段话中所提及的植物有苹（一种水生野菜）、寿
木、赤木、玄木、嘉树、芸、芹、菁、土英、姜、桂、菌（竹笋）、禾、
粟、穄、秬、沙棠、甘栌树、橘树、柚树、石耳共计 21 种，提及的动物
有猩猩、獾獾、隽觾、述荡、旄、象、凤、鳟、鲔、朱鳖、鳐、鲤、鳣
（鲟鳇鱼）、鲔（鲟鱼）共计 14 种。由此，《吕氏春秋》中所记生物种类
繁杂程度可见一斑。当然，据吕子方的考察，《吕氏春秋》中所记的诸多
动植物大多取材于《山海经》，"《吕氏春秋》将《山海经》谈及的动物、
植物和水，都视为珍品而列入它的《本味篇》，称之为山珍海味"[1]。但
是，不论取材于何，如上生物物种在《吕氏春秋》中确然存在的事实是
毋庸置疑的。

具体到分类问题上，在《吕氏春秋》中，依然可以较为明晰地梳
理出植物与动物两条线索。首先看植物方面。《吕氏春秋》分类思维
在植物知识方面的集中体现无疑是六谷与五谷的划分问题。关于六谷
说与五谷说初创于何时，文献中未留下相关的明确的记载，但可以肯
定的是，我们通过对于《诗经》与《尚书》等文献的梳理，发现仅
有对于"百谷"的记载，而未有对于"六谷"与"五谷"记载。[2] 关

---

[1] 吕子方：《中国科学技术史论文集》下册，第 138 页。

[2] （一）《诗经》中共出现"百谷"一词 4 次：

(1)《国风·豳风》："昼尔于茅，宵尔索绹，亟其乘屋，其始播百谷。"

(2)《小雅·信南山》："上天同云，雨雪雰雰。益之以霡霂，既优既渥。既沾既足，生我
百谷。"

(3)《小雅·大田》："大田多稼，既种既戒。既备乃事，以我覃耜。俶载南亩，播厥百谷。
既庭且硕，曾孙是若。"

(4)《颂·噫嘻》："噫嘻成王，既昭假尔。率时农夫，播厥百谷。"

（二）《尚书》中出现"百谷"一词 3 次：

(1)《尧典》："帝曰：'弃，黎民阻饥，汝后稷，播时百谷。'"

(2)《洪范》："岁月日时无易，百谷用成，乂用明，俊民用章，家用平康。日月岁时既易，
百谷用不成，乂用昏不明，俊民用微，家用不宁。"

于六谷说，在《吕氏春秋》之前，《周礼》中曾有阐述。《周礼·天官冢宰·膳夫》中说："凡王之馈食用六谷，膳用六牲，饮用六清，羞用百二十品，珍用八物，酱用百有二十瓮。"这可能是有关"六谷"的最早记载。但是，其中并未列举"六谷"的具体内容，直至汉代，郑玄注引郑司农之说，才对此作出解释，分列为：稌、黍、稷、粱、麦、苽。[①]据笔者考察，先秦时期真正列举了六谷具体内容的唯有《吕氏春秋》一书。在《审时》中，将"六谷"分列为：禾[②]、黍、稻、麻、菽[③]、麦，并且在每"谷"之后对其得时与失时的情况作了细致描述，具体如下：

（一）得时之"谷"：

禾：是以得时之禾，长秱长穗，大本而茎杀，疏机而穗大，其粟圆而薄糠，其米多沃而食之强。如此者不风。

黍：得时之黍，芒茎而徼下，穗芒以长，抟米而薄糠，舂之易，而食之不噮而香。如此者不饴。

稻：得时之稻，大本而茎葆，长秱疏机。穗如马尾，大粒无芒，抟米而薄糠，舂之易而食之香。如此者不益。

麻：得时之麻，必芒以长，疏节而色阳，小本而茎坚，厚枲以均，后熟多荣，日夜分复生。如此者不蝗。

菽：得时之菽，长茎而短足，其英二七以为族，多枝数节，竞叶蕃实，大菽则圆，小菽则抟以芳，称之重，食之息以香，如此者不虫。

---

① 杨天宇：《周礼译注》，上海古籍出版社 2004 年版，第 51 页。另，《周礼·春官宗伯·小宗伯》中有"辨六粢之名物与其用"一语，郑玄注曰："六粢，谓六谷：黍、稷、稻、粱、麦、苽。"（杨天宇：《周礼译注》，第 286 页）此处的"稻"，实为《周礼·天官冢宰·膳夫》六谷说中的"稌"，可见，《小宗伯》和《膳夫》中有关六谷内容的记述具有一致性。当然，需要着重强调的是，《小宗伯》中未使用"六谷"一词。

② "禾"在汉代及以前的文献中用来代替"稷"，如：《氾胜之书》中以禾、黍、秫、稻、麻、大小麦、大小豆为九谷；《淮南子·地形训》记五方所宜为"禾、黍、麦、菽、稻"；《四民月令》中所载的农作物有禾、黍、麦、豆、麻、稻等。

③ "菽"，为"豆"。高诱注曰："菽，豆也。"［（汉）高诱：《吕氏春秋注》，第 34 页］

麦：得时之麦，秱长而颈黑，二七以为行，而服薄鞴羔而赤色，称之重，食之致香以息，使人肌泽且有力。如此者不蚼蛆。

（二）先时（种的过早）之"谷"：

禾：先时者，茎叶带芒以短衡，穗钜而芳夺，秖米而不香。

黍：先时者，大本而华，茎杀而不遂，叶藁短穗。

稻：先时者，本大而茎叶格对，短秱短穗，多秕厚糠，薄米多芒。

麻：（无）

菽：先时者，必长以蔓，浮叶疏节，小荚不实。

麦：先时者，暑雨未至，胕动蚼蛆而多疾，其次羊以节。

（三）后时（种的过迟）之"谷"：

禾：后时者，茎叶带芒而末衡，穗阅而青零，多秕而不满。

黍：后时者。小茎而麻长。短穗而厚糠，小米钳而不香。

稻：后时者，纤茎而不滋，厚糠多秕，庢辟米，不得恃定熟，卬天而死。

麻：（无）

菽：后时者，短茎疏节，本虚不实。

麦：后时者，弱苗而穗苍狼，薄色而美芒。

实际上，《审时》篇中并未将禾（稷）、黍、稻、麻、菽（豆）、麦六者明确称之为"六谷"，但是，这是实质上的"六谷"。而且，《吕氏春秋》的六谷说影响广泛，它不仅是中国历史上第一次明确地将"六谷"的具体内容辑为一处，而且是汉代五谷说定型的源泉。

关于五谷说，在《吕氏春秋》之前，《周礼》《论语》《孟子》《管子》《荀子》等文献中曾多次提到①，但也都未言明五谷的具体内

---

① （1）《周礼·天官冢宰·疾医》："以五味、五谷、五药养其病。"

（2）《论语·微子》："四体不勤，五谷不分。"

（3）《孟子·滕文公上》："后稷教民稼墙，树艺五谷，五谷熟而民人育。"

（4）《管子·立政》："五谷宜其地，国之富也。"

（5）《荀子·王制》："五谷不绝而百姓有余食也。"

容。如所周知，"到了汉代，人们才开始对五谷作出解释，意思是五种不同的粮食作物"①。然而事实上，在《吕氏春秋》中，不仅多次提及"五谷"一词②，而且《十二纪》中便已经有了"五谷"指代五种粮食作物的迹象：

　　《孟春》：食麦与羊。

　　《仲春》：食麦与羊。

　　《季春》：食麦与羊。

　　《孟夏》：食菽与鸡。

　　《仲夏》：食菽与鸡。

　　《季夏》：食菽与鸡……食稷与牛。

　　《孟秋》：食麻与犬。

　　《仲秋》：食麻与犬。

　　《季秋》：食麻与犬。

　　《孟冬》：食黍与彘。

　　《仲冬》：食黍与彘。

　　《季冬》：食黍与彘。

---

　　①　沈志忠：《汉代五谷考略》，《中国农史》1998年第1期。

　　②　在《吕氏春秋》中，共出现"五谷"一词13次，且在《十二纪》《八览》《六论》三大部分都使用过这一语词，如：

　　（1）《孟春》："王布农事，命田舍东郊，皆修封疆，审端径术，善相丘陵阪险原隰，土地所宜，五谷所殖，以教道民，以躬亲之。"

　　（2）《有始》："天地万物，一人之身也，此之谓大同。众耳目鼻口也，众五谷寒暑也，此之谓众异。"

　　（3）《审时》："黄帝曰：'四时之不正也，正五谷而已矣。'"

　　另，《吕氏春秋》中出现"五种"一词4次，皆为"五谷"之义：

　　（1）《季秋》："命冢宰，农事备收，举五种之要，藏帝籍之收于神仓，祗敬必饬。"

　　（2）《季冬》："冰已入，令告民，出五种。"

　　（3）《适威》："若五种之于地也，必应其类，而蕃息于百倍。"

　　（4）《贵信》："秋之德雨，雨不信，其谷不坚，谷不坚，则五种不成。"

　　其中，有关《季秋》中所记"举五种之要"，在《礼记·月令》中的表述就是"举五谷之要"，亦可见"五种"和"五谷"其义相通。

由此，可以总结出《吕氏春秋·十二纪》中的五谷分别为麦、菽、稷、麻、黍。与《审时》中的六谷禾（稷）、黍、稻、麻、菽、麦相较，可以看到《十二纪》比《审时》少了"稻"这一"谷"。然而，"据考古发掘材料和文献资料，水稻一直是我国长江流域及其以南地区的主要粮食作物。在北方，直至魏晋南北朝时期，水稻在粮食作物中，还一直处于次要地位，生产技术亦远逊于旱作。只是到了唐代，北方水稻才有了一定的发展"①。《审时》中的"六谷"变为《十二纪》中的"五谷"，宁缺"稻"以全其余，可见《吕氏春秋》中所记植物的北方色彩。元代吴澄在《月令七十二候集解》中也指出：《吕氏春秋》所记"禽兽草木，多出北方，盖汉前之儒，皆江北者也"②。也可以说，这是《吕氏春秋》有关植物知识的一大特色之所在。

《吕氏春秋》中的六谷说是后来汉代五谷说定型的源泉。在汉代，五谷说主要有三种：（1）麻、稷、黍、麦、豆。③ 这一五谷说与《吕氏春

---

① 沈志忠：《汉代五谷考略》，《中国农史》1998 年第 1 期。

② 转引自张孟闻《中国生物分类学史述论》，《中国科技史料》第 8 卷 1987 年第 6 期。另，据笔者考察，《吕氏春秋》的编撰者，应是潜意识中站在北方的立场上来进行著述的，因此，其中所载动物、植物具有浓重的北方色彩，就成为必然。特别是《十二纪》中对于候鸟迁徙规律的记载，体现尤为明显。据笔者统计，有关这一问题的记述，《吕氏春秋》中共出现 5 次。（1）《孟春》："候雁北。"（2）《仲春》："玄鸟至。"（3）《仲秋》："候雁来，玄鸟归。"（4）《季秋》："候雁来。"（5）《季冬》："雁北乡。"

其中，第（1）（5）两条，即夏历十二月、正月，候时之雁从彭蠡之滨（今鄱阳湖畔）北飞，过周、雒之地（时为中原及附近地区的中国北方），至北漠之地（时为中国北方少数民族所居之处即今中国内蒙古及其以北地区）避南方之暑，第（3）（4）两条，候时之雁大体沿原路南飞，避北方之寒。而值得注意的是，（1）（5）条中仅讲"候雁北""雁北乡"，我们无法判断作者著述的南方或北方立场，而（3）（4）条中，使用"来"一词，清代卢文弨说："仲秋，雁自北徼外而入中国，可以言'来'。"（陈奇猷：《吕氏春秋新校释》，第 7 页），可见，既然言"来"，那么编著者的立足点应为北漠以南的中国地区。再来看第（2）（3）条中论玄鸟即燕子的迁徙状况，燕子，仲春春分北飞以避南方之暑，仲秋秋分南飞以避北方之寒。而第（2）条燕子北飞以"至"言，"至"为"到了"之义，第（3）条燕子南飞以"归"言，"归"为"回去"之义，明显可以发现编著者的北方色彩。综上可知，《吕氏春秋》的编著者，盖是以北漠以南的当时中国北方地区为立足点的。

③ 《周礼·天官冢宰·疾医》："以五味、五谷、五药养其病"，汉代郑玄将"五谷"释为"麻、稷、黍、麦、豆"（杨天宇：《周礼译注》，第 71 页）。

秋·十二纪》的分类相同；（2）黍、稷、麦、豆、稻；①（3）稻、稷、麦、豆、麻。② 与《吕氏春秋·审时》中的禾（稷）、黍、稻、麻、菽（豆）、麦六谷相较，第（1）种缺少"稻"，第（2）种缺少"麻"，第（3）种缺少"黍"，可以说，汉代的3种五谷说都是源于《吕氏春秋》的六谷说，只是取舍有异而已。

综上可见，无论是《吕氏春秋·审时》中的六谷说，还是《十二纪》中的五谷说，都是时人对于农作物种类分类与总结的结果，预示着人们已经有了比较清楚的分类系统，是《吕氏春秋》分类思维在植物方面的集中体现。

再来看动物方面。《吕氏春秋》分类思维在动物知识方面主要体现为两点：其一是《吕氏春秋》将动物分为五类，即"五虫"；其二是《吕氏春秋》中记述动物鸣叫的季节历中所体现的"以鸟鸣春，以虫鸣秋"的分类。

《山海经》中已经出现了将动物分为兽类、鸟类、鱼类等种类的模糊认识，至《尔雅》时，又首次将动物分为虫、鱼、鸟、兽四类，这是中国古代最经典的动物分类之一。与此同时，一种新的分类标准在先秦时期并行存在，即以不同动物体表的覆盖物为标准来进行分类取舍，主要体现在《管子》与《吕氏春秋》中。《管子·幼官》中说："以倮兽之火爨；……以羽兽之火爨；……以毛兽之火爨；……以介虫之火爨；……以鳞兽之火爨。"可见，《管子》中将动物分为五类，即：倮兽、羽兽、毛兽、介虫、鳞兽。之后，《吕氏春秋》承继了《管子》的这一动物分类方式，亦将动物分为五类：

《孟春》：其虫鳞。

《仲春》：其虫鳞。

---

① 其一，《孟子·滕文公上》："后稷教民稼穑，树艺五谷，五谷熟而民人育。"汉代赵岐将"五谷"释为"稻、黍、稷、麦、菽"（李学勤主编：《十三经注疏》之《孟子注疏》，北京大学出版社1999年版，第174页）。其二，《淮南子·修务训》："时多疾病毒伤之害，于是神农乃始教民播种五谷。"汉代高诱将"五谷"释为"菽、麦、黍、稷、稻"[（汉）高诱：《淮南子注》，世界书局1935年版，第331页]。

② 《楚辞·大招》："五谷六仞，设菰粱只。"汉代王逸将"五谷"释为"稻、稷、麦、豆、麻"（《楚辞》，王逸章句、洪兴祖补注，世界书局1936年版，第132页）。

《季春》：其虫鳞。

《孟夏》：其虫羽。

《仲夏》：其虫羽。

《季夏》：其虫羽……其虫倮。

《孟秋》：其虫毛。

《仲秋》：其虫毛。

《季秋》：其虫毛。

《孟冬》：其虫介。

《仲冬》：其虫介。

《季冬》：其虫介。

可见，按照时令季节的不同，《吕氏春秋》将动物分为了鳞虫、羽虫、倮虫、毛虫与介虫五类。当然，《吕氏春秋》中存在着一种以"虫"代动物总名的倾向，张双棣等人在对《孟春》中的"其虫鳞"作注时便说：虫为"古时对动物的总称"[1]。在这五类动物中，"鳞虫"为鱼、龙类，高诱说："鳞，鱼属也，龙为之长。"[2] 它们是春季的应时之物，位列东方；"羽虫"为凤鸟之类的羽族，它们是孟夏、仲夏的应时之物，位列南方；"倮虫"为麒麟之类的倮族，它们是季夏的应时之物，位列中方；"毛虫"为老虎之类长毛的动物，它们是秋季的应时之物，位列西方；"介虫"为龟鳖之类有甲壳的动物，高诱说："介，甲也，象冬闭固，皮漫胡也。"[3] 它们是冬季的应时之物，位列北方。《吕氏春秋》这种将春、夏、季夏、秋、冬五季与东、南、中、西、北五方和鳞虫、羽虫、倮虫、毛虫、介虫五种动物相配合的方式，是"动物系统分类另一分类代表"[4]，同样是中国古代动物分类的典型类型。

---

① 张双棣等：《吕氏春秋译注》，第3页。

② （汉）高诱：《吕氏春秋注》，第1页。

③ （汉）高诱：《吕氏春秋注》，第94页。其中，高诱所注"皮漫胡也"一句令人费解，陈奇猷对此案曰："凡不锋利而向旁被者，皆可谓之漫胡……如传说中之鳞凤龟龙四灵，鳞凤有尖锐之毛羽，龙有如刃之鳞，唯龟甲向旁被，又有裙连甲下，正如戟之无刃、缨之被垂，故曰漫胡也。"（陈奇猷：《吕氏春秋新校释》，第524页）

④ 郭郛等：《中国古代动物学史》，第135页。

有关《吕氏春秋》所记述的动物鸣叫的季节历中所体现的“以鸟鸣春，以虫鸣秋”的分类，也是《吕氏春秋》分类思维在动物知识中的重要表现。《吕氏春秋·十二纪》的部分月份中有关于在不同时间动物鸣叫的记述：

《孟春》：（无）
《仲春》：苍庚鸣。
《季春》：鸣鸠拂其羽。
《孟夏》：蝼蝈鸣。
《仲夏》：鵙始鸣，反舌无声……蝉始鸣。
《季夏》：蟋蟀居宇。
《孟秋》：寒蝉鸣。
《仲秋》：（无）
《季秋》：（无）
《孟冬》：（无）
《仲冬》：鹖鴠不鸣。
《季冬》：雉雊。

众所周知，“以鸟鸣春，以虫鸣秋”，是自古以来农耕社会的人们通过细致观察的经验总结。[①] 反观《吕氏春秋》中的《仲春》《季春》中所提到的“苍庚”（即黄鹂）、“鸣鸠”（即斑鸠），都属鸟类；《孟秋》中的“寒蝉”则属于昆虫类，恰符合“以鸟鸣春，以虫鸣秋”的分类。可见，《吕氏春秋》中所记的动物鸣叫的季节性规律也是分类思维的体现，春天时百鸟啁啾，秋天时虫声唧唧。

三　与地理、生物知识相关的农业领域的分类思维

在《吕氏春秋》中，还有一部分内容既与地理知识相关，又与生

---

① “以鸟鸣春，以虫鸣秋”，是人们通过对自然界的长期观察之后而做的分类，已作为农耕社会的一种定则而存在，故曾多次出现在后世文人的著述中，如韩愈在《送孟东野序》中说：“是故以鸟鸣春，以雷鸣夏，以虫鸣秋，以风鸣冬，四时之相推敚，其必有不得其平者乎！”（马其昶：《韩昌黎文集校注》，上海古籍出版社 2014 年版，第 260 页）

物知识相连，并且也体现出较为丰富的分类思维，这一部分便是农业知识。《上农》《任地》《辩土》《审时》即上农四篇作为我国现存最古的农书，集中、系统地论述了先秦时期的农业生产问题。关于上农四篇源于何处的问题，已然成为中国农学史上的一桩公案，历来众说纷纭。夏纬瑛认为上农四篇取材于后稷农书，陈奇猷赞同此说，认为"夏氏此说，颇有见地，此四篇为后稷农书无疑"①；卢嘉锡编撰《中国科学技术史（农学卷）》，也主张上农四篇"主要取材于《后稷》农书，但并非完全照抄，而是经过了添补"；刘玉堂认为上农四篇出自《神农》，并主张《神农》为农家学派许行托神农之言而著；许富宏认为上农四篇应出于《野老》；苏正道则认为上农四篇是法家农战思想的改良；刘冠生主张上农四篇的思想渊源并不局限于某家某派，而是博采众长、兼收并蓄的结果。② 然而，不论出于何处，《吕氏春秋》将其采撷于此，并将四篇内容集中置于全书之末，其一可见《吕氏春秋》甚或秦人对于农业之重视程度③，其二可以说，这实是中国农学文献保存过程中莫大的幸事。上农四篇中体现出较为丰富的分类

---

① 陈奇猷：《吕氏春秋新校释》，第 1721 页。

② 分别参见：（1）夏纬瑛：《吕氏春秋上农等四篇校释》，中华书局 1956 年版，《序言》，第 2 页；（2）卢嘉锡主编：《中国科学技术史（农学卷）》，科学出版社 2000 年版，第 81 页；（3）刘玉堂：《〈神农〉作者考辨》，《中国农史》1984 年第 3 期；（4）许富宏：《〈吕氏春秋〉"上农四篇"来源考》，《中国农史》2009 年第 1 期；（5）苏正道：《再论〈吕氏春秋〉"上农四篇"的来源》，《农业考古》2013 年第 3 期；（6）刘冠生：《〈吕氏春秋〉之〈上农〉四篇的思想渊源新论》，《管子学刊》2014 年第 2 期。

③ 有鉴于先秦时期人们对于秦人类同戎、狄的主观偏见，在中国历史上历来存在一种"秦国经济文化落后"的传统观念。事实上，著名秦史专家林剑鸣通过对春秋战国时期的秦经济（包括农业）、文化方面的考察，得出结论说："全面的研究过秦国的有关资料以后，可以发现：到秦穆公统治的前后，秦在当时的诸侯国中，经济、文化不仅不落后，而且在某些方面还遥遥领先。"具体到农业方面，在春秋时期，"到秦穆公统治时代，秦国的农业生产水平，已经赶上甚至超过东方的某些一贯以农业为主的诸侯国"。在战国时期，"由于生产工具的改进和水利工程的修建，到战国末期，秦国的农业生产水平显著提高。总结农业生产经验的专门著作，已在这里出现。收入《吕氏春秋》的《任地》《上农》《辩土》《审时》，就是完成于战国末年的农业科学著作。《吕氏春秋》是来秦的许多学者编著的，其中当然反映了秦国的情况"（林剑鸣：《秦国发展史》，陕西人民出版社 1981 年版，第 42、45、120 页）。由此可见，《吕氏春秋》收录上农四篇并置于文末这一重要位置，确是反映了《吕氏春秋》和秦人对于农业的重视。

思维，主要表现在有关上农之善的分类、有关民不尽力于田而侵夺农时的因素的分类以及"三盗"的分类。

首先来看有关上农之善的分类。《上农》篇中开篇就阐明了使民众以农为本业的两个原因，即"为地利"和"贵民志"，以此为基础，接着列举了上农的三大益处：

> 民农则朴，朴则易用，易用则边境安，主位尊。民农则重，重则少私义，少私义则公法立，力专一。民农则其产复，其产复则重徙，重徙则死处而无二虑。

如所周知，《吕氏春秋》阐述农业问题，绝非纯粹地介绍农业科学常识，而是始终将重农与治国、治民结合在一起，主要关注重农的治国、治民作用。此处，将上农的益处分为三类，其一为"朴"，即"淳朴""朴实"之义，这样，民则容易被役使，边境可安宁，这里主要强调上农可使农民归心于农而守卫国土的作用；其二为"重"，即"稳重""持重"之义，这样，可以减少"私人之交谊"①，国家的法制就得以确立了，这里是讲上农可使农民专力于农而建立法制的作用；其三为"产复"，"复"为"厚"义②，因此"产复"为家产或产业繁多、丰厚之义，这样，民则迁徙困难，老死故乡而无他虑，此处主要是讲上农可使农民田产丰厚而安居乐业的作用。当然，我们可以进一步看到，上农的三大益处中，"朴"和"重"更加侧重于"贵民志"的一面，而"产复"更加注重"为地利"的一面。

其次来看有关民不尽力于田而侵夺农时的因素的分类。吾淳早就指出："宜时或因时，这是古代中国人所普遍具有的一种意识，它在各种经典里也都有充分的涉及。"③ 进一步，吾先生考察了《诗经》《周礼》《左

---

① 许维遹、张双棣等人将"义"解释为"议"，陈奇猷则解释为"私人之交谊"，笔者认为，仅就文义而言，两种解释皆通，今取陈先生之说。（许维遹：《吕氏春秋集释》上，第683页；张双棣等：《吕氏春秋译注》，第778页；陈奇猷：《吕氏春秋新校释》，第1721页）

② 关贤柱等：《吕氏春秋全译》，贵州人民出版社2009年版，第757页。

③ 吾淳：《中国哲学的起源》，第545页。有关吾先生对于"时"观念的考察，可参见：(1) 吾淳：《中国思维形态》，第164—166页；(2) 吾淳：《中国哲学的起源》，第545—550页；(3) 吾淳：《中国哲学起源的知识线索》，上海人民出版社2014年版，第207—210、441—443页。

传》《国语》《易传》《孙子兵法》《商君书》中的"时"观念。事实上，正如吾先生所言，各种经典中对此问题皆有涉及，《吕氏春秋》中也有丰富的贵时思维，包括了顺时、宜时、因时、适时等多种观念。① 具体到农业领域，《吕氏春秋》主张农事活动必须顺应天时，如《孟夏》："命野虞，出行田原，劳农劝民，无或失时"；《季夏》："无发令而干时，以妨神农之事"；《仲秋》："乃劝种麦，无或失时，行罪无疑"……如若农事活动有悖农时，就会造成极为严重的后果，如《上农》中就说"数夺农时，大饥乃来"，更进一步，还将"时事不共"即农时和农事不一致的严重后果称之为"大凶"。再如《审时》中说："凡农之道，厚之为宝：斩木不时，不折必穗；稼就而不获，必遇天菑。"就是说如果伐木不顺时，木材不是折断就是弯曲，如果庄稼熟了不及时收割，就会引发天灾，由此可见农事活动违背农时的祸患之深。那么，是哪些因素致使违背农时了呢？《上农》中列举了侵夺农时的三个方面：

> 夺之以土功，是谓稽，不绝忧唯，必丧其秕。夺之以水事，是谓籥，丧以继乐，四邻来虚。夺之以兵事，是谓厉，祸因胥岁，不举铚艾。

我们发现，侵夺农时主要有三个方面的因素，其一为"夺之以土功"，即大兴土木；其二为"夺之以水事"，即兴修水利；其三为"夺之以兵事"，即发动战争。其中，大兴土木和发动战争会侵夺农时，我们完

---

① 《吕氏春秋》的贵时思维散见于《十二纪》《八览》《六论》的各部分中，如：

(1)《季春》："百工咸理，监工日号，无悖于时；无或作为淫巧，以荡上心。"

(2)《尽数》："食能以时，身必无灾。"

(3)《仲秋》："凡举事无逆天数，必顺其时，乃因其类。"

(4)《首时》："圣人之见时，若步之与影不可离。故有道之士未遇时，隐匿分窜，勤以待时。时至，有从布衣而为天子者，有从千乘而得天下者，有从卑贱而佐三王者，有从匹夫而报万乘者，故圣人之所贵唯时也。"

(5)《遇合》："凡遇，合也。时不合，必待合而后行。"

(6)《不广》："智者之举事必因时。"

(7)《召类》："譬之若寒暑之序，时至而事生之。圣人不能为时，而能以事适时。事适于时者其功大。"

……

全可以理解，而兴修水利是对农业有利之事，为何会侵夺农时？笔者认为，这里是讲兴修水利也必须要以顺应农时为前提条件。夏纬瑛便说："治水事，要在农闲的时候，若当农时而治水事，就有夺于农时。"① 针对如上三要素侵夺农时的问题，《吕氏春秋·十二纪》的《月令》部分中也多有阐述，可与《上农》篇彼此对照印证，如《孟春》："是月也，不可以称兵，称兵必有天殃"；《仲春》："无作大事，以妨农功"；《孟夏》："无起土功，无发大众，无伐大树"；《季夏》："不可以兴土功，不可以合诸侯，不可以起兵动众"；诸如此类。

最后来看有关"三盗"的分类。这一问题载于《辩土》。《辩土》主要探讨耕作栽培的技术方法，而其中非常重要的问题就是畎亩制。亩是整地之后的高的田垄，畎是垄与垄之间的凹的垄沟。上农四篇中，《任地》《辩土》两篇都是集中探讨畎亩制问题，李根蟠指出："《任地》等篇所载的农业技术是以畎亩制为中心的完整体系。"② 具体讲到不合理的畎亩结构所造成的危害时，《辩土》中将其形象地总结为"三盗"：

> 无与三盗任地：夫四序参发，大甽小亩，为青鱼胠，苗若直猎，地窃之也；既种而无行，耕而不长，则苗相窃也；弗除则芜，除之则虚，则草窃之也。

可见，"三盗"即为地窃、苗窃和草窃。其一，对于地窃，是由畎大亩小造成的，《辩土》中讲到了畎亩的合理规格即"晦欲广以平，甽欲小以深"，可知地窃的畎大亩小与合理规格的亩广畎小恰恰相反。其二，对于苗窃，是由庄稼种植没有行列且苗错综交互所造成的，《辩土》中也提出了与"种而无行，耕而不长"相对的耕种的基本要求，即"茎生有行，故速长；弱不相害，故速大。衡行必得，纵行必术"。横行必须恰当，纵行必须端直。《任地》开篇曾提出后稷十问，第六问是"子能使子之野尽为泠风乎？"笔者认为苗窃就是针对这一问题来讲的。其三，对于草窃，是指不除草将使杂草丛生，土地荒芜，除草又容易动摇苗根。这是针对后

---

① 夏纬瑛：《吕氏春秋上农等四篇校释》，第 24 页。
② 卢嘉锡主编：《中国科学技术史（农学卷）》，第 79 页。

稷十问第五问"子能使藋夷毋淫乎"来讲的。当然,事实上,"三盗"都是因畎亩结构不合理所致。

如上所述,即为《吕氏春秋》分类思维在地理、生物、农业知识方面的主要表现。此外,《吕氏春秋》在自然知识方面所体现出的分类思维还有诸多零星的体现,但已非主要内容。如《吕氏春秋·爱士》:"赵简子有两白骡而甚爱之",其中提到"骡"这种动物。"骡"为马与驴杂交的结果,因此,我们断定,《吕氏春秋》之时定然已经有了马、驴、骡的细致分类。再如《吕氏春秋·谕大》中引《夏书》说:"山大则有虎、豹、熊、螇蛆,水大则有蛟、龙、鼋、鼍、鳣、鲔。"其中,虎、豹、熊、螇蛆都为陆生兽类,辑为一处;蛟、龙、鼋、鼍、鳣、鲔都为水生鱼类,辑为另一处,这里同样可以发现分类思维的存在。

第二节 《吕氏春秋》分类思维向养生及音乐领域的伸延

在养生与音乐领域,《吕氏春秋》的分类思维也表现得较为丰富。在养生领域,主要体现在与"性""欲""生"有关的养性的五条标准和"养生三患"问题中;在音乐领域,主要体现在对于作为整体的音乐的分类、五声音阶的分类、非适之音的分类与音乐对政治风俗的作用的分类等四个方面。

一 "性""欲""生"与有关养生的分类思维

《吕氏春秋》认为人欲受之于天,不可渝变,如《情欲》中说:"天生人而使有贪有欲";《大乐》中也说:"天使人有欲,人弗得不求;天使人有恶,人弗得不辟。欲与恶,所受于天也,人不得与焉,不可变,不可易。"人的这种不可移易的"欲"保证了人皆有欲望是正常的现象。但是,在《吕氏春秋》中,纵然承认"欲"存在的合理性,却绝对不能任其泛滥放纵,《本性》中提出:"物也者,所以养性也,非所以性养也。"《情欲》中也说:"欲有情,情有节。"这是告诫人们在欲望面前,一定要适欲而止,"利于性则取之,害于性则舍之"(《本生》),这才是全性、全生、全天、全德之道。那么,如何"养性"?《重己》中提出了古代圣王养性的五条标准:

　　昔先圣王之为苑囿园池也，足以观望劳形而已矣；其为宫室台榭也，足以辟燥湿而已矣；其为舆马衣裘也，足以逸身暖骸而已矣；其为饮食酏醴也，足以适味充虚而已矣；其为声色音乐也，足以安性自娱而已矣。五者，圣王之所以养性也，非好俭而恶费也，节乎性也。

　　《吕氏春秋》十分重视"性"，如《贵当》中说："性者，万物之本也，不可长，不可短，因其固然而然之，此天地之数也。"因此，性必须"养"。如上，第一条标准就是建造仅仅足以观望劳形的苑囿园池，其中，"观望"即游目眺望属于养性的手段和途径，而"劳形"何谓？事实上，《吕氏春秋》主张生命在于运动，《尽数》中说"流水不腐，户枢不蝼，动也"，且古人也皆以"劳形"为养生之道。因此，"劳形"是指适度的劳动，这样人就可以血脉贯通，百病不生。第二条标准就是建造仅仅可以辟燥湿的宫室台榭，其中，"辟与避通"①，即建造宫室台榭时，仅达到避开干燥和潮湿的目的就可以了，因为"室大则多阴，台高则多阳"（《重己》），这样就会不适。第三条标准就是制作仅仅安身暖体的车马衣裘。第四条标准就是置备仅仅合口味、饱饥肠的饮食酏醴。第五条标准就是创作和欣赏仅仅足以使自己性情安乐的歌舞音乐。综此五者可知，养性的总原则是欲望的和适。

　　反之，如若不能做到适欲以养性，必将致使养生三患。在《本生》中，当论及富贵以害生时，其将这些害处分类为三个方面，称之为"养生三患"：

　　　　出则以车，入则以辇，务以自佚，命之曰"招蹶之机"。肥肉厚酒，务以自强，命之曰"烂肠之食"。靡曼皓齿，郑卫之音，务以自乐，命之曰"伐性之斧"。

　　这里，养生的祸患被明显分为"招蹶之机""烂肠之食""伐性之斧"三类。首先，"招蹶之机"，就是指好逸恶劳的祸患。其中，"招，至

————————

① 陈奇猷：《吕氏春秋新校释》，第43页。

也。蹶机，门内之位也"①。这种动则坐车、乘辇的人，实是好吃懒做、在行为上弃动主静的典型。如若不运动，那么"形不动则精不流，精不流则气郁"。"气郁"则精气长期滞积于体内，根据处在人体部位的不同，《吕氏春秋》认为会产生六类疾病：

> 郁处头则为肿、为风，处耳则为挶、为聋，处目则为膜、为盲，处鼻则为鼽、为窒，处腹则为张、为疛，处足则为痿、为蹶。（《尽数》）

这里，第一类疾病为"肿"与"风"，是精气滞积头部所致。其中，"肿，钟也，寒热气所钟聚也"②，是指头肿。"风"指面肿。第二类疾病是"挶"与"聋"，是精气滞积耳部所致。其中，对于"挶"，陈奇猷案曰："《说文》'挶，戟持也'，段玉裁注云：《鸱鸮传》'拮据，戟挶也'，谓有所操作，曲其肘如戟而持之也。案重听之人曲其肘如戟而以手置耳旁以听人之言，故重听之疾谓之挶也。"③ 可见，"挶"确为耳病无疑。第三类疾病为"膜"与"盲"，是精气滞积眼部所致。其中，"膜，眵也；盲，无见。皆目疾也"④。第四类疾病为"鼽"与"窒"，是精气滞积鼻部所致。其中，"鼻塞曰鼽。鼽久也，涕久不通，遂至窒塞也"⑤。鼽、窒皆指鼻道阻塞不通。第五类疾病为"张"与"疛"，是精气滞积腹部所致。其中，"张"即"胀"，指腹部胀满。"疛"，即小腹疼痛。第六类疾病为"痿"与"蹶"，是精气滞积足部所致。其中，"痿，不能行；蹶，逆疾也"⑥。可见，"痿""蹶"皆指行走困难。综上可见，假若一个人四体不勤，好逸恶劳，必得如上恶果。若要身康体泰，坚持运动是必要的。牟钟

---

① （汉）高诱：《吕氏春秋注》，第5页。

② （汉）刘熙：《释名》，第129页。

③ 陈奇猷：《吕氏春秋新校释》，第142页。

④ （汉）高诱：《吕氏春秋注》，第26页。高诱将"膜"释为"眵"，即眼屎。张双棣等人则将"膜"释为"眼眶红肿"，虽都为眼疾，但又有所异，特此说明。（张双棣等：《吕氏春秋译注》，第58页）

⑤ （汉）刘熙：《释名》，第127页。

⑥ （汉）高诱：《吕氏春秋注》，第26页。

鉴就指出：《吕氏春秋》中"强调健康依赖运动，主张用化郁、通塞的方法治病祛邪，这些都被后来实践证明符合卫生科学的要求，是古代医学理论中很有价值的成分，也是古代哲学对医学发展做出的有益贡献"①。

其次，"烂肠之食"，就是指恣食酒肉的祸患。饮食是养生的重要内容之一，《吕氏春秋·尽数》中有较为集中的阐述："凡食，无强厚，烈味重酒，是之谓疾首。食能以时，身必无灾。凡食之道，无饥无饱，是之谓五藏之葆。口必甘味，和精端容，将之以神气，百节虞欢，咸进受气。饮必小咽，端直无戾。"周桂钿据此总结了《吕氏春秋》中饮食的五大原则："一是清淡……二是按时……三是半饱……四是乐观……五是饮必小咽……"② 具体到分类思维在饮食上的表现，通观《吕氏春秋》全书，集中表现在"饮"上，即按照水质标准，将水分为了五类：

> 轻水所，多秃与瘿人；重水所，多尰与躄人；甘水所，多好与美人；辛水所，多疽与痤人；苦水所；多尪与伛人。《尽数》

这里，按照水质的好坏，明确将水分为"轻水""重水""甘水""辛水""苦水"五种，且不同水质对人体健康有不同的影响。以"轻水所"与"甘水所"为例，"轻水"指含盐分及其他矿物质过少的水，若长期生活在这种地方，人就会头发变秃，颈部长囊状瘤，这近乎近代医学所揭示的由于缺碘而引起的地方性甲状腺肿病，极大地影响了人体健康。而"甘水"，即清淳甘甜的水，长期生活在这样的地方，人会变得美丽、健康。由此可见，水质好坏与人体健康密切相关。《吕氏春秋》的这一认识具有重要意义，汪子春、程宝绰就指出："当时人们明确地认识到某些地区性的常见病的发生，是与环境水质有关，这是有一定道理的。"③

再次，"伐性之斧"，就是指奢侈腐化的祸患。这里，"性"为性命、

---

① 牟钟鉴：《〈吕氏春秋〉与〈淮南子〉思想研究》，第89页。
② 周桂钿：《秦汉思想史》，河北人民出版社2000年版，第36—37页。
③ 汪子春、程宝绰：《中国古代生物学》，第79页。

生命之义。① 《吕氏春秋》非常强调对生命与精力的爱惜与重视,如《先己》中说:"凡事之本,必先治身,啬其大宝。"这是将生命喻为大宝。再如《情欲》中说:"知早啬,则精不竭";"尊,酌者众则速尽"。相较于建功立业而言,"功虽成乎外,而生亏乎内"(《情欲》),也同样是不值得的。由此,《吕氏春秋》重生的程度之深可见一斑。具体到分类思维在性命生死问题上的表现,《吕氏春秋》将生死分为四类:

> 子华子曰:"全生为上,亏生次之,死次之,迫生为下。"故所谓尊生者,全生之谓;所谓全生者,六欲皆得其宜也。所谓亏生者,六欲分得其宜也。亏生则于其尊之者薄矣。其亏弥甚者也,其尊弥薄。所谓死者,无有所以知,复其未生也。所谓迫生者,六欲莫得其宜也,皆获其所甚恶者。服是也,辱是也。辱莫大于不义,故不义,迫生也。而迫生非独不义也,故曰迫生不若死。(《贵生》)

这里,《吕氏春秋》援引道家人物子华子之说,将生死分为"全生""亏生""死""迫生"四类。六欲都得到适宜的满足的为"全生";六欲仅部分得到适宜的满足的为"亏生";没有办法知道六欲,相当于回到未生的状态的为"死";六欲没有一样得到适宜的满足的为"迫生"。这种分类是以人们对于生命的重视程度为依据来划分的,需要强调的是,纵然《吕氏春秋》重生,但并非不顾一切地为"生"让路,这里就将"迫生"排序于"死"之下,且将其与"义"联系起来,认为苟且偷生、行不义之事还不如"死",具有积极的思

---

① 关贤柱等人在解释"伐性之斧"时,将其译为"砍伐性命的利斧"(关贤柱等:《吕氏春秋全译》,贵州人民出版社 2009 年版,第 13 页)。萧风也译为"砍伐生命的利斧"(萧风:《〈吕氏春秋〉养生精要》,宗教文化出版社 1998 年版,第 222 页)。

又,先秦时期也有将"性"作生命、性命来解释的传统,如:

(1)《左传·昭公八年》:"莫保其性。"

(2)《左传·昭公十九年》:"民乐其性,而无寇雠。"

(3)《韩非子·难势》:"为炮烙以伤民性。"

可见,"伐性之斧"中的"性"确为"性命""生命"之义。徐复观就说:"《吕氏春秋》所用的'性'字,实与生命之生,同一意义。大概他们因生命由天而来,故亦称生为性,有时亦可称之为天。"(徐复观:《两汉思想史》二,九州出版社 2014 年版,第 40—41 页)

想理论价值。

二 非适之音及乐器与有关音乐的分类思维

《吕氏春秋》存有大量的音乐知识，主要集中在《仲夏纪》的《大乐》《侈乐》《适音》《古乐》与《季夏纪》的《音律》《音初》《制乐》《明理》诸篇。此外，在《本生》《重己》《情欲》《圜道》《精通》《长见》《应同》《孝行》等篇章中也有部分记载涉及音乐问题。[①] 可见，《吕氏春秋》之于古代中国音乐问题的研究是具有重要地位的，修海林指出："《吕氏春秋》是先秦乃至秦汉道家音乐思想研究的重点。"[②] 具体到分类思维，主要体现在作为整体的音乐的分类、五声音阶的分类、非适之音的分类和音乐对政治与风俗的作用的分类四个方面。

首先，《吕氏春秋》根据音乐对于人的后天塑造价值，将音乐分为了四类，《古乐》中载：

> 乐所由来者尚也，必不可废。有节，有侈，有正，有淫矣。

这里，"节，适也；侈，大也；正，雅也；淫，乱也"[③]。我们可以清晰地发现音乐分为适中合宜的音乐、奢侈放纵的音乐、纯正典雅的音乐与淫邪杂乱的音乐四大类。当然，需要着重指出的是，"音乐"虽为一词，但"音"与"乐"实则有异。一般来讲，"音"指音调，"乐"指乐器。此处，笔者说这一分类是对作为整体的音乐的分类，是因为前两类着重点在于"乐"，后两类着重点在于"音"，陈奇猷也指出："此文'有节有侈'指乐言，'有正有淫'指音言。"[④]

其次，古人将音阶分为五类，即宫、商、角、徵、羽。但到底是何时

---

① 吉联抗著有《吕氏春秋音乐文字译注》一书，其中将《吕氏春秋》中有关音乐的文字都辑录出来，可参见吉联抗《吕氏春秋音乐文字译注》，上海文艺出版社1963年版。需要指出的是，1978年，吉联抗在上海文艺出版社将此书再版，名字改为《吕氏春秋中的音乐史料》，实为同一书。

② 修海林：《先秦道家音乐学术思想的主要特征——以〈吕氏春秋〉诸篇为例的分析》，《中国音乐学》2011年第1期。

③ （汉）高诱：《吕氏春秋注》，第50页。

④ 陈奇猷：《吕氏春秋新校释》，第290页。

所分，即宫、商、角、徵、羽的名称源于何时，在历史上却未有明确讨论或记载。冯文慈通过考察，认为"五个阶名很可能始于西周，甚至商代"，其"下限不会迟于春秋时期"。① 其实，对于五音完整名称的文献记载，在《吕氏春秋》之前，主要体现在《尔雅》《周礼》与《管子》等书中。② 《吕氏春秋》继承了前人的这一音乐知识成果，也将其作如此分类：

> 《孟春》：其音角。
>
> 《仲春》：其音角。
>
> 《季春》：其音角。
>
> 《孟夏》：其音徵。
>
> 《仲夏》：其音徵。
>
> 《季夏》：其音徵……其音宫。
>
> 《孟秋》：其音商。
>
> 《仲秋》：其音商。
>
> 《季秋》：其音商。
>
> 《孟冬》：其音羽。
>
> 《仲冬》：其音羽。
>
> 《季冬》：其音羽。

综上可见，我们从《十二纪》中可以总结出五音即"角""徵""宫""商""羽"。此外，在《吕氏春秋》中，五音名称作为一个整体出现的还有 2 次。《圜道》中 1 次："宫、徵、商、羽、角，各处其处，音皆调均，不可以相违，此所以不受也"；《遇合》中 1 次："客有以吹籁见越王者，羽、角、宫、徵、商不谬，越王不善；为野音，而反善之。"通过比较发现，以《十二纪》中月份的先后顺序总结出的五音顺序与《圜

---

① 冯文慈：《释"宫商角徵羽"阶名由来》，《中国音乐》1984 年第 1 期。

② （1）《尔雅·释乐》："宫谓之重，商谓之敏，角谓之经，徵谓之迭，羽谓之柳。"

（2）《周礼·春官宗伯·大师》："皆文之以五声：宫、商、角、徵、羽。"

（3）《管子·地员》："凡听徵，如负猪豕觉而骇。凡听羽，如鸣马在野。凡听宫，如牛鸣窌中。凡听商，如离群羊。凡听角，如雉登木以鸣，音疾以清。"

道》《遇合》所载的顺序，三者各不相同，这应是五类音阶在《吕氏春秋》中熟练应用的表现。由此亦可推知，对音阶作宫、商、角、徵、羽的五类分法在《吕氏春秋》时定然已经成为基础知识或公共知识，具有普遍性。

再次，我们来看《吕氏春秋》对于非适之音的分类。《吕氏春秋》强调，"音"必须做到"适"，那么，何谓"适"？"衷，音之适也……衷也者，适也。"（《适音》）也就是说，"适"指合乎基准的适中。然而，并非所有的"音"都能够符合"适"这一基本要求，"音"也存在非适之音，《吕氏春秋》将其分为四类：

> 夫音亦有适：太巨则志荡，以荡听巨则耳不容，不容则横塞，横塞则振；太小则志嫌，以嫌听小则耳不充，不充则不詹，不詹则窕；太清则志危，以危听清则耳谿极，谿极则不鉴，不鉴则竭；太浊则志下，以下听浊则耳不收，不收则不抟，不抟则怒。故太巨、太小、太清、太浊，皆非适也。（《适音》）

这里，《吕氏春秋》将非适之音分为了"太巨之音""太小之音""太清之音"与"太浊之音"四类。其中，"太巨"指声音过大，"太小"指声音过小，"太清"指声音太过高尖，"太浊"指声音太过低沉。此处，《吕氏春秋》对四类非适之音的批判，实则是为其所主张的"音亦有适"作了事实上的反面论证，也就是说，只有做到不巨、不小、不清、不浊，才可能成为具有美感的适音。

最后，我们来考察一下根据音乐对政治、风俗所起的作用不同而进行的分类。在《吕氏春秋》看来，音乐具有通政移俗的作用。《大乐》中说："亡国戮民，非无乐也，其乐不乐。"《侈乐》中说："世之人主，多以珠玉戈剑为宝，愈多而民愈怨，国人愈危，身愈危累，则失宝之情矣。乱世之乐与此同。"《适音》中更是明白地强调："凡音乐，通乎政而移风平俗者也。"今人轩小杨通过对《吕氏春秋》的考察，也指出：《吕氏春秋》"超越了战国诸家思考音乐问题的单一维度，如儒家的仁教、道家的自然、墨家的求利、法家的兼用等，它更深入于音乐主体的性命规定，论述音乐的全性功能与化民之用"①。可见，音乐确与政治、风俗等相通，我们可将其称之为"乐教"。《吕氏春秋》在谈及音乐对政治、风俗所起的作用时，将其分为了三类：

> 治世之音安以乐，其政平也；乱世之音怨以怒，其政乖也；亡国之音悲以哀，其政险也。（《适音》）

可见，这里将音乐分为"治世之音""乱世之音"与"亡国之音"三类。其中，"治世之音"安宁而快乐，可使政治平稳和顺；"乱世之音"怨恨而愤怒，可使政治乖戾反常；"亡国之音"悲痛而哀愁，可使政治危急险恶。此外，对于将音乐作如此三分法的处理，我们在《制乐》篇中也能找到印证："欲观至乐，必欲至治。其治厚者其乐治厚，其治薄者其乐治薄，乱世则慢以乐矣。"这里，"治厚者"当与"政平"之世相对应，"治薄者"当与"政乖"之世相对应，"乱世"当与"亡国"之世相对应，由此可以窥见《吕氏春秋》前后篇章中分类思维的一致性。

第三节　《吕氏春秋》分类思维在政治领域的表现

许多人认为《吕氏春秋》是一部以讲政治为主的书，徐复观说："《吕氏春秋》的内容，虽包罗宏富，然究以政治问题为主。"② 萧公权说："吕书之作虽在始皇混一以前，然其影响及于汉代，实为秦汉交接时代之主要之政治思想。"③ 洪家义说："我以为应该把《吕氏春秋》定为政治理论著作，确切点说，是早期封建政治理论著作。"④

---

① 轩小杨：《先秦两汉音乐美学思想研究》，中国社会科学出版社 2011 年版，第 123 页。
② 徐复观：《两汉思想史》二，第 48 页。
③ 萧公权：《吕氏春秋政治思想概述》，载黄大受《吕氏春秋政治思想论》，东方文化社 1947 年版，《序言》，第 7 页。需要指出的是，萧先生的这篇序言，与其所著《中国政治思想史》第十章"《吕氏春秋》至王充《论衡》"中的《吕氏春秋》部分的主要内容相同，仅有部分字句相异，可参见萧公权《中国政治思想史》，辽宁教育出版社 1998 年版，第 309—316 页。
④ 洪家义：《吕不韦评传》，第 109 页。

李家骧说：《吕氏春秋》"基本就是一部系统的将作为统一后的秦帝国作准备的整套治国纲领和理论学说"①。张富祥在概括《吕氏春秋》的性质时将其归结为三点："它是先秦诸子中'杂家'的代表作（就其综合性而言也可说是开山之作）"；"它是吕氏学派的一部政治文化论文集"；"它是一部古典王政全书，是一部百科全书式的帝王教科书"。② 除第一点外，后两点也都是在强调《吕氏春秋》的政治特色。时至今日，视《吕氏春秋》为一部政治思想史或政治哲学著作，已然成为学界的主流观点。笔者以为，《吕氏春秋》虽广涉哲学、养生、音乐、教育、兵刑、农业等诸多领域，然究其宗旨，实是聚焦政治问题。具体到《吕氏春秋》分类思维在政治领域的表现，其一主要体现为对于君主的分类问题上，其二主要体现在对于贤主论人之法、不肖主乱国之象等具体问题的分类中。

一　虚君与有关君主的分类思维

在《吕氏春秋》的政治思想中，君臣关系是极为重要的组成部分。《吕氏春秋》吸取了道家的清静、无为思想，将其运用于君臣关系上，形成了虚君实臣的思想。这种变道家的"出世"为"入世"的态度，加之其"发展了老子天道自然无为的思想，把它创造性地运用到人生和政治上去了"③，因此，熊铁基认为《吕氏春秋》一书不应归属于杂家，而应为"秦汉新道家"。吴光也据此将其归为"道家黄老学派"④。但是，不论其到底归属于何家何派，《吕氏春秋》中具有鲜明的虚君实臣思想是毋庸置疑的，可以说，虚君实臣思想既是《吕氏春秋》政治思想的主要内容，也是全书的一条主要线索，贯穿于《十二纪》《八览》《六论》中。

---

① 李家骧：《吕氏春秋通论》，岳麓书社1995年版，第299页。

② 张富祥：《王政全书——〈吕氏春秋〉与中国文化》，河南大学出版社2001年版，第19页。

③ 熊铁基：《秦汉新道家略论稿》，上海人民出版社1984年版，第7页。

④ 吴光：《黄老之学通论》，浙江人民出版社1985年版，第128页。

对于虚君①，文中多有记载，如《当染》："古之善为君者，劳于论人而佚于官事，得其经也"；《士节》："贤主劳于求人，而佚于治事"；《君守》："大圣无事，而千官尽能"……那么，到底何谓"虚君"呢？综观全书，《吕氏春秋》认为君主至少要做到如下三点：

第一，"执一""执其要"。《有度》："先王不能尽知，执一而万物治。"《知度》："明君者，非遍见万物也，明于人主之所执也。有术之主者，非一自行之也，知百官之要也。"其中，"执一"之"一"意为"通乎性命之情"②，"执其要"之"要"是指要通过审正名分而明了治理百官的根本。可见，为君之道首先要求君主通乎性命之情而懂得如何治理百官，不是要事事亲为，这样才可达到事省国治的效果。

第二，"因""用非其有"。《任数》："古之王者，其所为少，其所因多。因者，君术也；为者，臣道也……故曰君道无知无为，而贤于有知有为，则得之矣。"《知度》："有道之主，因而不为。"何谓"因"？《说文》中讲："因，就也。"可见，"因"是指"顺着""沿着"之义。《吕氏春秋》主张君主要用"因"术，是指万事皆要因人因时因势而为，这样方

---

① 有一点需要强调的是，据笔者考察，《吕氏春秋》中的虚君，不是仅仅针对"君"而言的。在《贵公》《勿躬》两篇中，曾分别提到隰朋、管仲二人，二人皆为齐桓公之臣，但其所为绝非臣所应为，从方法上来看，更像君主所应为，特录于下：

（1）管仲有病，桓公往问之，曰："仲父之病矣，渍甚，国人弗讳，寡人将谁属国？"管仲对曰："昔者臣尽力竭智，犹未足以知之也，今病在于朝夕之中，臣奚能言？"桓公曰："此大事也，愿仲父之教寡人也。"管仲敬诺，曰："公谁欲相？"公曰："鲍叔牙可乎？"管仲对曰："不可。夷吾善鲍叔牙，鲍叔牙之为人也：清廉洁直，视不己若者，不比于人；一闻人之过，终身不忘。""勿已，则隰朋其可乎？""隰朋之为人也：上志而下求，丑不若黄帝，而哀不己若者；其于国也，有不闻；其于物也，有不知；其于人也，有不见也。勿已乎，则隰朋可也。"夫相，大官也。处大官者，不欲小察，不欲小智，故曰：大匠不斫，大庖不豆，大勇不斗，大兵不寇。（《贵公》）

（2）管子复于桓公，曰："垦田大邑，辟土艺粟，尽地力之利，臣不若宁速，请置以为大田。登降辞让，进退闲习，臣不若隰朋，请置以为大行。蚤入晏出，犯君颜色，进谏必忠，不辟死亡，不重贵富，臣不如东郭牙，请置以为大谏臣。平原广城，车不结轨，士不旋踵，鼓之，三军之士，视死如归，臣不若王子城父，请置以为大司马。决狱折中，不杀不辜，不诬无罪，臣不若弦章，请置以为大理。君若欲治国强兵，则五子者足矣；君欲霸王，则夷吾在此。"桓公曰："善。"令五子皆任其事，以受令于管子。十年，九合诸侯，一匡天下，皆夷吾与五子之能也。管子，人臣也，不任己之不能，而以尽五子之能，况于人主乎？（《勿躬》）

由此可见，虚君不仅是一种思想理论，还是一种思想方法。

② 陈奇猷：《吕氏春秋新校释》，第 1664 页。

可“用非其有”。《吕氏春秋》在《用民》《分职》两篇中共出现“用非其有”一词5次，如《用民》：“古昔多由布衣定一世者矣，皆能用非其有也。”又如《分职》：“先王用非其有，如己有之，通乎君道者也。”可见，“用非其有”就是指使用本不属于自己的东西，这既是“因”的内容，也是“因”的重要表现。

第三，“无为而无不为”，最重要的是求贤士。《吕氏春秋》主张君主无为，而作为政治主张，无为并非无所作为，而是提醒君主要法天而为，《序意》中讲“上揆之天，下验之地，中审之人”，黄大受更将《吕氏春秋》的政治基础归纳为“法天主义”①。君主实则需要像《有度》中所言的那样“无为而无不为”。具体到虚君问题上，《吕氏春秋》认为“无不为”最重要的是要获得贤士。如何获得？需要“博求”。《慎人》中说：“故人主之欲求士者，不可不务博也。”《报更》中也说：“士其难知，唯博之为可，博则无所遁矣。”通过“博求”之术，得贤任贤，君主便可垂拱而治了。《任数》中列举齐桓公得管仲而可自身安逸以治国的例子，足以为证：“有司请事于齐桓公。桓公曰：以告仲父。有司又请。公曰：告仲父。若是三。习者曰：一则仲父，二则仲父，易哉为君！桓公曰：吾未得仲父则难，已得仲父之后，曷为其不易也？”可见，臣使则君闲，臣劳则君逸。

具体到对于“君”的分类，《吕氏春秋》中有两种标准，第一种标准是根据君主贤明程度的不同做出的分类，第二种标准是根据君主所行君道的不同做出的分类。我们先来看前一种。《吕氏春秋》根据君主贤明与否，将“君”分为三类：贤主、中主、不肖主。有关这种三分法，主要体现在“贤主”与“中主”以及“贤主”与“不肖主”的对举之中：

(1) 荣且利，中主犹且为之，况于贤主乎？(《应同》)

(2) 功之难立也，其必由哅哅邪。国之残亡，亦犹此也。故哅哅之中，不可不味也。中主以之哅哅也止善，贤主以之哅哅也立功。(《乐成》)

(3) 至忠逆于耳、倒于心，非贤主其孰能听之？故贤主之所说，

① 黄大受：《吕氏春秋政治思想论》，第24页。

不肖主之所诛也。(《至忠》)

(4) 乱国之俗，甚多流言，而不顾其实，务以相毁，务以相誉，毁誉成党，众口熏天，贤不肖不分，以此治国，贤主犹惑之也，又况乎不肖者乎? (《离谓》)

(5) 不阿主之所得岂少哉? 此贤主之所求，而不肖主之所恶也。(《贵直》)

......

其中，第(1)(2)条是"贤主"与"中主"对举，(3)(4)(5)条是"贤主"与"不肖主"对举。仔细分析，对举的目的，主要是为突出"贤主"。另，据统计，在《吕氏春秋》中，"贤主"一词出现52次，"中主"一词出现6次，"不肖主"一词出现9次，[①] 由此亦可窥见《吕氏春秋》对于贤主政治的期盼。那么，怎么做才能算是贤主呢? 黄大受曾总结为七个方面："审己""兴德""去私""听谏""友贤""勿躬""远识"。[②] 李家骧总结为三个方面：(1)"正名审分、立官使方"；(2)"选贤用能、无为而为"；(3)"去私贵公、反诸于己"。[③] 而笔者认为，《吕氏春秋》中"贤主"的最基本标准就是看君主是否达到了"无为而无不为"的"虚君"要求。

我们再来考察一下根据君主所行君道的不同而做出的分类。《应同》中载：

---

① 这里，仅是对于"贤主""中主""不肖主"三词的统计，事实上，《吕氏春秋》中对于"君主"的分类远比这种三分法复杂得多。首先，《吕氏春秋》中还出现如"贤君"一词，实与"贤主"一词同义，如《自知》："君，贤君也。臣闻其主贤者，其臣之言直。"其次，在《情欲》《异宝》《务本》《顺说》《知度》《博志》《务大》诸篇中还出现"俗主"一词7次，皆与"中主"一词同义，如《知度》："桀用羊辛，纣用恶来，宋用唐鞅，齐用苏秦，而天下知其亡。非其人而欲有功，譬之若夏至之日而欲夜之长也，射鱼指天而欲发之当也，舜、禹犹若困，而况俗主乎?"最后，《吕氏春秋》还出现"人主之不肖者""暴君"等词，盖与"不肖主"一词同义，如《下贤》："有道之士固骄人主，人主之不肖者亦骄有道之士，日以相骄，奚时相得?"《荡兵》："中主犹若不能有其民，而况于暴君乎?"如上"贤君""俗主""人主之不肖者""暴君"诸词皆不在统计之列，故特别指出。

② 黄大受：《吕氏春秋政治思想论》，第29—35页。

③ 李家骧：《吕氏春秋通论》，第302—318页。

黄帝曰："芒芒昧昧，因天之威，与元同气。"故曰同气贤于同义，同义贤于同力，同力贤于同居，同居贤于同名。帝者同气，王者同义，霸者同力，勤者同居则薄矣，亡者同名则愧矣。

这里，明显将"君"分为五类："帝者""王者""霸者""勤者""亡者"。仔细考察春秋战国之时甚或秦汉之后人们对于君主分类的讨论，实是主要关注前三类，而将"勤者"和"亡者"与前三类一并记载的情况在古代文献中则比较少见，可知这种五分法当是《吕氏春秋》的一大特色之所在。仔细研究《应同》篇，可以发现，此一分类是建基于"类同相召"的理论之上的，具体到政治问题上，《应同》中载有"物之从同，不可为记……故尧为善而众善至，桀为非而众非来"一语，《开春》中也载有共伯和修善而海内归服的例子，以言同类相互召引之理："王者厚其德，积众善，而凤皇圣人皆来至矣。共伯和修其行，好贤仁，而海内皆以来为稽矣……以此言物之相应也。"因此，以元气召引元气的"帝"胜过以仁义召引仁义的"王"；以仁义召引仁义的"王"胜过以勇力、事功召引勇力、事功的"霸"；以勇力、事功召引勇力、事功的"霸"胜过以事物召引事物的"勤者"；以事物召引事物的"勤者"胜过以不仁不义召引不仁不义的"亡者"。因此，《吕氏春秋》对五类君主认可、称颂的程度在这一排序中呈现出递减的趋势。有鉴于后世对于"帝""王""霸"的重视，如下，再就此三类在《吕氏春秋》中的情况作一相对细致的考察。

首先讲"帝"。《吕氏春秋》共出现"五帝"一词14次，然而，《吕氏春秋》中的"帝"具体何指呢？《十二纪》中，分别列举了太皞、炎帝、黄帝、少皞、颛顼5位"帝"。诸多学人皆以此"五帝"为《吕氏春秋》中所记"五帝"，实则并不全面。《尊师》《古乐》《慎大》中载：

（1）神农师悉诸，黄帝师大挠，帝颛顼师伯夷父，帝喾师伯招，帝尧师子州支父，帝舜师许由。（《尊师》）

（2）帝喾命咸黑作为声歌，九招、六列、六英……帝尧立，乃命质为乐……帝舜乃令质修九招、六列、六英，以明帝德。（《古乐》）

（3）武王胜殷，入殷，未下舆，命封黄帝之后于铸，封帝尧之后于黎，封帝舜之后于陈。（《慎大》）

可见，在《吕氏春秋》中，除《十二纪》中所载太皞、炎帝、黄帝、少皞、颛顼外，"帝"还包括帝喾、尧和舜。因此，《吕氏春秋》中所述"五帝"一词，并不一定确指某五个人，而更可能是国家建立之前多位部落首领的合称。更进一步，"帝"为何在五类君主的分类中位列首位呢？上文中即有"黄帝曰：'芒芒昧昧，因天之威，与元同气'"之语，另，《序意》有言："尝得学黄帝之所以诲颛顼矣，爰有大圜在上，大矩在下，汝能法之，为民父母。盖闻古之清世，是法天地。"《行论》有言："得天之道者为帝。"《察贤》有言："故曰尧之容若委衣裘，以言少事也。"这里通过对黄帝、帝尧的记述可知，"帝"是法天则地，无为而治，这恰恰符合《吕氏春秋》主张的"虚君"思想。基于此，"帝"位列首位便是理所当然之事了。

再来看"王"。《吕氏春秋》共出现"三王"一词 16 次。《谕大》中说："禹欲帝而不成，既足以正殊俗矣。汤欲继禹而不成，既足以服四荒矣。武王欲及汤而不成，既足以王道矣。五伯欲继三王而不成，既足以为诸侯长矣。"可见，"三王"是指夏、商、周的立国之主：禹、汤、武王。当然，《吕氏春秋》中也多次以"文王"为"王"，如《谨听》："太公钓于滋泉，遭纣之世也，故文王得之而王。"《报更》："国虽小，其食足以食天下之贤者，其车足以乘天下之贤者，其财足以礼天下之贤者，与天下之贤者为徒，此文王之所以王也。"因此，"三王"是指夏禹、商汤和文、武合称。① "王"的排序为何在"帝"之下，笔者认为，主要是因为"王"不能完全虚、藏而施仁义、行教化、振苦民。《慎势》中就讲："凡王也者，穷苦之救也。"《爱类》中也说："上世之王者众矣，而事皆不

---

① 有关这一问题，《吕氏春秋》前、后篇章中有两处与此相抵牾。第一处在《当染》篇，其中提出"四王"一词："舜染于许由、伯阳，禹染于皋陶、伯益，汤染于伊尹、仲虺，武王染于太公望、周公旦，此四王者所染当，故王天下，立为天子，功名蔽天地，举天下之仁义显人必称此四王者。"可见，此处将"舜"也作为"王"，而"舜"实为"帝"。第二处在《召类》篇，其中说："尧战于丹水之浦，以服南蛮；舜却苗民，更易其俗；禹攻曹魏，屈骜有扈，以行其教；三王以上，固皆用兵也。"这里，有"三王以上"一语，明显认为"禹"非"三王"，而"禹"实属于"三王"。

同。其当世之急、忧民之利、除民之害同。"

最后来看一下"霸"。《吕氏春秋》未载"五霸"一词,但有"五伯"一词,与"五霸"同义。"五伯"一词在全书中共出现 11 次。《当染》中讲:"齐桓公染于管仲、鲍叔,晋文公染于咎犯、郤偃,荆庄王染于孙叔敖、沈尹蒸,吴王阖庐染于伍员、文之仪,越王句践染于范蠡、大夫种,此五君者所染当,故霸诸侯。"可知《吕氏春秋》所述"五霸"分别为齐桓公、晋文公、楚庄王、吴王阖庐、越王句践。然而,《吕氏春秋》也在多处承认秦穆公为"霸",如《不苟》中说:"定分官,此古人之所以为法也。今缪公乡之矣。其霸西戎,岂不宜哉?"《处方》中也说"百里奚处乎虞而虞亡,处乎秦而秦霸",而百里奚即为秦穆公相。因此,《吕氏春秋》中所讲的"霸"实则为齐桓公、晋文公、楚庄王、秦穆公、吴王阖庐和越王句践六人。《尊师》中曾将此六人并称为"六贤者",可与此相印证:"齐桓公师管夷吾,晋文公师咎犯、随会,秦穆公师百里奚、公孙枝,楚庄王师孙叔敖、沈尹巫,吴王阖闾师伍子胥、文之仪,越王句践师范蠡、大夫种。"由此可知,《吕氏春秋》中的"五伯"也非确指某五个人,而应是指春秋时期以勇力、事功而著称的几位国君。在五类君主的分类中,"霸"位列"王"之下,事实上,《吕氏春秋》中对此多有申明,如《爱类》:"大者可以王,其次可以霸。"又如《赞能》:"上至于王,下至于霸。"诸如此类。

综上所述,可知"帝"胜于"王","王"胜于"霸"。《吕氏春秋》中也多次将"帝""王""霸"三者并举:

> 五帝先道而后德,故德莫盛焉;三王先教而后杀,故事莫功焉;五伯先事而后兵,故兵莫强焉。(《先己》)
>
> 昔有舜欲服海外而不成,既足以成帝矣。禹欲帝而不成,既足以王海内矣。汤、武欲继禹而不成,既足以王通达矣。五伯欲继汤、武而不成,既足以为诸侯长矣。(《务大》)

前一例中,"五帝先道,是与人同气;三王先教,是与人同义;五伯先事，是与人同功"①。后一例中，帝舜、三王、五伯皆指追求远大目标而不成，退而求其次才为帝、为王、为霸的，大有取乎其上得乎其中之意，由此亦可明晰"帝"胜于"王"和"王"胜于"霸"之理。加之"勤者"和"亡者"，共同构筑起了君主的五个层级。那么，"勤者"为何位列"霸"之下呢？笔者认为，主要是因为"勤劳者与物同居"②，而根据《吕氏春秋》的"虚君"主张，君主一定要"物物而不物于物"（《必己》），具体到政治上也要"以地卫君，非以君卫地"（《贵信》），君主不可沉溺于"物"本身，因此，"勤者"必然在"霸"之下。"亡者"行不仁不义之事③，当然位列最末。所以，对于君主所做的如上五类分法，实是更加体现了"虚君"思想才是《吕氏春秋》最高层面的政治设计。

二　贤主论人之法、国家乱亡与有关政风的分类思维

除如上对于"君"的分类外，《吕氏春秋》分类思维在政治上还有许多具体表现，主要有二：贤主论人之法中"八观六验""六戚四隐"的分类思维；国家乱亡的原因和表现中所体现的分类思维。

选拔、评价人才是政治思想的重要组成部分。《吕氏春秋》针对这一问题，提出了"八观六验""六戚四隐"的识人之法：

> 凡论人，通则观其所礼，贵则观其所进，富则观其所养，听则观其所行，止则观其所好，习则观其所言，穷则观其所不受，贱则观其所不为。喜之以验其守，乐之以验其僻，怒之以验其节，惧之以验其特，哀之以验其人，苦之以验其志。八观六验，此贤主之所以论人也。论人者，又必以六戚四隐。何谓六戚？父、母、兄、弟、妻、子。何为四隐？交友、故旧、邑里、门郭。（《论人》）

首先，《吕氏春秋》将贤主对人的"观察"分为八类，即"八观"："观其所礼""观其所进""观其所养""观其所行""观其所好""观其

---

① 陈奇猷：《吕氏春秋新校释》，第 692 页。
② 陈奇猷：《吕氏春秋新校释》，第 692 页。
③ 高诱为"亡者同名"中的"同名"作注曰："不仁不义，粗恶也。"〔（汉）高诱：《吕氏春秋注》，第 128 页〕

所言""观其所不受""观其所不为"。但是，需要指出的是，如上语句皆为假设句，"八观"各有前提条件，如"观其所礼"即观察他礼遇的都是什么人，前提是此人要"通"；"观其所不受"即观察他不接受的都是什么，前提是此人要"穷"；其余六者皆如此类。其次，《吕氏春秋》将贤主对人的"检验"分为了六类，即"六验"："验其守""验其僻""验其节""验其特""验其人""验其志"。其中，六类检验都有不同的方式方法，如若要"验其守"即检验他的操守、操持，则要采取使他高兴的方法；如若要"验其志"即检验他的意志、信念，则要采取使他困苦不堪的方法；其余四者同样如此。再次，《吕氏春秋》将"六戚"分为"父""母""兄""弟""妻""子"六类，① 这大体是一个人最为重要的直系亲属。最后，《吕氏春秋》还将"四隐"分为"交友""故旧""邑里""门郭"四类，这大体是一个人的主要社会关系。由此可见，考核群臣的"八观""六验"是对外而言的，主要是考察一个人的道德意志与人生取向，而"六戚""四隐"是对内而言的，目的是审核一个人的遗传特征、成长环境及处理家庭、社会关系的能力。

若将"八观""六验""六戚""四隐"的贤主论人之法与君道无为之术相联系，可以推知，君主的无为并非真的什么也不去听、不去做，而仅仅是一种驾驭群臣的技术，外表无为，实则有为。刘泽华指出："如若没有一套驾驭群臣与任用群臣之术，无为就会变成自我垮台的推进器。"② 可见，如若君主未能娴熟地掌握这一套论人之法，便可能会面临家破国乱的危险。

---

① 经考察，这是古代中国历史上第一次将"六戚"分为"父""母""兄""弟""妻""子"六类。在《吕氏春秋》之前的先秦文献中，曾有"六亲"的记载，此处的"六戚"与"六亲"同义，但其所载"六亲"的具体内容却各有所异。如：

(1)《左传·昭公二十五年》："为父子、兄弟、姑姊、甥舅、婚媾、婚亚，以象天明。"

(2)《易传·彖下·家人》："父父、子子、兄兄、弟弟、夫夫、妇妇，而家道正。"

自《吕氏春秋》将"六戚"分为"父""母""兄""弟""妻""子"之后，才成为"六戚"或"六亲"的通用分法，如《汉书·贾谊传》也作如此分类："建久安之势，成长治之业，以承祖庙，以奉六亲，至孝也。"唐代颜师古注引应劭曰："六亲，父母、兄弟、妻子也。"可见，《吕氏春秋》对"六戚"为"父""母""兄""弟""妻""子"的六分法的提出，具有开创性的价值，对后世产生了深远影响。

② 刘泽华：《中国政治思想史》（先秦卷），浙江人民出版社1996年版，第609页。

有关国家乱亡的原因，除如上所述君主未能掌握察人之法、御人之术的原因外，《吕氏春秋》还进行了较为深入的探讨，然而，必须着重指出的是，基于"虚君"的政治理念，《吕氏春秋》在论述国家乱亡的原因时也主要是从君主的层面进行的，《先识》《骄恣》中载：

（1）何谓五尽？曰：莫之必则信尽矣，莫之誉则名尽矣，莫之爱则亲尽矣，行者无粮、居者无食则财尽矣，不能用人又不能自用则功尽矣。国有此五者，无幸必亡。（《先识》）

（2）亡国之主，必自骄，必自智，必轻物。自骄则简士，自智则专独，轻物则无备。无备召祸，专独位危，简士壅塞。（《骄恣》）

其中，第（1）条中，"莫之必则信尽矣"是说君主若言行反复无常，没人信任他，那么信义就丧尽了；"莫之誉则名尽矣"是说君主若不行赏誉，没人赞誉他，那么名声就丧尽了；"莫之爱则亲尽矣"是说君主若不能爱人，人心就丧尽了[①]；"行者无粮、居者无食则财尽矣"是说君主若使众人整日饥肠辘辘，那么财物就丧尽了；"不能用人又不能自用则功尽矣"是说君主若既不能任用人又不能发挥自己的作用，那么功业就丧尽了。可见，君主的如上五类表现即"信义丧尽""名声丧尽""人心丧尽""财物丧尽""功业丧尽"都是"无幸必亡"即没有侥幸国家必然乱亡的重要原因。第（2）条中，又将国家乱亡的原因归结为君主的如下三类表现，即自骄、自智、轻物。"自骄"指骄傲自满，"自智"指自作聪明，此二者为亡国之因恰恰从反面论证了《吕氏春秋》的"虚君"主张，

---

① 对于"莫之爱则亲尽矣"一句，许多人将"亲"解释为"亲人""亲情"，如张双棣等人对此句的解释为："没有人喜欢他，亲人就丧尽了。"（张双棣等：《吕氏春秋译注》，第425页）关贤柱等人解释为："不爱别人，没有人亲近他，亲人就丧尽了。"（关贤柱等：《吕氏春秋全译》，第423页）王晓明解释为："不去关爱别人，人与人之间不是相亲相爱，使亲情荡然无存。"（王晓明：《吕氏春秋通诠》，江西人民出版社2010年版，第418页）但笔者认为，据前后文分析，"五尽"中其他"四尽"都是着眼于君主治国，这一"尽"也应是如此，如果仅仅依据字面意思解释为"亲人"或"亲情"之类，那么范围难免有些狭隘了。另，陈奇猷对此句的案语曰："不爱人则人不亲，故曰亲尽矣。"（陈奇猷：《吕氏春秋新校释》，第966页）可知陈先生也没有仅仅将其限定在"亲人""亲情"的范围内。君主不爱人则丧失民心，基于此，笔者才将其解释为"人心丧尽"。

《任术》中就说："何以知其聋？以其耳之聪也。何以知其盲？以其目之明也。何以知其狂？以其言之当也。"《分职》中也说："夫君也者，处虚素服而无智，故能使众智也。""轻物"指轻视外物，陈奇猷将"物"解释为含容人、事、物的"一切事物之总名"①，故而"轻物"也是国家乱亡的重要原因之一。

基于如上诸多原因，《吕氏春秋》又进一步指出了国家乱亡的一些表现，《明理》中说：

> 故至乱之化：君臣相贼，长少相杀，父子相忍，弟兄相诬，知交相倒，夫妻相冒。（《明理》）

这里，《吕氏春秋》认为国家乱亡，必表现为社会风气之混乱，而将混乱的社会风气分为五类②：君臣相互戕害、父子残忍相待、兄弟相互欺骗、挚友相互背叛、夫妻相互冒犯。此外，《吕氏春秋》中还有一种根据国家的混乱程度对国家乱亡的分类：

> 武王使人候殷，反报岐周曰："殷其乱矣！"武王曰："其乱焉至？"对曰："谗慝胜良。"武王曰："尚未也。"又复往，反报曰："其乱加矣！"武王曰："焉至？"对曰："贤者出走矣。"武王曰："尚未也。"又往，反报曰："其乱甚矣！"武王曰："焉至？"对曰："百姓不敢诽怨矣。"武王曰："嘻！"遽告太公，太公对曰："谗慝胜良，命曰戮；贤者出走，命曰崩；百姓不敢诽怨，命曰刑胜。其乱至矣，不可以驾矣。"故选车三百，虎贲三千，朝要甲子之期，而纣为禽。（《贵因》）

---

① 陈奇猷：《吕氏春秋新校释》，第 1416 页。
② 笔者认为，"长少相杀"并不能单独作为一类。因为父子与兄弟两类都符合"长少"之别：父长子少，兄长弟少。另，若除去"长少"一类，则其他五类恰好符合"五伦"，即君臣、父子、兄弟、夫妻（夫妇）、朋友（知交）。中国历史上"五伦"的最早记载在《孟子·滕文公上》："使契为司徒，教以人伦：父子有亲，君臣有义，夫妇有别，长幼有序，朋友有信。"其中有"长幼"一"伦"，即兄弟，"长幼"与"长少"应为一义，由此也可证"长少相杀"并非指单独的一类，而是与"弟兄相诬"一类重合。

这里，以商纣朝为例，将商朝混乱的程度分为三类："谗慝胜良"即"戮"；"贤者出走"即"崩"；"百姓不敢诽怨"即"刑胜"。其中，"戮"是指谗佞贤良，致使谗慝即邪恶之徒被重用，忠良之士被疏远，这是商朝乱国之象中程度最轻的一类；"崩"是指贤良的人出逃，《先识》中也有国乱则贤士出走的记载："凡国之亡也，有道者必先去，古今一也。"这是商朝乱国之象中程度中等的一类；"刑胜"是指老百姓不敢讲怨恨不满的话，自古"防民之口，甚于防川"，这是商朝乱国之象中程度最重的一类。

第四节　《吕氏春秋》分类思维在兵刑和道德领域的表现

《吕氏春秋》分类思维在兵刑和道德方面也有较为丰富和成熟的表现。在兵刑方面，主要体现在对兵的内容划分以及对战争决胜要素的探讨等问题中；在道德方面，主要体现在《吕氏春秋》重孝、尚忠、尊师、崇德、贵信等思想中。

一　兵的内容、决胜要素与有关兵刑的分类思维

众所周知，古代兵刑合一。如《淮南子·兵略训》中说："刑，兵之极也。"战国时期，诸国争战，兵刑即军事问题成为当时各家各派讨论的热点问题。表现在《吕氏春秋》中，《孟秋纪》与《仲秋纪》中除《孟秋》《仲秋》两篇之外的八篇：《荡兵》《振乱》《禁塞》《怀宠》《论威》《简选》《决胜》《爱士》，都是论述这一问题的。在《吕氏春秋》看来，战争是具有合理性与必然性的，因为它的本性"受于天"，《荡兵》中指出："凡兵也者，威也；威也者，力也。民之有威力，性也。性者，所受于天也，非人之所能为也。"因此，以战争的形式诛伐不当之君便是"除民之雠而顺天之道"（《怀宠》）了。具体到《吕氏春秋》分类思维在兵刑上的体现，具体有两个方面：战争的分类与战争中决胜要素的分类。

首先来看有关战争的分类。《吕氏春秋》根据战争的性质，将战争分为了两类：

兵苟义，攻伐亦可，救守亦可；兵不义，攻伐不可，救守不可。

（（《禁塞》）

《吕氏春秋》贵"义"，《论威》中说："义也者，万事之纪也，君臣上下亲疏之所由起也，治乱安危过胜之所在也。"《无义》中也指出："义者，百事之始也，万利之本也。"以此为基础，迁延至军事领域，《吕氏春秋》十分重视义兵思想。当然，这种将战争分为正义的战争与不义的战争的二分法并非《吕氏春秋》的初创，[①] 但是，义兵问题在《吕氏春秋》军事思想中确为核心，可以说，《吕氏春秋》是先秦文献中对义兵问题进行了较为充分的探讨的典型。此外，《吕氏春秋》根据战争的内容与产生的过程，还将战争分为八类：

> 且兵之所自来者远矣，未尝少选不用。贵贱、长少、贤者不肖相与同，有巨有微而已矣。察兵之微：在心而未发，兵也；疾视，兵也；作色，兵也；傲言，兵也；援推，兵也；连反，兵也；侈斗，兵也；三军攻战，兵也。此八者皆兵也，微巨之争也。（《荡兵》）

此处，《吕氏春秋》将战争明显分为"在心而未发"（争斗之心隐藏于心尚未表露）、"疾视"（怒目相视）、"作色"（面有怒色）、"傲言"（言辞傲慢）、"援推"（推拉相搏）、"连反"（踢踹相斗）、"侈斗"（聚众斗殴）、"三军攻战"（有组织的大规模战争）八类。据于此，《吕氏春秋》对战争分类的完整、细致程度可见一斑。需要指出的是，八类战争的关系不仅是并列的，即每一类都可以独立称之为战争；同时，八类战争之间还存在着一种程度由低到高的层递关系，这是一部战争形态发展史的微观缩影。张富祥就指出："冲突在心而未发，已是'兵'的萌芽；及至侧目而视，勃然变色，相互指责谩骂，'兵'开始形之于外；进而推搡拉拽、拳打脚踢，便是'兵'的低级形态了；又进而群起械斗、你死我活，

---

① 如在《吕氏春秋》之前，《墨子·非攻上》曾三次提到"义与不义"一词：

（1）"当此，天下之君子皆知而非之，谓之不义。今至大为攻国，则弗知非，从而誉之，谓之义。此可谓知义与不义之别乎？"

（2）"今小为非，则知而非之。大为非攻国，则不知而非，从而誉之，谓之义。此可谓知义与不义之辩乎？是以知天下之君子也，辩义与不义之乱也。"

'兵'于是向高级形态过渡；最后发展到有组织的武装力量大规模作战，'兵'也就完成了它的产生过程。"①

其次，我们来看有关战争决胜要素的分类。《决胜》中载：

> 夫兵有本干：必义，必智，必勇。义则敌孤独，敌孤独则上下虚，民解落；孤独则父兄怨，贤者诽，乱内作。智则知时化，知时化则知虚实盛衰之变，知先后远近纵舍之数。勇则能决断，能决断则能若雷电飘风暴雨，能若崩山破溃、别辨贲坠；若鸷鸟之击也，搏攫则殪，中木则碎。

这里，《吕氏春秋》将决定战争胜负的要素归结为三类，即"义""智""勇"。其中，"义"是战争决胜之根由，正义之战就能令敌人处于孤立无援的境地；"智"是战争决胜之技巧，善用智谋就能准确把握战争的发展趋势；"勇"是战争决胜之保证，勇猛果敢就能够临事果断而行，保证战争的最终胜利。

二 "孝""忠""敬""德""信"等与有关道德的分类思维

《吕氏春秋》中也包含有较为丰富的伦理道德思想，主要表现在重孝、尚忠、尊师、崇德、贵信等多个方面。当然，《吕氏春秋》伦理道德思想在如上诸方面的表现，看似汲取了先秦儒家的思想，其实并非如此。或者说，儒家思想仅是《吕氏春秋》道德思想来源之一，至多可说是主要源泉，但绝非唯一源泉。张富祥说，《吕氏春秋》中的"传统伦理纲常并不专属儒家，吕氏门下在编书时也没有按学派系统对号取材的意思，因此书中的论述多糅合各家的观点，有些即使看上去纯属儒家的篇章，内容也并不纯"②。沈善洪、王凤贤等人也指出："在社会政治和伦理道德领域，《吕氏春秋》较多地汲取了儒、墨两家以及管仲的思想内容"；"就具体道德观点来说，则具有综合各家的特色"。③ 可见，《吕氏春秋》的伦理

---

① 张富祥：《王政全书——〈吕氏春秋〉与中国文化》，第149页。
② 张富祥：《王政全书——〈吕氏春秋〉与中国文化》，第108页。
③ 沈善洪、王凤贤：《中国伦理思想史》上，人民出版社2005年版，第278—279、282页。

道德思想实非一家一派思想的发展或体现，而是具有自身的特点。

众所周知，中国传统伦理道德的根底在于"孝"。《吕氏春秋·八览》中专辟《孝行览》，可见对于"孝"的重视程度之深。《孝行》中说："凡为天下，治国家，必务本而后末。所谓本者，非耕耘种殖之谓，务其人也。务其人，非贫而富之，寡而众之，务其本也。务本莫贵于孝。"这是指出"孝"为治国之本。还说"民之本教曰孝"，这是指出"孝"为民众的教养之本。然而，有"孝"必有"不孝"，《吕氏春秋》将人们不孝的行为分为五类，统称"五行"：

> 居处不庄，非孝也；事君不忠，非孝也；莅官不敬，非孝也；朋友不笃，非孝也；战陈无勇，非孝也。五行不遂，灾及乎亲，敢不敬乎？（《孝行》）

这里，"不孝"被分为"居处不庄""事君不忠""莅官不敬""朋友不笃""战陈无勇"五类。这是《吕氏春秋》中唯一一次出现"五行"一词，但其并非"阴阳五行"之"五行"，而是指五种不孝的行为。细加考察，可以发现这里的"孝"并非传统意义上狭义的尊祖敬宗、传宗接代，而是至少涵盖了庄、忠、敬、信、勇五种德行。当然，"孝"在广义上可能就是涵盖多种德行的，《孝经·开宗明义》中说"夫孝，始于事亲，中于事君，终于立身"，即可为证。

"忠"是"孝"在政治领域的扩展。一般而言，"孝"是孝于亲，"忠"为忠于君。①《吕氏春秋》中多处忠、孝并举，如《劝学》："先王之教，莫荣于孝，莫显于忠。忠孝，人君人亲之所甚欲也。"又如《正名》："事亲则孝，事君则忠。"具体到有关"忠"在《吕氏春秋》分类思维方面的表现，主要体现在其对于"忠"的二分法处理：

---

① 《吕氏春秋》中"忠"字共出现70次，主要指忠于君，其中仅"忠臣"一词就出现20次之多。但是，其中有一次不是指忠于"君"，《遇合》中载："人有为人妻者。人告其父母曰：嫁不必生也。衣器之物，可外藏之，以备不生。其父母以为然，于是令其女常外藏。姑妐知之，曰：为我妇而有外心，不可畜。因出之。妇之父母，以谓为己谋者以为忠。"此处，这名最终被休弃女子的父母是将曾给自己出主意的那个人视为忠诚于自己的人。由此可见，《吕氏春秋》中的"忠"除表示忠于"君"之义外，对于一般人忠诚也属于"忠"的范围。

利不可两，忠不可兼。不去小利，则大利不得；不去小忠，则大忠不至。故小利，大利之残也；小忠，大忠之贼也。圣人去小取大。（《权勋》）

此处，"忠"被分为了"小忠"与"大忠"两类。① 同时，我们也惊喜地发现，这里对于"利"也作了"小利"与"大利"的分类。其中，"小利"与"小忠"并列，"大利"与"大忠"并列，皆认为"小"残贼"大"。这种将"尚忠"与"重利"并举的思想，应该是《吕氏春秋》的独特之处，是秦人既重视道德伦理建设又讲求实用的价值观的反映。

"敬学尊师"是"孝"在教育领域的伸延。《劝学》中载有颜渊事孔子犹事父一例："曾点使曾参，过期而不至，人皆见曾点曰：'无乃畏邪？'曾点曰：'彼虽畏，我存，夫安敢畏？'孔子畏于匡，颜渊后，孔子曰：'吾以汝为死矣。'颜渊曰：'子在，回何敢死？'颜回之于孔子也，犹曾参之事父也。"由此可见事亲与尊师的统一。事实上，《孟夏纪》中的《劝学》《尊师》《诬徒》《用众》四篇皆论教育。其中，敬学尊师既是贯穿四篇的一条重要线索，也是四篇的主要内容。如《劝学》中说："是故古之圣王未有不尊师者也……疾学在于尊师。"由此，《吕氏春秋》对敬学尊师的重视程度可见一斑。存在"尊师"就存在"不尊师"。具体到分类思维，《吕氏春秋》将"不尊师"也分为两类：

君子之学也，说义必称师以论道，听从必尽力以光明。听从不尽力，命之曰背；说义不称师，命之曰叛。（《尊师》）

很明显，此处将"不尊师"分为"背"与"叛"两类。其中，听从教诲而不竭尽心力地发扬它称为"背"，谈论道理而不称引老师的话来阐明它称为"叛"。有背叛行为的人，"贤主弗内之于朝，君子不与交友"

---

① 与《吕氏春秋》同时或稍晚成书的《韩非子》一书，也将"忠"二分为"小忠"与"大忠"两种：（1）《十过》："行小忠，则大忠之贼也。"（2）《饰邪》："此行小忠而贼大忠者也。故曰：小忠，大忠之贼也。"可以推测，《韩非子》中的这一思想可能受到了《吕氏春秋》的影响。

（《尊师》），后果惨重至极。

《吕氏春秋》还有非常浓重的崇德色彩。如《精通》："德也者，万民之宰也。"又如《上德》："为天下及国，莫如以德，莫如行义。"具体到分类问题，《吕氏春秋·孝行》曾有如下记述：

> 先王之所以治天下者五：贵德、贵贵、贵老、敬长、慈幼。此五者，先王之所以定天下也。所谓贵德，为其近于圣也；所谓贵贵，为其近于君也；所谓贵老，为其近于亲也；所谓敬长，为其近于兄也；所谓慈幼，为其近于弟也。

这里，《孝行》篇将先王治理天下的方法分为五类，即"贵德"（崇尚道德）、"贵贵"（崇尚尊贵）、"贵老"（尊敬老人）、"敬长"（尊敬年长的人）、"慈幼"（爱护年幼的人）。而且，此处将"贵德"居于五者之首，足可见《吕氏春秋》对"德"的重视。

《吕氏春秋》对于"信"也有所论述，张富祥说："就《吕氏春秋》而言，其中虽不大讲'尊礼'，于'重信'还是大讲特讲的。"[1]《为欲》中就有言："信，国之宝也。"此外，《吕氏春秋》还专列《贵信》一篇，可谓明证。在分类问题上，未见《吕氏春秋》对于"信"的相关分类，但是，当论及圣王贤士难以立功显名时，将原因分为三类，"不信"居其一：

> 人特劫君而不盟，君不知，不可谓智；临难而不能勿听，不可谓勇；许之而不予，不可谓信。不智不勇不信，有此三者，不可以立功名。（《贵信》）

这是管仲回答齐桓公的话。齐、鲁会盟，齐桓公受到挟持，无奈之下齐桓公只得答应以汶水之南封土为界，与鲁国订立盟约。但齐桓公回国之后意欲反悔，管仲告诫齐桓公说，之所以不能建立功名，是因为"不智""不勇""不信"三类行为的存在。可见，不能重诺守信是人们难以建功

---

① 张富祥：《王政全书——〈吕氏春秋〉与中国文化》，第97页。

立业的三种原因之一，诚信的重要性彰明卓著。

小　结

随着人们对社会历史认知的逐层深入，特别是"哲学的突破"带来的春秋战国时期的知识扩增，人文主义因素日渐彰显，与《山海经》《尚书·禹贡》《管子·地员》《尔雅》等文献中表现出的分类思维的重自然知识领域而轻社会历史领域分类的特征相比较，《吕氏春秋》分类思维不仅在地理、生物、农业等自然知识领域中有丰富体现，而且在养生、音乐、政治、兵刑、道德等诸方面也多有论及，呈现为一种既重自然知识领域的分类又重社会历史领域的分类的倾向，且在中国思维史上，仅从量的角度而言，后者所占的比重也将日益增多。

当然，由于人们对同一事实或问题见仁见智，分类思维在自然知识领域里的表现，较之于在社会历史领域中的表现会相对客观、准确与科学。《吕氏春秋》亦然。《吕氏春秋》分类思维在社会历史领域中的表现也时常存在不确定性，甚或会出现分类的混乱乃至错误。如讲到有关国家极为混乱的社会风气之分类时，《吕氏春秋·明理》中说："故至乱之化：君臣相贼，长少相杀，父子相忍，弟兄相诬，知交相倒，夫妻相冒。"表面上看是分为六类，但笔者通过考察指出，"长少相杀"并不能单独作为一类。诸如此类的情况在《吕氏春秋》中绝非个案。那么，我们要据此否定分类思维在社会历史领域中存在的价值与意义吗？当然不是。法国人类学家列维·斯特劳斯（Levi Strauss）便曾指出："不管分类采取什么形式，它与不进行分类相比自有其价值。"[①]"任何一种分类都比混乱优越，甚至在感官属性水平上的分类也是通向理性秩序的第一步。"[②] 因此，当《吕氏春秋》的分类思维表现在社会历史领域时，可能会造成分类混乱，也可能其本身的分类标准或表现就存在着不合理之处。但是，有一点是毋庸置疑的，《吕氏春秋》在对社会历史知识进行分类时所表现出来的混乱

---

①　[法] 列维·斯特劳斯：《野性的思维》，李幼蒸译，中国人民大学出版社2006年版，第10页。

②　[法] 列维·斯特劳斯：《野性的思维》，第16页。

与错误同样比不进行分类更具开创价值，是人们对社会历史领域的知识经由非本质认识上升到本质认识的必经之路。实际上，这也是《吕氏春秋》分类思维特别是其社会历史领域分类思维存在的最大价值之所在。

第四章　《吕氏春秋》与比类思维

比类或类比和推类或类推是否具有相同的意义，这四个语词是不是一种异名而同实的关系？这关系到本章存在的合理性这一问题，亟待解决。在逻辑学中，比类或类比实为类比推理，可以说，类比或比类是类比推理的简称。这是学界所普遍承认的。那么，比类或类比和推类或类推是否异名同实的问题就演变为推类或类推是否为类比推理的问题，若推类或类推也为类比推理，那么，四者相同，反之，则相异。

针对这一问题，学界有不同见解。部分学者认为推类或类推是建立在对"类"的性质及其相互关系理解、分析的基础上的推理方法，是推理或推论的泛指，其含义不仅是类比推理，有时也包括演绎与归纳推理。如汪奠基说："我们必须分别的是，古代辩者所谓'推类'，并不就是普通逻辑上的类比推论……它的内容或形式，既有'推类'的特殊意义，亦有作为'推理'的逻辑基础的一般意义。"[①] 可见，"推类"具有狭义与广义双重意义：狭义指称类比推理，广义指称推理本身。再如晋荣东也说："由于推类在类同原则的制约下可以具体化为演绎、归纳、类比等形式各异的推理类型，故其逻辑本质不可归于任何单一的推理类型，因此我认为，我们不应继续在特定推理类型的意义上来使用'推类'一词。"[②] 这里，晋先生就是从广义的角度

---

① 汪奠基：《略谈中国古代"推类"与"连珠式"》，载《中国逻辑思想论文选（1949—1979）》，生活·读书·新知三联书店1981年版，第88页。
② 晋荣东：《推类等于类比推理吗?》，《逻辑学研究》2013年第4期。

使用"推类"的，认为"推类"包含了"演绎""归纳"与"类比"三种推理类型，并反对从狭义的角度来理解"推类"，这里所谓的"在特定推理类型的意义上来使用'推类'一词"就是指在类比推理的单一意义上来狭义地理解"推类"。

然而，在中国逻辑史特别是中国哲学史中，也有许多学者认为"推类"就是指类比推理，并不包括演绎与归纳推理在内。崔清田、黄朝阳、张晓光等人通过对中国古代逻辑史的考察研究，就得出了"推类"为类比推理且仅为类比推理的结论。① 再结合《吕氏春秋》

---

① 崔清田通过对中国古代"推类"的逻辑性质的考察，指出："推类是以两个或两种事物共同具有某些类同属性为依据，推出它们共有其它属性的推理；推类是由个别或特殊进到个别或特殊的推理；推类没有也无法确证前提中类同属性与结论中推出属性之间有必然性联系，前提与结论的联系只具或然性，属或然性推理。这些都说明推类有类比推理的性质。"（崔清田：《推类：中国逻辑的主导推理类型》，《中州学刊》2004 年第 3 期）

黄朝阳于 2006 年出版《中国古代的类比——先秦诸子譬论》一书，其中，在黄朝阳看来，"譬"就是指中国古代的类比。他通过对先秦道家、儒家、墨家、法家的"譬"论即类比问题的考察，最后得出结论说："总之，我们认为，譬（指'类比'）和'类推'之间只有称谓上的差异，没有本质上的不同，试图在它们之间划清界限的努力是徒劳的。"（黄朝阳：《中国古代的类比——先秦诸子譬论》，社会科学文献出版社 2006 年版，第 246 页）后来，黄朝阳又撰写专文来重申与推进对"推类"问题的这一研究成果，指出："一种观点认为，推类是归纳和类比总称，另一种观点更进一步，认为推类除了归纳推理和类比推理之外，还包括演绎推理。这实质上是把推类与传统逻辑的全部推理等量齐观，从而大大扩展了推类的外延，对此我们难以苟同……总之，中国古代的推类是并且只能是类比。"［黄朝阳：《中国古代逻辑的主导推理类型——推类》，《南开学报》（哲学社会科学版）2009 年第 5 期］

张晓光也对"推类"问题作过具体探究，指出："所谓推类就是两种不同事物（现象、命题）依据类同的属性，由一种事物（现象、命题）具有某种属性，推出另一种事物（现象、命题）也具有这种属性的推理……这种推类，依据'类'的认识，由此物选取彼物，然后以类推之，体现了从个别到个别、由特殊到特殊、由一般到一般的认识过程，根据传统逻辑的认识，是具有类比推理的逻辑性质。"（张晓光：《推类与中国古代逻辑》，法律出版社 2012 年版，第 9 页）

当然，黄朝阳、张晓光二人在承认推类具有类比推理的逻辑性质的同时，又主张推类和类比存在某些差异。但是，二人均论及推类的前提与结论之间具有或然性的联系，推类所体现的是从个别到个别的推理思维路向，从这两点来看，二者的相异之处难以否定二人将"推类"的逻辑本质归属于类比推理的结论。

本身，据笔者考察，《吕氏春秋》中的"推类"就是指的类比推理这一种推理类型。加之，法国汉学家葛瑞汉（Angus C. Graham）也曾指出："'推类'一词在《荀子》、《吕氏春秋》、《淮南子》等著作中的通常含义是类比推理。"① 亦可为《吕氏春秋》中"推类"等同于类比推理的旁证。既然推类或类推也是表示类比推理，那么，"比类""类比""推类""类推"便成为异名同谓的语词，难怪《哲学大辞典》（逻辑学卷）将"类比"与"类推"都解释为"类比推理"了。②

因此，本章有关"比类""类比""推类""类推"四个语词的运用，是在含义相同的情况下来使用的，四者名异而实同，其逻辑本质都为类比推理。为保证行文的简洁和表述的一贯，相较于研究逻辑学的学者更习惯于使用"推类"或"类推"一词，笔者通过仔细考察，决定使用"比类"一词，主要原因有如下三个方面。

第一，从字义上讲，"比类"的"比"是进行类比推理的前提，而发现"类"与"类"之间的关系是类比推理的过程和结果，理应"比"前"类"后。

第二，在《吕氏春秋》中，虽然《别类》中有"类固不必，可推知也"的表述，却没有"推类"或"类推"一词，《吕氏春秋》中也无"类比"一词，而在《仲秋》中却有"比类"一词，本书以《吕氏春秋》为主要研究对象，使用文献自身的语词也在情理之中。

第三，更重要的是，使用"比类"一词，能更加体现中国式的特点。首先，素有六经之首之称的《周易》，在《系辞下》中有段话："古之包牺氏之王天下，仰则观象于天，俯则观法于地，观鸟兽之文与地之宜，近取诸身，远取诸物，于是始作八卦，以通神明之德，以类万物之情。"我们历来将这段话视为中国取象比类思维的文献源头，此后，"取象比类"对于中国古代医学、天文学、炼丹术等诸多领域

---

① 转引自晋荣东《推类等于类比推理吗？》，《逻辑学研究》2013年第4期。

② 冯契主编，傅季重分卷主编：《哲学大辞典》（逻辑学卷），上海辞书出版社1988年版，第357、358页。

都产生过深远影响。这里，"取象比类"就使用"比类"一词。其次，"比类"一词除在《吕氏春秋·仲秋》中出现过1次外，在《国语·周语下》《荀子·非相》等先秦经典文献中还出现过2次。最后，先秦以降，使用"比类"一词，成为中国传统历史文化经典文献表述的习惯。以前四史为例，《史记》中无"类比""类推""推类"三词，而在《乐书》中使用"比类"一词："是故君子反情以和其志，比类以成其行。"《汉书》中无"类比"一词，出现"类推"一词2次，"推类"一词3次，"比类"一词4次，就出现频次而言，"比类"最多，分别为：（1）《文帝纪》："它不在令中者，皆以此令比类从事"；（2）《律历志上》："阴阳比类，交错相成"；（3）《楚元王传》："若乃群臣，多此比类，难一二记"；"向乃集合上古以来历春秋六国至秦汉符瑞灾异之记，推迹行事，连传祸福，著其占验，比类相从，各有条目，凡十一篇，号曰《洪范五行传论》，奏之"。《后汉书》中无"类推""推类"二词，出现"类比"一词1次，也出现"比类"一词1次："《京氏》既立，《费氏》怨望，《左氏春秋》复以比类，亦希置立。"《三国志》中无"推类""类推""类比"三词，但出现"比类"一词1次："羽闻马超来降，旧非故人，羽书与诸葛亮，问超人才可谁比类。"综上可见，在中国古代经史文献中，"比类"一词的使用，确实更加符合古代中国人的表述习惯。

基于此，笔者将主要使用"比类"一词，来对《吕氏春秋》中的比类或比推进行较为详细的考察。既然"比类"为类比推理，那么，现在我们来考察一下类比推理，其定义一般为：根据两个对象具有一系列相同或相似的属性，并且已知其中一个对象还具有其他属性，推知另一个对象也可能具有同样的其他属性的推理。《中国百科大辞典》（逻辑学）将其形式表述为：

A 对象具有属性 a_1，$\cdots a_n$，b；
B 对象具有属性 a_1，$\cdots a_n$；

所以，B 对象也可能具有属性 b。①

　　毋庸置疑，此为西方类比推理的成熟形态。然而，有两点需要着重指出：第一，"比类"历来是古代中国人论辩或论证时运用的主要思维方式和思维方法，但与西方传统形式逻辑相比，出于处理政事、讨论人伦的实用性和功利性，"比类"从来没有完全脱离实际内容而进行纯形式的思维研究，当然，也就没有自觉地形成类似《中国百科大辞典》（逻辑学）中的类比推理的命题表达式。对此，崔清田指出："重内容、轻形式确是中国逻辑不同于传统形式逻辑的一个根本特征。"② 第二，虽然亚里士多德在《修辞学》和《工具论》中早就探讨过"类比"，但类比推理在西方的发展却较为缓慢和匮乏，可以说，对于类比推理较为深入的研究和运用，是西方逻辑学与自然科学方法论发展至近代的结果。在整个西方历史长河中，演绎推理才是基本形式。吾淳也指出："古代希腊人在演绎推理方向取得了

---

　　① 中国百科大辞典编委会编：《中国百科大辞典》（逻辑学），华夏出版社 1990 年版，第27 页。此外，当代中国学人在描述"比类"的推理程序时，总结为多种形式结构：

　　（1）崔清田在《推类：中国逻辑的主导推理类型》一文中表述为：

　　事物 A 与事物 B 有属性 P_1, P_2……Pn；

　　A 有属性 Q；

　　所以，B 也有属性 Q。

　　（2）晋荣东将"比类"的形式结构简化为：

　　A 与 B 具有属性 p，A 与 B 同类；

　　A 有属性 q；

　　所以，B 也有属性 q。

　　（3）黄朝阳在论及类比推理的形式结构时，将"a""b"……表示对象个体（或子类），"F"表示某一具体属性，"……＝……"表示"……和……类同"，"→"表示（实质）蕴涵，于是，黄氏将先秦诸子的"比类"形式表述为：

　　$(a = b) \rightarrow [F(b) \rightarrow F(a)]$

　　也就是说，a 和 b 同类时，如果 b 具有某一属性，则 a 也具有该属性。

　　通过对比分析如上三种对于"比类"形式结构的描述，我们会明显发现，此三种形式虽与《中国大百科全书》（逻辑学）中类比推理的形式表述不一，但实质上并无任何区别：都为两个对象具有一系列相同或相似属性时，二者同类，如已知其中一个对象还具有其他属性，可以推知另一个对象也可能具有同样的其他属性的推理。

　　② 崔清田：《推类：中国逻辑的主导推理类型》，《中州学刊》2004 年第 3 期。

完善的发展，但这是以牺牲归纳和类比作为代价的。"① 将类比融入西方思维与科学中并获得较大程度的进展，是十五六世纪以后的事情。这一点，我们从西方近代哲学对类比思维的作用或价值的集中阐述中亦可窥见一二。康德说："每当理智缺乏可靠论证的思路时，类比这个方法往往能指引我们前进。"② 黑格尔说："类推的方法很应分地在经验科学中占很高的地位，而且科学家也曾按照这种推论方式获得很重要的结果，类推可说是理性的本能。"③ 恩格斯说："对于现今的自然科学来说，辩证法恰好是最重要的思维形式，因为只有辩证法才为自然界中出现的发展过程，为各种普遍的联系，为一个研究领域向另一个研究领域过渡提供类比，并从而提供说明方法。"④ 这里，不论是康德、黑格尔，还是恩格斯，都是西方近代哲学的重要代表人物，他们就类比思维的价值提供了独特的见地。

这样，深入考察中国比类思维的发展可以发现，中国自古就存有一种重比类的致思路经，甚或可以说，这是中国古代先人最常使用的思维方法。"及至西周末年以后，比类思维的运用已经相当成熟"，且"在春秋时期的不少知识活动或领域中都有广泛或大量的应用"。⑤

第一节　《吕氏春秋》对比类思维初期形态的承继

在第一章第三节"《吕氏春秋》之前的比类思维"中，笔者主要从取象比类的易学倾向、比兴的文学倾向和观物比德的美学倾向三个方面对《吕氏春秋》之前的比类思维进行了探讨。但仔细分析，如《诗经》中比兴手法的应用，如用美玉来比类君子之德等阐述，实则都是比喻手法的应用，仅存在比较的特征，尚没有推理的特性。又，从前文对比类思维基本条件或特征的分析可知，严格而言，这种有"比"无"推"的情况是不能归之于比类思维的。

---

① 吾淳：《中国思维形态》，第 281 页。

② ［德］康德：《宇宙发展史概论》，全增嘏译，上海译文出版社 2001 年版，第 84 页。

③ ［德］黑格尔：《小逻辑》，贺麟译，商务印书馆 1980 年版，第 368 页。

④ ［德］恩格斯：《自然辩证法》，载《马克思恩格斯文集》第 9 卷，人民出版社 2009 年版，第 436 页。

⑤ 吾淳：《中国哲学的起源》，第 149、150 页。

但是，笔者认为，对比类思维而言，"比较"的特性可能是更为基本的，没有"比较"，就不可能有比类思维的出现。① "推理"的特性纵然不可或缺，然而，它应是在"比较"的基础上进展与完成的。甚至有时候，会发生比喻与比类的混用，如李宗桂就指出："中国传统思维方式中的类比、比喻、象征等思维形式，从本质上看，是同一形态的东西。"② 沈有鼎通过对"譬"（比喻）的研究，更为明确地说："逻辑学上所谓类比式的论证通常也只是'譬'，类比推论与比喻之间本来没有固定界限。"③

鉴于此，笔者将这种有"比"无"推"的发展阶段称为比类思维的初期形态，应该是合理的，也是可行的。④ 《吕氏春秋》承继了比类思维

---

① 笔者认为"比较"的特性在比类思维中更为基本，这一点从比类的发展史中亦可窥见一二。"'类比'这个术语在希腊语中意思是比例……后来，'类比'被用在更广泛的意义上，即当作类似、相符、对象和现象的相似、它们有同样关系来使用。"之后，"类比"才上升到逻辑学意义上，被当作获得推出知识的形式。（［苏］楚巴欣、布洛德斯基主编：《形式逻辑》，宋文坚等译，上海人民出版社1981年版，第162—163页）关于这一论述，朱志凯等人在《形式逻辑基础》一书中也有类似论述，不同的是，朱志凯等人在如上论述的基础上，又说："'类比'一词有时又指修辞学中的比喻。"（朱志凯主编：《形式逻辑基础》，复旦大学出版社1983年版，第223页）由此可见，逻辑学意义上的"类比"是从"类似"与"比较"发展而来的，所以"比较"的特性在比类思维中应该是更为基本的。

② 李宗桂：《比喻、象征及对形而上的向往》，载张岱年等《中国思维偏向》，中国社会科学出版社1991年版，第100页。

③ 沈有鼎：《墨经的逻辑学》，中国社会科学出版社1982年版，第52页。

④ 事实上，有关比喻和比类的关系问题，学界在三十多年前就有争论。1984年，廖家猷、傅希能在《江西师范大学学报》（哲学社会科学版）第1期上发表《类比、比喻辨异》一文，指出："我们认为比喻不是类比推理"；1986年，李致远在《逻辑与语言学习》第4期上发表《不能把"比喻"和"类比推理"混同起来》一文，也指出："比喻与类比推理在思维活动上有些相似，但有本质不同，不应加以混淆"；时隔一年，彭少峰针对李致远所主张的比喻与类比推理有本质不同的观点，在《逻辑与语言学习》1987年第4期上发表《谈比喻性类比推理》一文，指出："比喻是修辞手段，类比是逻辑推理，两者是有区别的，但语言修辞和逻辑思维本来就有着密切的关系，且比喻和类比都是把两个个别对象或两类事物进行比较，因而总有相通之处。"近几年来，学界对这一问题也时有讨论，2010年，马学梅在《语文学刊》第10期上发表《略论类比推理和比喻推理》一文；2014年，许颖在《毕节学院学报》第12期上发表《类比推理与比喻推理之比较研究》一文；2015年，刘燕在《东北农业大学学报》（哲学社会科学版）第3期上发表《比喻说理与类比推理的不同艺术特点》一文；2016年，上海师范大学周黎敏完成硕士学位论文《"比喻"和"类比"的异同辨证》。可见，比喻和比类的关系问题，一直是学界关注的一个问题。笔者在此处无意于探讨二者之间的具体关系，而仅仅关注比类思维发展的逻辑进程，从思维发展进程的角度而言，将比喻的思维形式作为比类思维的初期形态。

初期形态这一有"比"无"推"的基本特征，集中表现在对比喻的广泛与熟练应用上。在这里，比喻并非仅为一种修辞方法，它更是一种思维方式和思维方法。

一 比喻在养生、道德等领域的表现

《吕氏春秋》当论及贵生思想时，在《贵生》开篇就指出："圣人深虑天下，莫贵于生。"这为人们定下了一个必须要贵生的总基调。接着，对耳、目、鼻、口四官之于生命的价值作了阐明："夫耳目鼻口，生之役也。耳虽欲声，目虽欲色，鼻虽欲芬香，口虽欲滋味，害于生则止。在四官者不欲，利于生者则弗为。"也就是说，四官之欲是以其对于生命的利害来取舍的，有利则行，有害则止。最后，得出了四官必须受到约束，不得专断独行的结论：

> 由此观之，耳目鼻口不得擅行，必有所制。譬之若官职，不得擅为，必有所制。此贵生之术也。

这里，我们清楚地看到了比喻的运用，将"耳目鼻口"比作"官职"，类同之处是二者都不能任意独行，必须有所制限。但是，我们知道，"耳目鼻口"与"官职"之间本质上绝不相同，前者归属人的生理范畴，后者属于政治领域。此处绝无联系的二者因为在都必须有所制限这一点上保持了某种相似性，就被确切无疑地联结在了一起，且用官职的"不得擅为，必有所制"这一现象帮助我们更加直观与深刻地理解耳目鼻口也"不得擅行，必有所制"这一现象。因此，难怪聂焱将"比喻"定义为："比喻是通过与甲对象本质不同而又有相似之点的乙对象来认知甲对象的一种思维模式、认知方式。"①

此外，《吕氏春秋》还将卜筮与养生联系起来，《尽数》中说："今世上卜筮祷祠，故疾病愈来。譬之若射者，射而不中，反修于招，何益于中？"这里，将社会上崇尚占卜祈祷反而会致使疾病增加的现象，比喻为射箭之人未射中箭靶却去修正箭靶的位置的现象。二者都存在行为与方法

① 聂焱：《比喻新论》，宁夏人民教育出版社 2009 年版，第 10 页。

上的错误，通过比喻，让我们更加深刻地认识到卜筮祷祠是疾病之源，其中带有一种客观主义的态度和鲜明的科学主义色彩。

在论说道德领域的问题时，《吕氏春秋》也经常使用比喻的方式，主要表现在尊师以及丧葬等方面。首先看尊师，如《劝学》中就说：

> 学者处不化不听之势，而以自行，欲名之显、身之安也，是怀腐而欲香也，是入水而恶濡也。

《劝学》中强调"疾学在于尊师"，但在现实中，不尊师的情况屡见不鲜，此处就是对不尊师这一情况的阐明。这里，将从事学习的人不听教诲却想名声显赫的现象，比作怀揣腐臭的东西却希望芳香、进入水中却厌恶沾湿的现象，三者的相似之处都在于不可实现上。从事学习不听教诲却意欲声名显赫是不可能的，后二者亦然："腐烂必臭，怀而欲其香；入水必濡，而恶之，皆不可得也。"① 而且，"怀腐而欲香""入水而恶濡"两个比喻使我们对于从事学习不听教诲却意欲声名显赫这一现象的理解更加生动和直观了。

对于丧葬，《吕氏春秋》中有《节丧》《安死》两篇，主张以"为死者虑"（《节丧》）为出发点和归宿，节丧简葬。在论述过程中，多用比喻：

> （1）故凡葬必于高陵之上，以避狐狸之患、水泉之湿。此则善矣，而忘奸邪、盗贼、寇乱之难，岂不惑哉？譬之若瞽师之避柱也，避柱而疾触杙也。狐狸、水泉、奸邪、盗贼、寇乱之患，此杙之大者也。（《节丧》）
>
> （2）世之为丘垄也，其高大若山，其树之若林，其设阙庭、为宫室、造宾阼也若都邑。（《安死》）

这里，第（1）条是描述厚葬的危害，第（2）条是描述厚葬的表现，两条都运用了比喻的手法。第（1）条中，将葬于高山之上避开了狐狸、

① （汉）高诱：《吕氏春秋注》，第36页。

水泉的祸害却难以避免奸邪、盗贼、寇乱之难的现象，比类为盲人乐师避开了柱子却难以避开尖木桩的现象。其中，狐狸、水泉与柱子相对应，奸邪、盗贼、寇乱与"杙"即尖木桩相对应，陈昌齐就指出："此段前后文义，是以柱喻狐狸水泉，以杙喻奸邪盗贼。"① 二者都犯了顾此失彼的错误。通过比喻，让我们对于仅规避狐狸、水泉等自然祸患却不规避奸邪、盗贼、寇乱等人事祸患是非常糊涂的观点有了更为清楚的认知。第（2）条中，实则连用了三个比喻，将坟墓的高大程度喻为山，将坟墓旁树木的茂密程度喻为林，将坟墓修建墓阙、庭院、台阶的辉煌程度喻为都邑，这样，我们对厚葬之表现的理解与认知就更加形象且易于把握了。

二 比喻在政治、兵刑等领域的表现

《吕氏春秋》谈及政治问题时，不论是在经邦治国，还是在选才用人等诸多方面，经常运用比喻。首先来看《吕氏春秋》里论及为君之道时的一例：

> 由其道，功名之不可得逃，犹表之与影，若呼之与响。（《功名》）

这里是说，遵循正确的途径获取功名，功名则无法逃脱，就像"表移而影随其表，呼声出而回声应其呼"② 一样。很明显，这里把通过遵循正确的途径获取功名而功名无可逃脱的现象，比喻为日影无法摆脱标杆、回声无法摆脱呼声的现象，三者的相似之处就在于都存在必然性联系，不可规避。此处连用两个比喻，以自然现象比喻社会人事，使我们加深了对"由其道，功名之不可得逃"的理解。

此外，《吕氏春秋》谈到士的节操高洁、独立于世时，有一则比喻的例子更为明显：

> 晋文公反国，介子推不肯受赏，自为赋诗曰："有龙于飞，周遍

---

① 陈奇猷：《吕氏春秋新校释》，第535页。
② 陈奇猷：《吕氏春秋新校释》，第114页。

天下。五蛇从之，为之丞辅。龙反其乡，得其处所。四蛇从之，得其
露雨。一蛇羞之，桥死于中野。"（《介立》）

重耳出亡之时，曾有赵衰、狐偃、贾佗、魏犨、介子推五名贤士跟
随，经 19 年流亡生涯后，返国立为晋君，是为晋文公。晋文公归国后，
封赏贤臣，介子推不肯受赏，于是赋诗以表达心志。从其诗中可以发现，
他明显运用了比喻的手法："龙，君也，以喻文公。五蛇，以喻赵衰、狐
偃、贾佗、魏犨、介子推也。"① 进一步，"有龙于飞"比喻重耳出亡，
"五蛇从之"比喻介子推五人于重耳流亡时跟随在侧，"龙反其乡"比喻
重耳返国继位，"四蛇从之"比喻赵衰、狐偃、贾佗、魏犨四人接受晋文
公的封赏，"一蛇羞之"比喻介子推羞于受赏。通过比喻，我们对晋文公
与五位贤人及其关系有了一个更为形象且深刻的认知。

在选才用人方面，《吕氏春秋》主张采用"八观六验""六戚四隐"
的选才方法，论及此问题时也有比喻手法的应用：

> 内则用六戚四隐，外则用八观六验，人之情伪、贪鄙、美恶无所
> 失矣。譬之若逃雨污，无之而非是。（《论人》）

这里是说，"八观六验""六戚四隐"作为可以对一个人进行全面细
致地考察与识别的方法，如果得以正确运用的话，那么人们的感情真伪、
贪鄙、美恶等就能被完全知晓。此处是把凭借"八观六验""六戚四隐"
可以使人的情性不可隐藏，比喻为人们意欲避雨但无处不为雨而不可规
避，二者相似之处就在于它们都强调自身这种现象的不可避免性。通过对
"譬之若逃雨污，无之而非是"的自然规律的描述，让我们对"八观六
验""六戚四隐"的识人之法及"人之情伪、贪鄙、美恶无所失"的判断
有了一个更为明晰的理解。

再来看比喻思维方法在兵刑方面的表现。我们可以在《荡兵》《怀
宠》《禁塞》《决胜》等篇章中找到例证：

---

① （汉）高诱：《吕氏春秋注》，第 117 页。

（1）兵诚义，以诛暴君而振苦民，民之说也，若孝子之见慈亲也，若饥者之见美食也；民之号呼而走之，若强弩之射于深谿也，若积大水而失其壅堤也。（《荡兵》）

（2）故义兵至，则邻国之民归之若流水，诛国之民望之若父母，行地滋远，得民滋众，兵不接刃而民服若化。（《怀宠》）

（3）故暴骸骨无量数，为京丘若山陵。（《禁塞》）

（4）勇则能决断，能决断则能若雷电飘风暴雨，能若崩山破溃、别辨霣坠；若鸷鸟之击也，搏攫则殪，中木则碎。（《决胜》）

这里，第（1）条与第（2）条是讲义兵的作用，第（3）条是讲战争的危害，第（4）条是讲作为用兵决胜之道的"勇"的作用。第（1）条中，用孝子见到了慈爱的父母、饥饿的人见到了甘美的食物的心情，来比喻受益于义兵的人民的喜悦心情，相似之处就在于三者都有迫切而喜悦的心情；用强弩射向深谷、蓄积的大水冲垮堤坝，来比喻人们呼喊着奔向义兵的果断迅速，相似之处就在于三者都表现出飞快的速度。第（2）条中，将邻国的人民归向义兵的速度比喻为流水，将被攻伐国家的人民盼望义兵的心态比喻为盼望父母的心态。综合（1）（2）两条，我们对人们因义兵到来而喜悦的心情，人们盼望义兵的心态，以及人们果断迅速地投向义兵的趋势和状态都有了一个更加深刻的理解。第（3）条中，是把暴露荒野的尸骨所筑成的"京丘"即坟冢比喻成了高大的山陵，这样，使我们明显加深了对尸骨"无量数"的感性认知。第（4）条中，将"勇"而临事果断的速度比喻为了雷电、旋风、暴雨、山崩、溃决、异变、星坠的速度，还有鹰隼奋击以搏击禽兽的速度。而雷电之迅疾，旋风之凶狂，暴雨之猛烈，山崩、溃决之险，异变、星坠之危，这些都是自然界惊险狂暴到了极点的表现，以此为喻，气势恢宏，振奋人心，有助于我们生动形象地理解"勇"而临事果断的样态。

综上可见，在思维实践层面上，比喻这一思维方法在《吕氏春秋》关于养生、道德、丧葬、政治、兵刑等诸思想之探讨中有着广泛的应用，甚或可以说无处不见。但是，仔细考察可以发现，这些运用比喻手法的文献记载大多具有一个共同的特征，即都有"譬之犹""譬之若""犹""若""如"等字样，这些表述一般被称为比喻词。如果对于修辞学稍有了解的话，我们会知道这些词语应归属于明喻的比喻词。然而，在《吕氏春秋》中，并非所有的比喻都有比喻词，如"天地车轮，终则复始，极则复反，莫不咸当"（《大乐》）中的"天地车轮"一句，明显是省略了比喻词，原意应表述为"天地若车轮"或"天地如车轮"等形式。再如《劝学》中"学者处不化不听之势，而以自行，欲名之显、身之安也，是怀腐而欲香也，是入水而恶濡也"一句，其中用的比喻词为"是"，明显为暗喻的比喻词。① 也就是说，《吕氏春秋》中对于比喻的运用是以明喻为主，间杂并不规则的比喻形式②或暗喻等多种形式。这样，一方面，我们可以看到《吕氏春秋》运用比喻的娴熟程度；另一方面，也可以看到《吕氏春秋》中比喻运用的复杂性。不过，我们无意于在此处考察这一修辞学问题，而是在把比喻作为一种思维方式与认知方式时，我们可以明显地洞察到《吕氏春秋》比喻思维方式的复杂性与多样性。

通过如上对《吕氏春秋》中比喻方法与思维方式的考察，最后，我们再来反观与总结一下《吕氏春秋》中比喻与比类思维的关系问题：比喻与比类都是对相似性问题的考察；都是在两个或两类事物之间表现或完成的；都具有非常强烈的主观色彩，富于联想性与创造性。这是二者的相同之处。同时，比喻主要是有"比"无"推"，比类却是既有"比"又

---

① 对于明喻、暗喻及其比喻词，有必要作一简要的解释。

（一）明喻为比较明显的打比方，比喻词分为单用的与复用的两种，其中，单用的比喻词分为谓语型与修饰型两种。谓语型比喻词包括四类：（1）"象"组："像""就像""很像""活像""正像""好像""好比""像是"，等等；（2）"如"组："如""正如""有如""犹如""譬如""宛如""如同"，等等；（3）"似"组："似""好似""恰似"，等等；（4）"若"组："若""仿佛""俨然""宛然"，等等。修饰型比喻词主要有"似的（地）""样""般""一样""一般"，等等。复用的比喻词有"像……似的""像……一样""像……一般""跟……似的""仿佛……似的""如同……一样"，等等。

（二）暗喻为比喻关系中暗含着的打比方，比喻词分为单用型与合用型两种。其中，单用型常用的比喻词为："是""成""做""为""等于"，等等。合用型分为两种情况，一是把两个比喻词合成为一个比喻词，一是把比喻词和动词合成在一起。（参见袁晖《比喻》，安徽人民出版社1982年版，第12—30页）

② 其实，在比喻中，有些时候比喻词可以省略，这也是合乎比喻的规则的。如袁晖说："修饰型中，个别的也有省去比喻词的，但要使人感到比喻意味很浓。"（袁晖：《比喻》，第18页）张明冈也说："比喻词偶尔也可省略。"（张明冈：《比喻常识》，北京出版社1985年版，第23页）但是，就《吕氏春秋》而论，"天地车轮"对于比喻词的省略，笔者认为这绝非是《大乐》篇作者自觉的行为体现，而必为一种自发的行为，所以将其称为一种并不规则的比喻形式。

有"推"；比喻一般是用喻体来说明本体，即用一个事物或现象来说明另
一事物或现象，主要作用在于帮助人们更好地理解与认知本体，而比类则
意不在说明，它的主要目的在于论证与说理。这是二者的相异之处。综上
可见，比喻与比类之间确是有同有异，但是，比喻具备了比类思维的最大
特征即具有比较的特性，由此完全可以生发出比类思维来。况且，如易学
之取象比类、《诗经》之比兴等思维大多是通过比喻表现出来的，吾淳通
过对《易经》与《诗经》的考察后也指出："比类思维在具体运用过程中
往往体现为比喻、比兴的方式。"① 因此，比喻可以说是比类思维在非严
格意义上的表现形式，将《吕氏春秋》中有"比"无"推"即比喻之运
用阶段称为比类思维的初期形态是合理的，也是可行的。

第二节　《吕氏春秋》比类思维的成熟形态

与比喻这一比类思维的初期形态不同，《吕氏春秋》中还存在比类思
维的成熟形态。所谓成熟，是指这一比类思维形态主要是逻辑学意义上
的，它不仅具备初期形态的基本特征，而且还具有初期形态所不具备的特
色：在具有比较特性的同时，兼具推理的特性；更具有说理性与论证性。
这里，有一点必须要强调，初期形态与成熟形态，在今天看来，存在某种
逻辑演进关系，初期形态经过长期的发展、完善，才会达到成熟形态。但
是，逻辑理论或思维理论在《吕氏春秋》中并未达到如此高的程度，两
种形态无序地零散地并存于《吕氏春秋》一书中，这是比类思维运用的
自发性表现。现在，我们对《吕氏春秋》比类思维按照逻辑和历史相统
一的视角来考察，先讲初期形态，再讲成熟形态，实是研究的需要所致，
并非《吕氏春秋》作者们自觉的行为体现。

一　作为成熟形态的比类思维在政治领域的运用

根据考察，《吕氏春秋》比类思维的成熟形态主要体现在政治领域，
这种现象的出现，到底是与该书的作者众多，其中撰写政治方面篇章的作
者们更加关注到了这一点有关，还是仅仅是一个巧合，纯属一种偶然性的

----

①　吾淳：《中国哲学的起源》，第150页。

表现，笔者未敢妄加判断。但是，有一点是确定无疑的，那就是在养生、音乐、道德、兵刑等领域，比类思维成熟形态的表现可谓凤毛麟角，这实则也可算是《吕氏春秋》比类思维成熟形态的一大特色了。下面，我们来对比类思维的成熟形态在政治领域的表现作一较为细致的考察。

对于当时政治昏暗、社会混乱的现实，《十二纪》《八览》《六论》中多有论及，如"今之世，至热矣，至寒矣"（《功名》）；"当今之世，巧谋并行，诈术递用，攻战不休，亡国辱主愈众，所事者末也"（《先己》）；"当今之世，浊甚矣，黔首之苦，不可以加矣"（《振乱》）；"今周室既灭，而天子已绝。乱莫大于无天子，无天子则强者胜弱，众者暴寡，以兵相残，不得休息，今之世当之矣"（《谨听》）；"当今之世暗甚矣"（《期贤》）；等等。可以说，《吕氏春秋》这种对战国时期包括秦国在内的社会现实的批判意识是值得肯定的。在论述这一问题时，作者运用了比类思维与方法：

> 今夫燿蝉者，务在乎明其火、振其树而已。火不明，虽振其树，何益？明火不独在乎火，在于暗。当今之时，世暗甚矣，人主有能明其德者，天下之士，其归之也，若蝉之走明火也。（《期贤》）

这里是说，以火"燿蝉"即照蝉的人，要做的事只在于弄亮火光、摇动树木而已。然而，弄亮火光，不仅仅在于火光本身，而且更在于当时黑暗的映衬。以此比类到社会政治领域，黑夜的黑暗状况与战国时期社会的黑暗状况是相似的，二者属于"类同"的关系。而已知在这种情况下弄亮火光可以得蝉，因此，就可以推出如下结论：国君如若能"弄亮火光"即昭明自己的德行的话，也可以得到天下贤士。

那么，对于君主来说，如何才能使政治清明、社会运行有条不紊呢？《吕氏春秋》总结历史经验教训，认为主要应当做到两个方面：其一，君主要顺应民心、民欲，行为君之道，坚持自律，自我约束；其二，要得贤任贤。在有关这两个问题的阐明中，《吕氏春秋》运用了大量的比类，这可能是比类思维成熟形态在《吕氏春秋》一书中最具广泛性与普遍性的表现。首先来看前一点，这是从主观方面来讲的：

民无道知天，民以四时寒暑日月星辰之行知天。四时寒暑日月星辰之行当，则诸生有血气之类皆为得其处而安其产。人臣亦无道知主，人臣以赏罚爵禄之所加知主。主之赏罚爵禄之所加者宜，则亲疏远近贤不肖皆尽其力而以为用矣。（《当赏》）

这里是用人民没有别的途径而只能依据四时寒暑日月星辰的运行规则来了解上天，比类臣下没有别的途径也只有依据君主赏罚爵禄如何施与了解君主。而已知的是，如若四时寒暑日月星辰运行适宜，那么有生命、有血气的物类就能各得其所、各安其生了。因此，我们可以比类推出，如若君主赏罚爵禄施与得当，那么亲疏远近、贤与不肖之人也就都能竭尽全力为国君所用了。具体的比类过程我们可以用推理公式来表示：

人民没有别的途径而只能依据四时寒暑日月星辰的运行规则来了解上天，如若四时寒暑日月星辰运行适宜，那么有生命、有血气的物类就能各得其所、各安其生；

臣下没有别的途径也只有依据君主赏罚爵禄如何施与来了解君主；

所以，如若君主赏罚爵禄施与得当，那么亲疏远近、贤与不肖之人也就都能竭尽全力为国君所用了。

很明显，这一过程是以自然规律来比类社会人事，属于远类类比的范畴。① 鉴于古人认为自然规律较之社会人事可能更具有普遍性与必然性，因此在《吕氏春秋》中，以自然来比类社会人事的情况非常普遍。但是，以自然比类社会人事的过程中，由于推理中两个或两类事物与现象的相同属性较为有限，加之两个或两类事物与现象的共同属性与推出属性之间的联系程度较弱，就可能会造成比类的结论只具有或然性。比如此处的结论就是这样，君主赏罚爵禄施与得当，只是亲疏远近、贤与不肖之人能竭尽

---

① 巨朝军认为："从类比对象的类距看，可分为近类类比与远类类比。近类类比的类比对象是同一个类中的比类……远类类比的类比对象分别属于两个相去甚远的类，以自然类比社会，以物类比人，都属于远类类比。"（巨朝军：《类比思维探微》，《齐鲁学刊》1999 年第 4 期）

全力为国君所用的可能性条件。换言之，君主赏罚爵禄施与得当仅仅是亲疏远近、贤与不肖之人能竭尽全力为国君所用的必要条件，而非充分条件，由君主赏罚爵禄施与得当这一点，不能必然地推出亲疏远近、贤与不肖之人能竭尽全力为国君所用这一结论：假设君主赏罚爵禄施与得当，却遇到奸佞顽劣之臣，那也不能为己所用；假设君主赏罚爵禄施与失当，却遇到愚忠愚孝之人，依旧可以为己所用。

在以自然现象或规律比类社会人事时，纵然古代中国相较于同时代的西方在比类思维运用上发展得相对成熟，但是，在思维理论上的缺失却成了比类思维进展的最大瓶颈。中国始终未能将比类推理提高到公理化的高度，所以，对比类思维的运用基本停留在"日用而不知"的层面上，这也就导致人们在运用比类时与近代西方逻辑学意义上的比类或类比的公式化表达有所不同，会表现出更大程度的多样性与复杂性。例如，以自然比类社会人事，理应是自然的部分在前，社会的部分在后，但在《吕氏春秋》中，我们经常会看到社会的部分在前，而自然的部分在后，而且还的确属于比类的现象，如《不广》："智者之举事必因时，时不可必成，其人事则不广。成亦可，不成亦可，以其所能托其所不能，若舟之与车。北方有兽，名曰蹶，鼠前而兔后，趋则路，走则颠，常为蛩蛩距虚取甘草以与之。蹶有患害也，蛩蛩距虚必负而走。此以其所能托其所不能。"这里是说，蹶这种兽不擅长逃跑却能够采鲜美的草来喂蛩蛩距虚这种兽，而蛩蛩距虚擅长逃跑，一旦蹶有祸患，则蛩蛩距虚就背着它逃跑。这就是蹶用自己所能做到的来弥补自己所不能做到的。人有时候也不能得到良好的时机，就像蹶不擅长逃跑一样，有短处与不足存在，但是，既然蹶可以"以其所能托其所不能"，那么，人也应该不废弃人为的努力，用自己能做到的弥补自己不能做到的。这明显是用自然现象来比类社会人事，但是却将讲述自然的部分放在后面了。

从客观方面来讲，得贤任贤也是政治清明、社会有序、国家昌盛的重要保障。综观《吕氏春秋》全书，尊贤尚贤的思想可谓俯拾皆是，这应该是春秋战国时期君主礼贤下士之时代特征的反映。具体到比类思维在此问题上的运用，也有诸多例证：

（1）庖人调和而弗敢食，故可以为庖。若使庖人调和而食之，则不可以为庖矣。王伯之君亦然。诛暴而不私，以封天下之贤者，故可以为王伯。若使王伯之君诛暴而私之，则亦不可以为王伯矣。（《去私》）

（2）今有良医于此，治十人而起九人。所以求之万也。故贤者之致功名也，比乎良医，而君人者不知疾求，岂不过哉！（《察贤》）

第（1）条中，是以厨师调和五味而不敢私自享用，比类君主诛杀暴君却不敢私自占有土地。厨师与君主都竭力付出却不敢用私，这是二者"类同"的部分，而已知的是厨师如果这样做就可以为厨师，如果不这样做就不能为厨师，所以，我们可以推出如下结论：国君如果这样做就可以当国君，若不这样做就不能当国君。其比类过程可以表示为：

厨师调和五味而不敢私自享用，如果这样做就可以作为厨师，如果不这样做就不能当厨师；

君主诛杀暴君也不敢私自占有土地；

所以，国君如果这样做就可以当国君，若不这样做就不能当国君。

此处比类过程所得出的结论同样具有或然性，也就是说，君主"诛暴而不私，以封天下之贤者"实则不能必然地推出他（们）可以当国君，而仅是作为他（们）可以当国君的必要条件而存在。第（2）条中，用良医给十个人治病可以治好九个这一现象，比类贤人也可以较大程度地为君主求致功名。而已知的前提是如若良医真能这样的话，找他治病的人必然成千上万，那就可以推出结论：君主也应该像众人求取良医一样去求取贤人。"君人者不知疾求，岂不过哉"就是要求君主要努力去寻求贤人的辅助。

进一步，在得贤任贤的基础上，《吕氏春秋》特别强调君主驾驭群臣之术，不仅要正名、审分，还要慎势、用众，在这些君人南面之术中，也存在比类思维的运用：

人与骥俱走，则人不胜骥矣；居于车上而任骥，则骥不胜人矣。

人主好治人官之事，则是与骥俱走也，必多所不及矣。夫人主亦有居车，无去车，则众善皆尽力竭能矣，谄谀诐贼巧佞之人无所窜其奸矣，坚穷廉直忠敦之士毕竞劝骋骛矣。（《审分》）

这里，是以人与千里马一起奔跑则人不能胜过千里马的现象，比类君主与贤士一起治理政事则君主难以胜过贤士的现象。而已知的前提是如果人坐在车上驾驭千里马，那么千里马就不能胜过人了，以此比类推理到君主与贤士的关系上，那么，君主也可以像坐在车上驾驭千里马一样去无为地驾驭群臣。这样，那些做善事之人都会竭心尽力，阿谀奉承、邪恶奸佞之人无法藏匿其奸，刚强睿智、忠诚淳朴之人都会争相奔走效劳了。这种清静无为、虚君以待的驭臣之术在《吕氏春秋》看来是合理的和可行的。

但是，对于不肖主来说，也存在许多不得驭臣之法的情况，如《用民》："宋人有取道者，其马不进，刭而投之鸂水。又复取道，其马不进，又刭而投之鸂水。如此者三。虽造父之所以威马，不过此矣。不得造父之道，而徒得其威，无益于御。人主之不肖者，有似于此。不得其道，而徒多其威。"在比类思维方面，此处是把宋人多次杀死马并扔到溪水里的行为认定为仅仅学到了造父驭马的威严而没有学到其真正驭马的方法，以此来比类不贤德的君主也仅仅是学到了当君主的威严却没有学到当君主的方法。而已知的前提是宋人如此驭马是没有什么好处的，因此，我们可以比类推理出君主如此治国也是没有什么好处的，是不合理的。可以将其表述为：

宋人学到了造父驭马的威严而没有学到其真正驭马的方法，如此驭马是没有什么好处的；

不贤德的君主也仅仅学到了当君主的威严却没有学到当君主的方法；

所以，君主如此治国也是没有什么好处的。

综上，主要是讲君主的作为对于政治的影响，君主贤明，则可能政治稳定，国家昌明；君主不肖，则可能政治混乱，国家衰亡。因此，君主一定要赏罚分明，无为而治，要得贤任贤，且懂得驾驭群臣之术。除此之外，在《吕氏春秋》中，还有关于官员为官之道的探讨，其中也多有比类思维的运用：

> 夫相，大官也。处大官者，不欲小察，不欲小智，故曰：大匠不斫，大庖不豆，大勇不斗，大兵不寇。（《贵公》）

首先要指出的是，"大匠不斫""大庖不豆""大勇不斗""大兵不寇"四者之间的关系是并列的，因此，这里是一个相对复杂的比类推理的表述。根据分析，其中三者都和"处大官者，不欲小察，不欲小智"形成比类的关系，相应地，其中共包含有三组比类。①（1）国相是官员中具有很高职位的官员，"大匠"也是木匠中技艺很高超的木匠，二者形成比类关系，而已知的前提是"处大官者"不会在小地方花费精力，不应该玩弄小聪明，所以，我们可以推出结论：技艺高超的"大匠"也不会去亲自动手砍削。（2）国相是官员中具有很高职位的官员，"大庖"也是厨师中厨艺很精湛的厨师，二者形成比类关系，而已知的前提是"处大官者"不会在小地方花费精力，不应该玩弄小聪明，所以，我们可以推出结论：厨艺精湛的"大庖"也不会去亲自排列食器。（3）国相是官员中具有很高职位的官员，"大勇"也是勇士中极为勇敢的兵士，二者形成比类关系，而已知的前提是"处大官者"不会在小地方花费精力，不应

---

① 经过分析，笔者以为"处大官者，不欲小察，不欲小智"与"大匠不斫""大庖不豆""大勇不斗"三者构成比类关系，与"大兵不寇"不构成比类关系。根据比类推理的基本公式，国相是官员中具有很高职位的官员，而"处大官者"不会在小地方花费精力，不应该玩弄小聪明，若与"大兵不寇"构成比类关系的话，推理得出的应该是如"具有过硬本领的'大兵'不会去亲自作战"之类的结论，也就是说：

国相是官员中具有很高职位的官员，而"处大官者"不会在小地方花费精力，不应该玩弄小聪明；

"大兵"也是军士中本领很过硬的军士；

所以，具有过硬本领的"大兵"不会去亲自作战。

而"大兵不寇"的本义是"有过硬本领的兵士，不会去侵害别人"。因此，出于比类思维成熟形态公式化的严整性的考虑，此处将"大兵不寇"的部分暂做删除处理。另，《淮南子·说林训》中有语："大匠不斫，大豆不具，大勇不斗：得道而德从之矣。"引前三句而独舍"大兵不寇"，似亦可为一证。

该玩弄小聪明，所以，我们可以推出结论：极为勇敢的大勇之人也不会亲自去格斗厮杀。这三组的比类过程可以分别表述为：

（1）国相是官员中具有很高职位的官员，而"处大官者"不会在小地方花费精力，不应该玩弄小聪明；

"大匠"也是木匠中技艺很高超的木匠；

所以，技艺高超的"大匠"也不会去亲自动手砍削。

（2）国相是官员中具有很高职位的官员，而"处大官者"不会在小地方花费精力，不应该玩弄小聪明；

"大庖"也是厨师中厨艺很精湛的厨师；

所以，厨艺精湛的"大庖"也不会去亲自排列食器。

（3）国相是官员中具有很高职位的官员，而"处大官者"不会在小地方花费精力，不应该玩弄小聪明；

"大勇"也是勇士中极为勇敢的勇士；

所以，勇敢的大勇之人也不会亲自去格斗厮杀。

这里依然涉及结论的或然性问题。技艺高超的"大匠"不会去亲自动手砍削，厨艺精湛的"大庖"不会去亲自排列食器，勇敢的大勇之人不会亲自去格斗厮杀，那么，他们的经验从何而来？他们已取得的成就如何保持？此类问题必将纷至沓来。例如，"大匠"若长期不去亲自砍削，他的技艺必将越来越生疏，长此以往，"大匠"可能就不能称之为"大匠"了。

不仅如上的例子表现出结论的或然性特征，在比类思维中，由于人们认识到的事物属性可能并非本质属性，认识到的事物属性之间的联系也为非必然联系，所以，经常会有结论不合理甚或错误的情况出现。那么，如何来检验结论是否具有或然性呢？一定要通过实践的方法："有的结论，通过实践而确立其真理性，有的依照实践而加以修改，有的则被推翻。"[1]具体到《吕氏春秋》中，比类思维的运用基本表现为从自然法则到社会人事、从物到人或从人到人等过程，所以，验证其结论是否具有或然性特

---

[1] 朱志凯主编：《形式逻辑基础》，第 226 页。

征相较于纯粹自然科学领域的假说，可能会更加复杂与困难。①

二 作为成熟形态的比类思维与演绎式思维、归纳式思维的混合运用

前文所述主要是《吕氏春秋》中作为成熟形态的比类思维在政治领域的运用，然而，除此之外，《吕氏春秋》中作为成熟形态的比类思维还存在另外一种思维实践方式，即与演绎式思维、归纳式思维的混合运用。

众所周知，推理可分为演绎推理、归纳推理与类比推理三种。在《吕氏春秋》中，存在这样一种情况：在同一段文献记载中，不仅存在比类思维的成熟形态，而且存在演绎式思维与归纳式思维的运用。何谓演绎式思维与归纳式思维？这是指在逻辑形式上，它并不属于严格意义上的演绎推理与归纳推理，然而，仅从思维进程路向的角度考察，又符合演绎推理与归纳推理的思维特征，我们权且将其称为演绎式思维与归纳式思维。那么，演绎推理与归纳推理各自的思维进程之方向是怎样的？演绎推理是思维进程路向由一般到特殊（或个别）的推理，归纳推理的思维进程路向是由特殊（或个别）到一般的推理。具体到《吕氏春秋》中，作为成熟形态的比类思维与演绎式思维、归纳式思维的结合又分为三种情况：与演绎式思维的结合；与归纳式思维的结合；与演绎式思维、归纳式思维的共同结合。

---

① 纯粹自然科学领域的假说可以通过实验等科学探索方法或手段来验证，具有相对的客观性、科学性。例如，以前，人们将火星与地球相比类，发现了许多共同属性：都是太阳系的行星，都有一定的自转周期，都被大气层所包围，都温度适宜，都有水分……而地球上有高等动物存在，由此便推出结论：火星上也有高等动物存在。这是典型的比类推理：

地球是太阳系的行星，有一定的自转周期，被大气层所包围，温度适宜，有高等动物存在；

火星也是太阳系的行星，也有一定的自转周期，也被大气层所包围，温度也适宜；

所以，火星上也有高等动物存在。

如何来验证结论是否具有或然性，也即火星上是否存在高等动物呢？这当然可以通过实践来验证，如可通过对降落在火星上的宇宙探测器所提供的材料进行分析的方法，若分析过程准确无误，那么，我们大体可以得出相对正确的结论。

这里，我们且不去探究火星上是否存在高等动物的问题，仅从这一事例中我们就可以发现，自然科学领域的假说可通过实验、实践等科学探索方法或手段来获得较为确切的答案，可以在人类现有认知范围内正确判定结论是否具有或然性。但是，《吕氏春秋》中比类思维的运用基本上都表现为从自然法则到社会人事、从物到人或从人到人等过程，大体归属社会历史领域，不同的人或人群对同一事物或问题的看法不尽相同，所以，包括《吕氏春秋》在内的社会历史领域的比类结论是否具有或然性的判断可能会更具复杂性与多样性。

首先，作为成熟形态的比类思维与演绎式思维的结合。《贵卒》中有一段较为典型的描述：

> 力贵突，智贵卒。得之同则速为上，胜之同则湿为下。所为贵骥者，为其一日千里也；旬日取之，与驽、骀同。所为贵镞矢者，为其应声而至；终日而至，则与无至同。

这里，我们可将其分为两个部分，"力贵突，智贵卒。得之同则速为上，胜之同则湿为下"为一部分，余下的为另一部分。就前一部分而言，是说用"力"贵在迅速，用"智"贵在敏捷。同样获得一个或一种事物，速度快的为优，同样战胜对手，拖延时间长的为劣。这明显是对于规律的总结，具有一般性。再看后面一部分，实是比类思维成熟形态的表现，把看重骐骥的原因是它（们）日行千里和看重利箭的原因是它（们）应声而至相比类，而已知的前提是如果骐骥走十天才能到达，那么，就与劣马无异了，所以，可以推理出结论：如若利箭一整天的时间才能到达，就与未达到目标相同了。我们可将这一比类过程公式化为：

> 人们看重骐骥的原因是它（们）日行千里，如果骐骥走十天才能到达，那就与劣马无异了；
>
> 人们看重利箭的原因也是它（们）应声而至；
>
> 所以，如若利箭一整天的时间才能到达，就与未达到目标相同了。

仔细分析可知，后面这部分是为了证明前面"力贵突，智贵卒。得之同则速为上，胜之同则湿为下"这一规律性总结而存在的，而所述的骐骥、利箭等都是个别的，具有特殊性。所以，从思维的角度言之，从前一部分到后一部分实则是从一般到特殊的思维进程路向，是一种演绎式思维的表现。加之，其中确又包含有比类思维的成熟形态。因此，总体而言，这是《吕氏春秋》中作为成熟形态的比类思维与演绎式思维相结合的产物。

此外，我们从《吕氏春秋》对于"古"与"今"关系的探讨中，也可以窥见比类思维与演绎式思维相结合的情况。《吕氏春秋》中有一段关于古今观的著名阐述：

> 今之于古也，犹古之于后世也；今之于后世，亦犹今之于古也。故审知今则可知古，知古则可知后，古今前后一也。故圣人上知千岁，下知千岁也。（《长见》）

这里，《吕氏春秋》认为由"古世"可以认知"后世"，由"今世"也可以认知"古世"，故由"今世"也可以认知"后世"，古今前后都是一脉相承的。这种认知"古世"可以认知"今世"与"后世"，认知"今世"可以认知"古世"与"后世"的古今观，明显是对荀子的"以类度类""类不悖，虽久同理"（《荀子·非相》）思想的承继，以认知"今世"即可认知"古世"与"后世"这一部分为例：

> 已知今世（A）具有性质L，
> 今世（A）与古世（B）同类，
> 所以，古世（B）也具有性质L。

然而，公式中的B，也可以是C、D、E……，只要知道C、D、E……与A同类，则均可以由A具有性质L，推知C或D或E或……也具有性质L。因此，上例中还包含另一部分：

> 已知今世（A）具有性质L，
> 今世（A）与后世（C）同类，
> 所以，后世（C）也具有性质L。

这种由今推古，由今知后的"古今前后一也"的思想，是一种从个别前提推出个别结论的推理，但又明显具有演绎推理的色彩，因此，周云之、刘培育等人将这种形式称为"演绎性的类比推理"①。这也可算作比类思维与演绎式思维相结合的重要表现。

其次，作为成熟形态的比类思维与归纳式思维的结合。《谕大》中有一段话说：

> 季子曰："燕雀争善处于一室之下，子母相哺也，姁姁焉相乐也，自以为安矣。灶突决，则火上焚栋，燕雀颜色不变，是何也？乃不知祸之将及己也。"为人臣免于燕雀之智者寡矣。夫为人臣者，进其爵禄富贵，父子兄弟相与比周于一国，姁姁焉相乐也，以危其社稷。其为灶突近也，而终不知也，其与燕雀之智不异矣。故曰：天下大乱，无有安国；一国尽乱，无有安家；一家皆乱，无有安身。此之谓也。故小之定也必恃大，大之安也必恃小。②

这里，我们可以"故曰"为界分为前、后两部分。前面一部分，为比类思维成熟形态的体现。其中，是将燕雀只顾在屋顶上争夺好地方却没有意识到烟囱断裂、火烧上房梁的现象，与臣子只顾增加自己的爵禄富贵而没有理会到结党营私、危害国家的现象相比类。而已知的前提是燕雀继续安然自若的原因是不知灾祸即将降至自己身上，所以，我们可以推出结论：臣子之所以继续作奸犯科，是因为尚未料及灾祸即将降临到自己身上。这一比类推理过程可表述为：

> 燕雀只顾在屋顶上争夺好地方，却没有意识到烟囱断裂，火已烧上房梁，继续安然自若地生活，其原因在于燕雀不知灾祸即将降至自己身上；

---

① 周云之、刘培育：《先秦逻辑史》，中国社会科学出版社 1984 年版，第 226 页。

② 在《务大》篇中，有相类似的记载，仅有部分字句相异："孔子曰：'燕爵争善处于一屋之下，母子相哺也，区区焉相乐也，自以为安矣。灶突决，上栋焚，燕爵颜色不变，是何也？不知祸之将及之也，不亦愚乎！'为人臣而免于燕爵之智者寡矣。夫为人臣者，进其爵禄富贵，父子兄弟相与比周于一国，区区焉相乐也，而以危其社稷，其为灶突近矣，而终不知也，其与燕爵之智不异。故曰：天下大乱，无有安国；一国尽乱，无有安家；一家尽乱，无有安身。此之谓也。故细之安必待大，大之安必待小。"

臣子只顾增加自己的爵禄富贵，却没有理会到结党营私已经危害到国家，继续作奸犯科；

所以，臣子也尚未料及灾祸即将降临到自己身上。

此处，不论是燕雀所反映的现象，还是人臣所反映的现象，都具有特殊性，这是从特殊到特殊的思维进展路向，属于《吕氏春秋》比类思维的成熟形态。进一步，仔细分析这部分的内容，实际上是说燕雀与臣子都是只看到了眼前的小的利益，而没有意识到长远的大的利益。所以，作者最后得出了有关"小"与"大"关系的总结，即"天下大乱，无有安国；一国尽乱，无有安家；一家皆乱，无有安身……故小之定也必恃大，大之安也必恃小"。这是具有规律性的概括。综合考察整段内容，前一部分到后一部分的思维进展路向是从特殊到一般，属于归纳式思维的运用。可见，作为成熟形态的比类思维与归纳式思维已经结合在了一起。

最后，我们来看看作为成熟形态的比类思维与演绎式思维、归纳式思维共同结合的情况。《先己》中有一段论述可资探讨：

故上失其道，则边侵于敌；内失其行，名声堕于外。是故百仞之松，本伤于下而末槁于上；商、周之国，谋失于胸，令困于彼。故心得而听得，听得而事得，事得而功名得。

这段话可以分为三部分：（1）"故上失其道，则边侵于敌；内失其行，名声堕于外。"（2）"是故百仞之松，本伤于下而末槁于上；商、周之国，谋失于胸，令困于彼。"（3）"故心得而听得，听得而事得，事得而功名得。"其中，第（1）部分讲君主不行其道，则边境会遭受侵犯，君主于国内丧失德行，在国外的名声就会败坏。阐明的是为君之道的规律性，具有普遍适用性和一般性。第（2）部分是比类思维成熟形态的表现，是用百仞高的松树比类身居高位的商周末代国君，而已知的前提是百仞之松下面的根部受伤，上面的枝叶必然枯落，所以，我们可以推出结论：国君内心计谋失当，政令在外也将难以推行。可将此推理过程公式化为：

松有百仞之高，然而，下面的根部受伤，上面的枝叶必然枯落；

商周末代国君也身居高位；

所以，国君内心计谋失当，政令在外也将难以推行。

此处，不论是百仞之松，还是商、周末代国君，都属于个别的事物或人，具有特殊性。所以，第（2）部分是比类思维成熟形态的表现。综观前两部分的主要内容，所述的"内失其行"则"名声堕于外"，"本伤于下而末槁于上"以及"谋失于胸，令困于彼"，实则是在探讨内与外、本与末、内心与外部的关系问题，而且内之于外、本之于末、内心之于外部都具有决定性作用。这一思想在第（3）部分中得到了总结与概括，认为人认知世界、处理政事等一切行为都是遵循自内心而外部的方向和路径，所以，首先是心有所得，言行才会有所得，进而政事才会有所得，以至于最终功成名就。这明显是对前两部分的总结与归纳。综上可见，第（2）部分属于比类思维的成熟形态；由第（1）部分到第（2）部分是遵循了由一般到特殊的思维进程路向，属于演绎式思维的运用；由第（2）部分到第（3）部分是遵循了由特殊到一般的思维进程路向，属于归纳式思维的运用。因此，我们又看到了作为成熟形态的比类思维与演绎式思维、归纳式思维共同结合的情况。

最后，有一点要特别说明的是，作为成熟形态的比类思维不论是分别与演绎式思维、归纳式思维结合还是与二者共同结合，可能都已经不属于严格意义上的比类思维的成熟形态的表现了。这种结合或混合在西方严谨的演绎系统中是很少出现的，这实是《吕氏春秋》的作者们在思维实践中自发运用逻辑推理的表现。若以西方形式逻辑为标准，那么，作为成熟形态的比类思维与演绎式思维、归纳式思维的结合可能在思维史上并不具有丝毫的价值，甚或可以说是思维混乱的表现。但是，正如吾淳所说："逻辑思维总是具体的、个别的，不存在一种可以一以贯之的逻辑思维标准，古代中国的逻辑系统与古代希腊的逻辑系统实际上代表着不同的逻辑类型与方向。"[1] 所以，《吕氏春秋》表现在比类思维上的这种结合，可能并非在思维史上一无是处。恰恰与之相反，作为成熟形态的比类思维与演

---

[1]　吾淳：《中国思维形态》，第 231 页。

绎式思维、归纳式思维的这种多向性结合应该正是逻辑思维具有中国特色的表现形式，是一种逻辑思维多样性与创造性的体现。

小 结

在中国思维史上，比类思维是类思维的一个重要分支形态。通过对《吕氏春秋》比类思维理论特别是比类思维实践的分析考察，我们总结，《吕氏春秋》比类思维具有如下四大基本特征：

第一，"类"是比类推理的理论基础，因此，比类思维一定具有比较的特性，但是，比类思维同时也具有推理的特性。从逻辑与历史辩证统一的角度言之，《吕氏春秋》比类思维经历了从初期形态到成熟形态的演进历程。初期形态，源于对《吕氏春秋》之前比类思维的传统承继，是早期取象比类思维、比兴思维、观物比德思维等在《吕氏春秋》中的具体运用。在《吕氏春秋》中，主要表现在比喻思维方法在养生、道德、政治、兵刑等领域广泛且成熟的应用。当然，这是比类思维有"比"无"推"的阶段。更重要的是，《吕氏春秋》在政治领域还有许多符合比类思维公式化形式表达的成熟形态的表现，这是比类思维既有"比"又有"推"的阶段，而且，比类思维成熟形态的表现还极为复杂，其和演绎式思维、归纳式思维混合运用的情况也广泛存在。

第二，"类同"是比类推理的依据，如若说两个或两类事物存在类同关系，那么二者必须共同具有某些特有属性，这些特有属性就是两类或两个事物中的相似性因素。可见，比类思维是在对相似性问题的思考过程中形成的，换言之，相似性是比类推理的前提。"类同"的标准决定了比类必须遵循的基本原则，即"同类相比（推）"与"异类不比（推）"，也就是说，只有类同才可相推，反之则不可。当然，需要着重指出的是，《吕氏春秋》乃至古代中国文献中所涉及的比类思维，主要不是建立在类包含的分类基础上，而是建立在类相似或类关联的分类基础之上。因此，作为比类思维基础的"类同"更多地表现为"理"或"道"上的"通"，"理"通"道"通则类同。

第三，比类思维具有比较强烈的主观色彩，因此，与归纳推理与演绎推理相较，更具有联想性与创造性。同时，也致使比类思维所得出的结论具有或然性的特征。《吕氏春秋·别类》中"类固不必，可推知"的逻辑思想，就是《吕氏春秋》的作者们认识到天地万事万物的物类构成本身具有的复杂性与多样性而提出的。这种"类故不必，可推知"的思想，其目的明显是提醒人们注意比类结论的或然性特征，以提高比类结论的可靠性。

　　第四，比类思维一定是在两个或两类事物之间完成的，体现为一种由特殊到特殊的推理方法。当然，从比类思维所得出的结论具有或然性特征这一点来看，可将比类推理归属于归纳推理。但是，从推理的方向而论，比类思维由特殊（个别）到特殊（个别）的推理路径，与归纳推理由特殊（个别）到一般（普遍）的推理路径明显相异，所以，推理实为三类，即演绎推理、归纳推理、比类推理。在《吕氏春秋》中，比类思维实践主要体现为以自然法则比类社会人事、以物比类人、以人比类人等多种形式。

第五章 《吕氏春秋》与比附思维

提到比附，首先涉及的便是类的真实性问题，也就是作为比附的两种或多种事物之间是否具有可比性的问题。对于此，《墨子·经说下》中有一段论述："木与夜孰长？智与粟孰多？爵、亲、行、贾，四者孰贵？麋与霍孰高？麋与霍孰霍？蚓与瑟孰瑟？"① 这里，木与夜在长短方面，智与粟在多少方面，爵位、父母、德行、价值在贵贱方面，麋与鹤在高矮方面，蝉声与瑟声在悲喜方面，由于它们的"类"的不同所以都是不具有可比性的。这是墨家对其所提出的"异类不比"（《墨子·经下》）原则的解释，已然触及比类思维之所以会被错误运用的缘由问题。但是，比类错误的关键之处并非集中于异类不比上，而应为"比附"。

那么，到底何为比附呢？吾淳对这一问题作过较为深入的考察。吾先生说："所谓比附就是在不同的类之间建立某种必然性的联系。它表现为对类的一种非本质的认识，表现为一种对类的表象的理解，并且在此基础上对宇宙或自然结构本身的牵强解释。"② 可见，比附存在着一种对于异类相比的必然性倾向，纯粹是对于两种或多种事物之间的联系作牵强附会的解释。更进一步，吾先生将比附思维分为两类，也即两种基本形式：一种是附象，一种是附数。笔者在本章中对于《吕氏春秋》比附思维的探讨，主要是以吾先生有关比附思维的理论探讨为基础，甚或可以说，笔者在此处的探讨是吾先生有关比附思维研究的继续和推进。具体到比附思维

---

① 孙诒让认为"麋与霍孰霍"一句为衍文，说："此句疑涉上文衍。"［（清）孙诒让：《墨子闲诂》，第 360 页］笔者以之为正。故在下文中未对此句话进行解释说明。

② 吾淳：《中国思维形态》，第 276 页。此外，有关比附问题的研究，也可参见吾先生的如下著述：(1)《古代中国科学范型》，中华书局 2002 年版，第 216—217 页；(2)《中国哲学的起源》，第 197—200 页；(3)《中国哲学起源的知识线索》，第 327—329 页。

在《吕氏春秋》中的表现，主要体现为两个方面：其一为天人比附，其二为五行比附。其中，天人比附主要是"类"与"象"相结合而体现为附象思维，五行比附主要是"类"与"象""数"相结合而体现为兼具附象思维和附数思维。

第一节　《吕氏春秋》中的天人比附思维

天人关系是先秦哲学的核心命题，主要表现为一种对天人之间、天道人道之间以及自然人为之间关系的探索，简言之，是对于"天"与"人"二者之间关系的探讨。当然，这里的"天"可能是指上帝、天命，也可能是指自然、规律。前辈学人对"天"的含义多有探讨，影响最巨者当属冯友兰的"五义说"："在中国文字中，'天'这个名词，至少有五种意义。一个意义是物质之天，就是指日常生活中所看见的苍苍者与地相对的天，就是我们现在所说的天空。一个意义是主宰之天或意志之天，就是指宗教中所说有人格、有意志的至上神。一个意义是命运之天，就是指旧社会中所谓运气。一个是自然之天，就是指唯物主义哲学家所谓自然。一个是义理之天或道德之天，就是指唯心主义哲学家所虚构的宇宙的道德法则。"① 此外，任继愈也主张"五义说"，任先生说："春秋战国以来，天有五种涵义：（1）主宰之天；（2）命运之天；（3）义理之天；（4）自然之天；（5）人格之天。"② 除"天"的"五义说"外，还有"四义说"，

---

① 冯友兰：《中国哲学史新编》上，人民出版社1998年版，第103页。值得注意的是，冯先生在讲到柳宗元的哲学思想时，重申了"天"的五义，然而却与此处所述略有不同。冯先生说："天这个名词，在中国哲学的著作中，有五种不同的意义。有一种意义是指与地相对的天，这可以说是物质之天。第二种意义，是指自然界及其规律，这可以说是自然之天。第三种意义是像一般宗教所说的上帝，这可以说是主宰之天。第四个意义是像有些唯心主义哲学家所说的宇宙精神，这可以说是意志之天。第五个意义是像有些唯心主义哲学家所说的宇宙的道德原则，这可以说是道德之天或义理之天。"（冯友兰：《中国哲学史新编》中，第700页）综上可见，前后不一致之处主要在于对"主宰之天"和"意志之天"的思考上：二者合，则加上"命运之天"就是《中国哲学史新编》上卷的五义；二者分，就是冯先生在中卷中删除"命运之天"的五义。

② 任继愈：《试论天人合一》，《传统文化与现代化》1996年第1期。

以康中乾为代表;① 还有"三义说",以张岱年、汤一介、白奚为代表;②
还有"二义说",以周桂钿、李宗桂、吾淳为代表;③ 还有"一义说",
以季羡林、刘泽华、李申为代表。④

如上所述,可见"天"的含义是极具丰富性和复杂性的。具体到

---

① 康中乾先生说:"在先秦哲学中,有四种类型的天概念:一是意志之天……二是天然无
为之天……三是道德之天……四是自然之天……"(康中乾:《论"天人合一"之"合"》,《人
文杂志》1995 年第 4 期)

② [1]张岱年先生说:"大致说来,所谓天有三种涵义:一指最高主宰,二指广大自然,
三指最高原理。"[张岱年:《中国哲学中"天人合一"思想的剖析》,《北京大学学报》(哲学社
会科学版)1985 年第 1 期][2]汤一介先生说:"在中国历史上,天有多种涵义,归纳起来至少
有三种涵义:(1)主宰之天(有人格神义);(2)自然之天(有自然界义);(3)义理之天(有
超越性义、道德义)。"(汤一介:《论"天人合一"》,《中国哲学史》2005 年第 2 期)[3]白奚
先生在探讨儒家天人合一思想时提出了"天"的"三义说":"《易传》是以天道观讲天人合一,
其'天'主要是自然之天,……思孟派是以心性论讲天人合一,其'天'主要是义理之天,
……董仲舒通过天人感应来实现天人之间的贯通,其'天'主要是主宰之天。"(白奚:《儒家天
人合一思想开展的向度——以〈易传〉、思孟学派和董仲舒为中心的考察》,《社会科学战线》
2013 年第 6 期)

③ [1]周桂钿先生说:"在中国传统哲学中,'天'是多义的,主要可以归结为两种意
义:一是自然的天,一是神灵的天。"(周桂钿:《释"天人合一"——兼论传统价值观的现代
意义及其现代转换》,《山东社会科学》2002 年第 1 期)[2]李宗桂先生说:"在中国传统思
想文化史上,'天'的涵义颇为复杂,但从本质上概括,主要有三种:第一,自然之天;第二,
主宰之天;第三,义理之天。根据这种划分,则天人合一之'天',主要是指主宰之天和义理
之天。"(李宗桂:《生态文明与中国文化的天人合一思想》,《哲学动态》2012 年第 6 期)[3]
吾淳先生将天分为宗教之"天"和知识(自然)之"天"。(参见吾淳《中国哲学起源的知识
线索》第十七章第二、三子目:"宗教之'天'的萌芽"和"知识之'天'的萌芽",第
225—230 页)

④ [1]季羡林先生在讲天人合一时,指出:"我不把'天'理解为'天命',也不把
'人'理解为'人生',我认为'天'就是大自然,'人'就是我们人类。天人关系是人与自
然的关系。"(季羡林:《"天人合一"新解》,《传统文化与现代化》1993 年第 1 期)[2]刘
泽华先生说:"天是一个混沌概念,神、本体、本原、自然、必然、命运、心性等等,均在其
中。天人合一的'天',虽不乏某项具体含义,但总的说来是在'混沌'意义上使用的。"(刘
泽华:《天人合一与王权主义》,《天津社会科学》1996 年第 4 期)[3]李申先生通过对《四
库全书》中检索到的二百余条明确表述"天人合一"的材料的分析,"发现天人合一中的
'天'包含着如下内容:(1)天是可以与人发生感应关系的存在;(2)天是赋予人以吉凶祸福
的存在;(3)天是人们敬畏、事奉的对象;(4)天是主宰人、特别是主宰王朝命运的存在
(天命之天);(5)天是赋予人仁义礼智本性的存在……用一句传统的理解来说,就是:这些
'天',都是'主宰之天'"(李申:《"天人合一"不是人与自然合一》,《中国社会科学院
报》2005 年 1 月 20 日)。

《吕氏春秋》，其作为博采众长、综合百家之作，有关"天"的含义也是极其复杂的。据统计，"天"在《吕氏春秋》中共出现627次，除去"天子"之"天"的144次，"天下"之"天"273次，其余210次皆是纯粹论"天"的。此处，试举诸例：

> （1）大圣至理之世，天地之气，合而生风，日至则月钟其风，以生十二律。（《音律》）
> （2）是月也，申严号令。命百官贵贱，无不务入，以会天地之藏，无有宣出。（《季秋》）
> （3）夏后氏孔甲田于东阳萯山，天大风晦盲，孔甲迷惑，入于民室。（《音初》）
> （4）是月也，日穷于次，月穷于纪，星回于天，数将几终，岁将更始。（《季冬》）
> （5）若此人者，天之所祸也。（《重己》）
> （6）夫天之见妖也，以罚有罪也。我必有罪，故天以此罚我也。（《制乐》）
> （7）欲与恶，所受于天也，人不得与焉，不可变，不可易。（《大乐》）
> （8）天行不信，不能成岁……信而又信，重袭于身，乃通于天。（《贵信》）
> ……

这里，第（1）（2）条"天"与"地"对举，属于"物质之天"，除这两条外，《吕氏春秋》还出现"天地"一词39次。第（3）（4）条属于"自然之天"；第（5）（6）条属于"主宰之天"或"意志之天"；第（7）（8）条属于"义理之天"或"道德之天"。由此亦可见《吕氏春秋》"天"含义的多重性运用。然而，不论"天"的意义为何，单就"天"与"人"的性质而言，二者必属于两类截然不同之物。然而，《吕氏春秋》处理二者关系时，明显表现出一种特殊的倾向：将"天"与"人"之间的关系作必然的联结：天人合一，人天同构。这实是运用比附思维的结果。这里，需要着重强调的是，《吕氏春秋》中的天人比附思维主要归属于附象范畴，尚未发展至如汉代董仲舒人副天数的附数层面。那么，何谓"附象"？"附象"，是以事物的具象或想象为关注点，在不同类事物的具象或想象之间确立起某种必然性联结的思维方式。据考察，《吕氏春秋》中的天人比附思维表现为两种基本形式，即"天人相类"和"天人相感"。

一 《吕氏春秋》与"天人相类"

《有始》中提及一个非常重要的语词，即"大同"。这里的大同并非先秦儒、墨思想中对政治意义上理想社会的表述，[①] 而是《吕氏春秋》对天地产生过程中"天"与"人"关系的阐述：

> 天地万物，一人之身也，此之谓大同。

这里是说，天地与万物，就像一个人的身体一样，这是"以一人身喻天地万物"[②]。其中，明显包含了天人关系的考察，是天人同构思想的一种表达。那么，本属异类的"天""人"何以能够体现出同构的一面呢？其实，这里存在一种不同类而同理的情况。陈奇猷便指出："以一人之身喻天地万物，天地万物与一人之身同理，故谓之大同。"[③] 简而言之，一理贯通了天、人二类。当然，仔细分析，这是对"类"的一种表象性的非本质理解。《吕氏春秋》以此为基础，在"天"与"人"之间构建了一种必然性的联结关系，这种以强调

---

① 《礼记·礼运》中也有"大同"一词的出现，而且在中国哲学史上相较于《吕氏春秋》所提出的"大同"，影响更加广泛，未免混淆，特此指出。《礼记·礼运》中说："大道之行也，天下为公。选贤与能，讲信修睦，故人不独亲其亲，不独子其子，使老有所终，壮有所用，幼有所长，矜寡孤独废疾者，皆有所养。男有分，女有归。货，恶其弃于地也，不必藏于己；力，恶其不出于身也，不必为己。是故，谋闭而不兴，盗窃乱贼而不作，故外户而不闭，是谓大同。"曾经，许多人根据"大道之行也"等字句，判定大同思想很大程度上受到了先秦道家的影响，而张岱年先生通过考察，指出："大同学说，乃儒家吸取墨家思想后创立的"；"而所受道家之影响，实不如所受墨家之影响之深之巨"（张岱年：《中国哲学大纲》，第280页）。由此，笔者才说《礼运》中的"大同"是先秦儒、墨思想对政治意义上理想社会的表述。

② （汉）高诱：《吕氏春秋注》，第126页。

③ 陈奇猷：《吕氏春秋新校释》，第680页。

"天"与"人"二者的类似性或关联性为前提的天人相类思想就是天人比附思维的典型表现。

那么,"天人相类"在《吕氏春秋》中是否有其存在的必然性根基呢?这一点是肯定的。《吕氏春秋》首先继承了先秦哲学中已然非常成熟的"人为天之所生"的观念与思想。① 如《本生》中说"始生之者,天也",意思是说生命是天创造的;《大乐》中也说"始生人者,天也,人无事焉",意思是说最初生成人的是天,在天生人这一过程中人是不得参与其事的。进一步,《吕氏春秋》除了承继了这种非常久远的传统的天生人的观念外,还承继了战国时期才发展起来的新型的天生人的观念:天创生阴阳,阴阳化育人。如《易传》中说:"天地细缊,万物化醇,男女构精,万物化生。"《吕氏春秋》吸收了时人对于天生人问题的最新成果,《知分》中载:"凡人物者,阴阳之化也。阴阳者,造乎天而成者也。"可见,人与物,都是阴阳化育而成,而阴阳又是由天创造而形成的。对照两种天生人的思想便可发现,前一种是遵循了"天—人"的创生路径,后一种是遵循了"天—阴阳—人"的创生路径。而不论哪种路径,有一点是确定的,那就是人必为天之所生。

人既然为天之所生,那么天、人二者必然异类而同构。因此,对于"人"来说,则会生发出两个新的观念:一是必须要贵生,二是要法天则天。这也是天人相类比附思维的重要组成部分。首先,有关贵生,前文已述,此不赘言。但应当强调的是,由于《吕氏春秋》主张人为天之所生,所以贵生以全生等同于全天。在《吕氏春秋》中,"全生""全性""全天"都是立基于贵生这一意义上的表

---

① 在《吕氏春秋》之前,"人为天之所生"的思想早已产生了。如《诗经·大雅·烝民》中说:"天生烝民,有物有则。"其中"天生烝民"一句便是肯定了"人为天之所生"的立场。再如《古文尚书·周书·泰誓上》中也说:"惟天地,万物父母;惟人,万物之灵。"这里,人是万物之灵,也是万物之一,而天为万物之母,即天生万物。人为万物之一,且天生万物,很明显也是主张"人为天之所生"的。及至《吕氏春秋》,其中也有较为丰富的"人为天之所生"的观念与思想,可见,这一思想并非《吕氏春秋》的独创,而是承继前人思想所得。

述，内涵相同。① 现在，我们来对天人相类所引生的法天则天思想作一集中考察。

　　法天思想是《吕氏春秋》"法天地"思想的一部分。在中国哲学史上，纵然存在将"天地"合称为"天"的情况，但是，《吕氏春秋》中的"天"并非"天地"的合称，"法天"亦不等同于"法天地"。这里，我们只是对《吕氏春秋》中人法天思维的表现作一考察。当然，《吕氏春秋》法天思想经常蕴含在其"法天地"的思想之中。在《吕氏春秋》一书中，共出现"法天地"一词 2 次，一次出现在《序意》中：

　　　　文信侯曰：尝得学黄帝之所以诲颛顼矣，"爰有大圜在上，大矩在下，汝能法之，为民父母"。盖闻古之清世，是法天地。凡十二纪者，所以纪治乱存亡也，所以知寿夭吉凶也。上揆之天，下验之地，中审之人，若此则是非可不可无所遁矣。

　　一般来讲，《序意》是为了总论全书而作，应该是《吕氏春秋》编著

---

　　① （1）《吕氏春秋》中共出现"全生"一词 4 次，《本生》："立官者以全生也"；《贵生》："全生为上，亏生次之，死次之，迫生为下。故所谓尊生者，全生之谓。所谓全生者，六欲皆得其宜也。"共出现"全其生"1 次，《必己》："单豹好术，离俗弃尘，不食谷实，不衣芮温，身处山林岩堀，以全其生。"（2）《吕氏春秋》共出现"全性"一词 1 次，《本生》："是故圣人之于声色滋味也，利于性则取之，害于性则舍之，此全性之道也。"（3）《吕氏春秋》共出现"全天"一词 1 次，《本生》："天子之动也，以全天为故者也。"出现"全其天"一词 3 次，《本生》："故圣人之制万物也，以全其天也"；《大乐》："故能以一听政者，乐君臣，和远近，说黔首，合宗亲。能以一治其身者，免于灾，终其寿，全其天"；《别宥》："故凡人必别宥然后知，别宥则能全其天矣。"

　　通过分析可见，《本生》一篇中包含了"全生""全性""全天""全其天"4 个语词，此处，我们就以《本生》4 个词语为例，来探讨一下"全生""全性""全天"是不是建立在贵生的基础之上。第（1）条中，"立官者以全生也"之"生"，陈奇猷先生注曰："生即指生命。"（陈奇猷：《吕氏春秋新校释》，第 24 页）第（2）条中，张双棣等人将全句翻译为："因此，圣人对于声音、颜色、滋味的态度是，有利于生命的就取用，有害于生命的就舍弃，这是保全生命的方法。"（张双棣等：《吕氏春秋译注》，第 12 页）可见，张先生等人将"全性"之"性"译为了"生命"。第（3）条中，高诱将《本生》中的"全天"之"天"仅译为"性"，将《本生》中的"全其天"之"天"译为"身"。〔（汉）高诱：《吕氏春秋注》，第 3、4 页〕陈奇猷先生通过考证指出："本篇所谓'天'是包括性与生命二者言之。"（陈奇猷：《吕氏春秋新校释》，第 29 页）综上可见，"全生""全性""全天"都是建立在尊重生命、爱惜生命的贵生观念之上的。

宗旨、意图等问题的概括。我们知道,《序意》中不仅有错简,而且有关《八览》《六论》的部分已经亡佚,尽管如此,却难以得出《序意》篇仅是为《十二纪》作序的结论。仔细考察全书内容,笔者认为《序意》篇是全书总序的可能性会更大些。① 若真如此,则意义重大:不仅法天地为《十二纪》的宗旨,《八览》《六论》中也同样遵循法天地的原则,也就是说,《吕氏春秋》全书所记的人与事都必须法天则地。王启才就指出:"法天地以行人事是实现编书目的的途径,是吕不韦判断'是非可不可'的根本标准。"② 从《序意》中看,人必法天的思想已然非常明显。还有一条有关"法天地"的记载出现在《情欲》中:"人与天地也同,万物之形虽异,其情一体也。故古之治身与天下者,必法天地也。"这里是说,在爱惜生命方面人与天地是相同的,因此,古代修养身心与治国理政之人一定会效天法地。其实在《吕氏春秋》中,对于人法天则天问题的论述,最集中地表现在君主治国理政上。

如所周知,《吕氏春秋》在君臣关系上主张虚君实臣,而应该强调的是,"虚君"就是"法天","实臣"就是"则地"。这里,我们来看一下君主法天的相关问题。《吕氏春秋》认为,由于人为天之所生,所以君主在行事上必须符合自然运行规律,必须要做到适其时而行其事,正如《孟春》中所述,要"无变天之道,无绝地之理,无乱人之纪"。这一点集中体现在《十二纪》的《月令》部分。通过考察可知,天人关系是《月令》的核心内容,君主敬天授时、因时序政,起到了沟通天、人的纽带作用。因此《月令》中,除每月开篇所记天文、物候、气象等自然现象外,其余部分多记君主事,主要分为两个方面:其一是与君主衣、食、住、用、行相关的君主居处、车驾服色、饮食器用,其二是君主序政以时,颁布具体政令以实现时、政合一。先来看前者,《月令》中载:

---

① 有关这一问题,历来众说纷纭。其中,大部分学者认为《序意》为全书总序,也有少部分学者认为《序意》为《十二纪》的"序",与《八览》《六论》无关。如陈奇猷先生说:"古人习惯,书成后才作序,所以序文都放在全书之末……《吕氏春秋》的《序意》篇置于《十二纪》之后,这就清楚地表明,《序意》篇只序《十二纪》,不包括览、论在内。"(陈奇猷:《〈吕氏春秋〉成书的年代与书名的确立》,载《晚翠园论学杂著》,上海古籍出版社2008年版,第134页)

② 王启才:《〈吕氏春秋〉研究》,学苑出版社2007年版,第28页。

《孟春》：天子居青阳左个，乘鸾辂，驾苍龙，载青旂，衣青衣，服青玉，食麦与羊，其器疏以达。

《仲春》：天子居青阳太庙，乘鸾辂，驾苍龙，载青旂，衣青衣，服青玉，食麦与羊，其器疏以达。

《季春》：天子居青阳右个，乘鸾辂，驾苍龙，载青旂，衣青衣，服青玉。食麦与羊，其器疏以达。

《孟夏》：天子居明堂左个，乘朱辂，驾赤骝，载赤旂，衣赤衣，服赤玉，食菽与鸡，其器高以觕。

《仲夏》：天子居明堂太庙，乘朱辂，驾赤骝，载赤旂，衣朱衣，服赤玉，食菽与鸡，其器高以觕。

《季夏》：（1）天子居明堂右个，乘朱辂，驾赤骝，载赤旂，衣朱衣，服赤玉，食菽与鸡，其器高以觕。

（2）天子居太庙太室，乘大辂，驾黄骝，载黄旂，衣黄衣，服黄玉，食稷与牛，其器圜以掩。

《孟秋》：天子居总章左个，乘戎路，驾白骆，载白旂，衣白衣，服白玉，食麻与犬，其器廉以深。

《仲秋》：天子居总章太庙，乘戎路，驾白骆，载白旂，衣白衣，服白玉，食麻与犬，其器廉以深。

《季秋》：天子居总章右个，乘戎路，驾白骆，载白旂，衣白衣，服白玉，食麻与犬，其器廉以深。

《孟冬》：天子居玄堂左个，乘玄辂，驾铁骊，载玄旂，衣黑衣，服玄玉，食黍与彘，其器宏以弇。

《仲冬》：天子居玄堂太庙，乘玄辂，驾铁骊，载玄旂，衣黑衣，服玄玉，食黍与彘，其器宏以弇。

《季冬》：天子居玄堂右个，乘玄骆，驾铁骊，载玄旂，衣黑衣，服玄玉，食黍与彘，其器宏以弇。

此处，首先是讲君主居处，《月令》以四季为纲，以十二个月为细目，春三月居东方青阳，夏三月居南方明堂，秋三月居西方总章，冬三月居北方玄堂。其中，春与木相配，夏与火相配，秋与金相配，冬与水相配，为达到君主居处与五行相配的目的，别列季夏居中央太庙与土相配。

青阳、明堂、太庙、总章、玄堂组成的这一"亚形五室"的建筑形制通属明堂之制。何谓明堂？明堂是君主居住和颁布政令之所。[①] 君主变更所居之处，实是君主顺天法天的表现。讲完居处，后面分别讲述君主出行、穿衣、饮食和器用，皆是讲君主顺应时气、循天而动。可以说，君主的衣、食、住、用、行的价值已然远远超出了日用常行本身，而是更加体现出君主法天则天的文化内涵。

再来考察一下君主在四时十二个月中有关具体政令的颁布。事实上，十二个月中君主所行之政，也都是君主法天则天的结果。以仲秋之月为例，君主要做的事情有许多：

> 养衰老，授几杖，行麇粥饮食。乃命司服具饬衣裳……命有司申严百刑，斩杀必当，无或枉桡。
>
> 是月也，乃命宰祝巡行牺牲，视全具，案刍豢，瞻肥瘠，察物色，必比类，量小大，视长短，皆中度……天子乃傩，御佐疾，以通秋气。
>
> 乃命有司趣民收敛，务蓄菜，多积聚。乃劝种麦，无或失时，行罪无疑。

---

① 此处笔者讲明堂是君主居住和颁布政令之所，但《吕氏春秋》创作之时，明堂是否确然存在，尚且存疑。古史辨派顾颉刚先生曾作《明堂》一文，指出："明堂之名，《诗》、《书》、《易》、《春秋》皆无有，以至《论语》、《墨子》亦未见。最初所见，乃至《孟子·梁惠王下》……盖孟子只欲告时君以王道，随事激之，期其发王政之问；既已问王政矣，则明堂云云遂如得鱼、兔而忘筌、蹄，早已舍弃不顾。此本孟子惯用之方术，书中随处可见。世儒不知仰观寥廓而仅俯视薮泽，遂因'明堂者王者之堂'一语而各作理想之宣传，乃若古代真有此完备之制度者，盖皆沿流而未溯其源者也"；"《月令》式之明堂，乃阴阳家言之集中表现与其最后成就，全出理想，不必以事实求之者也"（顾颉刚：《史林杂识》，中华书局1963年版，第146、149页）。可见，顾先生考镜源流，得出结论，明堂"全出理想"，不一定确然存在。汪宁生先生也对明堂制度作过研究，得出结论说："首先把以五室配五行的亚形明堂这一理想付诸实现的是王莽，在他之前是没有实物存在的。"（汪宁生：《释明堂》，《文物》1989年第9期）综上所述，笔者此处所言《吕氏春秋》之《月令》部分的明堂，是以古代文献记载言之，而非以明堂确然存在言之。此外，除《月令》部分，《吕氏春秋》中还有关于明堂的三处记载：《慎大》："故周明堂外户不闭，示天下不藏也"；《上德》："周明堂，金在其后，有以见先德后武也"；《召类》："故明堂茅茨蒿柱，土阶三等，以见节俭。"

这里，君主一人要做的事情就有：赡养衰老之人，授予他们几案、手杖，施与他们稀粥和食物；命令司法官员严审犯罪；命令主管牺牲与祭祀的官员巡视牺牲；举行傩祭；命令官吏督促百姓收敛谷物、储备干菜、积聚柴草；劝课百姓及时种麦，勿失农时。我们发现，君主所做的这一切都是与"秋收"或"秋杀"的"天"的运行规律相一致的。如严审犯罪就归属于"秋杀"范畴，督促百姓收敛谷物就归属于"秋收"范畴。这是君主法天则天思想的具体化表现。除仲秋之月外的其他十一个月，君主也要如此遵循自然运行规律。李维武总结说："《吕氏春秋》'十二纪'，根据自然季节的推迁，对君主的活动作了十分周密的安排"，具体表现在："春季是万物萌生的季节。天子的活动应当以尊生为特征，重视农业生产……夏季是万物繁茂的季节。天子的活动应当以长养为特征，重视人文化成……秋季是万物凋落的季节。天子的活动应当以惩罚为特征，举义兵，明刑罚……冬季是万物闭藏的季节。天子的活动应当以敛藏为特征，做好年终的总结。"① 很明显，以今天的眼光观之，君主死板地法天则天实是有百害而无一利，《十二纪》中的这些安排带有某种机械化与神秘性的特征。

二 《吕氏春秋》与"天人相感"

"天人相类"是"天人相感"的理论前提，正由于人为天之所生，所以才会存在相互感通或感应的可能性。而"天人相感"的物质基础，也即"天"生"人"时"天"是将何物分化于人体内的呢？那就是"精气"。

"精气"一词，在《吕氏春秋》之前便已存在，特别是在《管子》中取得了较大程度的进展，主要表现在《心术上》《心术下》《内业》《白心》四篇中。《管子》中"精气"主要被解释为变动不居、无所不在的最细微的"气"，具有物质性的特征，如《内业》中说："精也者，气之精者也。"然而，《内业》对"精气"也有一些不同的解释，如："见利不诱，见害不惧，宽舒而仁，独乐其身，是谓灵气"；"是故此气也，不可止以力，而可安以德"。这又赋予了精气一定的伦理道德色彩。此

① 李维武：《吕不韦评传——一代名相与千古奇书》，广西教育出版社1997年版，第104—105页。

后，《吕氏春秋》批判地继承了《管子》等文献中的精气说，并将"精气"发展为与"道""一""太一"名异而实同的概念。《吕氏春秋》中共出现"精气"一词6次：

（1）精气之集也，必有入也。集于羽鸟，与为飞扬；集于走兽，与为流行；集于珠玉，与为精朗；集于树木，与为茂长；集于圣人，与为敻明。精气之来也，因轻而扬之，因走而行之，因美而良之，因长而养之，因智而明之。（《尽数》）

（2）凡事之本，必先治身，啬其大宝。用其新，弃其陈，腠理遂通。精气日新，邪气尽去，及其天年。此之谓真人。（《先己》）

（3）天道圜，地道方。圣王法之，所以立上下。何以说天道之圜也？精气一上一下，圜周复杂，无所稽留，故曰天道圜。（《圜道》）

（4）凡人三百六十节，九窍、五藏、六府。肌肤欲其比也，血脉欲其通也，筋骨欲其固也，心志欲其和也，精气欲其行也。若此则病无所居，而恶无由生矣。病之留、恶之生也，精气郁也。（《达郁》）

综合考察如上对"精气"的论述，都是指构成包括人在内的万物的物质性元素。张双棣等人明确指出："中国古代朴素的唯物者认为，精气是一种原始物质，它可以变化生成万物，而万物的生长变化是精气的表现和作用。"[①] 刘元彦通过考察，也曾说："《吕氏春秋》不采取宋、尹精气说中的唯心论成分，又把'一'、'道'的内涵引入精气，使得精气说的唯物论一元论的性格，比较完整。"[②] 由此，"精气"的物质性本质已跃然纸上。在如上提及的6次"精气"之外，《吕氏春秋》还出现"精"字56次，根据分析，除"知早啬则精不竭"（《情欲》）的"精神"之"精"，"教人则不精"（《诬徒》）的"精心"之"精"，"简选精良"

---

① 张双棣等：《吕氏春秋译注》，第58页。
② 刘元彦：《〈吕氏春秋〉的精气说——兼论与德谟克利特原子论的异同》，《传统文化与现代化》1997年第2期。

（《简选》）中的"精良"之"精"，"阴阳材物之精"（《有始》）的"精微"之"精"等意义外，其中有 9 次记载也是指"精气"①，可见精气说在《吕氏春秋》中分布之广、影响之巨。基于此，《吕氏春秋》中的"天人相感"被归属于"'自然化'的天人感应"②，也就成为顺理成章的事实。

综上可见，"精气"是天、人二类联结的物质纽带，"天"由精气而组成，"人"由"天"分化精气于体内而生，"天"与"人"由此可相互感通或感应，有如母子关系。《精通》中曾对母子关系有一段经典的描述："故父母之于子也，子之于父母也，一体而两分，同气而异息。"也就是说，立基于精气基础上的天人关系，就像子女与父母的关系一样，都是一个整体而别为两处，精气相同而分属异类。

有了"天人相感"的物质性前提，"天人相感"便有了可能性。那么，"天人相感"的具体表现为何呢？据考察，在《吕氏春秋》中，天人相感表现为天、人感通或感应的双向路径。若以人的主观能动性为分类依据，可分为被动的天人相感与主动的天人相感两种。

首先，来看被动的天人相感。在这个过程中，人的行为是被动的，主要体现为"天"对于"人"的影响，天会根据人的言行而作出嘉奖、警告或惩罚的暗示。如《应同》中说："凡帝王者之将兴也，天必先见祥乎下民。"具体表现为：

> 黄帝之时，天先见大螾大蝼。
> 及禹之时，天先见草木秋冬不杀。
> 及汤之时，天先见金刃生于水。
> 及文王之时，天先见火赤乌衔丹书集于周社。

---

① （1）《本生》："精通乎天地，神覆乎宇宙。"（2）《尽数》："形不动则精不流，精不流则气郁。"（3）《圜道》："精行四时，一上一下各与遇，圜道也。"（4）《精通》："圣人南面而立，以爱利民为心，号令未出而天下皆延颈举踵矣，则精通乎民也"；"身在乎秦，所亲爱在于齐，死而志气不安，精或往来也"；"神出于忠，而应乎心，两精相得，岂待言哉"。（5）《下贤》："精充天地而不竭，神覆宇宙而无望。"（6）《勿躬》："精通乎鬼神，深微玄妙，而莫见其形。"

② 冯禹：《"天"与"人"——中国历史上的天人关系》，重庆出版社 1990 年版，第 39 页。

这里，"天"于黄帝之时显现出大蚯蚓大蝼蛄，于夏禹之时显现出草木至秋冬时节不凋零，于成汤之时显现出水中出现刀剑，于文王之时显现出由火幻化的赤色乌鸦衔着丹书停在周朝的社庙上，这些现象都是"天必先见祥乎下民"的具体表现，其中，"祥"即"征应"①，这是如黄帝、夏禹、商汤、周文王等贤德的君主出现时"天"主动地呈现出来的祥兆，而人在这个过程中明显是被动的。

与之不同，《明理》中又为我们提供了"天"会根据人的言行而作出警告或惩罚的例子。乱国之君，徒有国君之名，而无国君之实，在诸如这样的君王当政时，《吕氏春秋》描述了一幅可怕的乱国之象：

> 其云状：有若犬、若马、若白鹄、若众车；有其状若人，苍衣赤首，不动，其名曰天衡；有其状若悬旍而赤，其名曰云旍；有其状若众马以斗，其名曰滑马；有其状若众植藋以长，黄上白下，其名蚩尤之旗。
>
> 其日有斗蚀，有倍僪，有晕珥，有不光，有不及景，有众日并出，有昼盲，有霄见。
>
> 其月有薄蚀，有晖珥，有偏盲，有四月并出，有二月并见，有小月承大月，有大月承小月，有月蚀星，有出而无光。
>
> 其星有荧惑，有彗星，有天棓，有天欃，有天竹，有天英，有天干，有贼星，有斗星，有宾星。
>
> 其气有上不属天，下不属地，有丰上杀下，有若水之波，有若山之楫；春则黄，夏则黑，秋则苍，冬则赤。
>
> 其妖孽有生如带，有鬼投其陴，有菟生雉，雉亦生鹝，有螟集其国，其音匈匈，国有游蛇西东，马牛乃言，犬豕乃连，有狼入于国，有人自天降，市有舞鸱，国有行飞，马有生角，雄鸡五足，有豕生而弥，鸡卵多殰，有社迁处，有豕生狗。

这里所描述的云气、雾气的异状；太阳、月亮的异况；兔子生出野鸡，野鸡又生出鹝雀；猪能生狗；马、牛开口说话；狗与猪相互交配；雄

---

① （汉）高诱：《吕氏春秋注》，第126页。

鸡五只脚等，在现实社会中都应该不会存在。但是，不论存在与否，在
《吕氏春秋》的作者们看来，这些怪异现象都是乱国之君时乱国之象的表
现。这里，是"天"主动显现出凶兆，以告知人们当时的君王与社会已
经昏乱到了无以复加的程度，而在整个过程中，人依然是被动的。

其次，再来看主动的天人相感。在这一过程中，"人"具有追逐与
"天"相互感通或感应的主动性，具体指"人"特别是君主的行为对于
"天"的影响，可分为两类：第一，君主发令干时、错行时政以致四时失
序、灾祸大兴的情况，主要体现为君主逆时悖天以发政令。① 第二，君主
顺天应时、调整行为以致禳除灾异、逢凶化吉的情况，主要体现为君主顺
时通气、助天行事。② 先看前一种情况，《十二纪》的《月令》部分中，
在每月的最后，都有一段君主错行时政而引灾致祸的表述：

> 孟春行夏令，则风雨不时，草木早槁，国乃有恐。行秋令，则民
> 大疫，疾风暴雨数至，藜莠蓬蒿并兴。行冬令，则水潦为败，霜雪大
> 挚，首种不入。
>
> 仲春行秋令，则其国大水，寒气总至，寇戎来征。行冬令，则阳
> 气不胜，麦乃不熟，民多相掠。行夏令，则国乃大旱，暖气早来，虫
> 螟为害。
>
> 季春行冬令，则寒气时发，草木皆肃，国有大恐。行夏令，则民
> 多疾疫，时雨不降，山陵不收。行秋令，则天多沈阴，淫雨早降，兵
> 革并起。
>
> 孟夏行秋令，则苦雨数来，五谷不滋，四鄙入保。行冬令，则草
> 木早枯，后乃大水，败其城郭。行春令，则虫蝗为败，暴风来格，秀
> 草不实。
>
> 仲夏行冬令，则雹霰伤谷，道路不通，暴兵来至。行春令，则五
> 谷晚熟，百螣时起，其国乃饥。行秋令，则草木零落，果实早成，民

---

① 如（1）《季冬》："（季冬）行春令，则胎夭多伤，国多固疾，命之曰逆。"（2）《怀
宠》："民有逆天之道，卫人之雠者，身死家戮不赦。"（3）《任地》："不知事者，时未至而逆
之，时既往而慕之，当时而薄之，使其民而郄之。"

② 如（1）《仲秋》："凡举事无逆天数，必顺其时，乃因其类。""天子乃傩，御佐疾，以
通秋气。"（2）《仲冬》："涂阙庭门闾，筑囹圄，此所以助天地之闭藏也。"

殃于疫。

季夏行春令，则谷实解落，国多风欬，人乃迁徙。行秋令，则丘隰水潦，禾稼不熟，乃多女灾。行冬令，则寒气不时，鹰隼早鸷，四鄙入保。

孟秋行冬令，则阴气大胜，介虫败谷，戎兵乃来。行春令，则其国乃旱，阳气复还，五谷不实。行夏令，则多火灾，寒热不节，民多疟疾。

仲秋行春令，则秋雨不降，草木生荣，国乃有大恐。行夏令，则其国旱，蛰虫不藏，五谷复生。行冬令，则风灾数起，收雷先行，草木早死。

季秋行夏令，则其国大水，冬藏殃败，民多鼽窒。行冬令，则国多盗贼，边境不宁，土地分裂。行春令，则暖风来至，民气解堕，师旅必兴。

孟冬行春令，则冻闭不密，地气发泄，民多流亡。行夏令，则国多暴风，方冬不寒，蛰虫复出。行秋令，则雪霜不时，小兵时起，土地侵削。

仲冬行夏令，则其国乃旱，气雾冥冥，雷乃发声。行秋令，则天时雨汁，瓜瓠不成，国有大兵。行春令，则虫螟为败，水泉减竭，民多疾疠。

季冬行秋令，则白露蚤降，介虫为妖，四邻入保。行春令，则胎夭多伤，国多固疾，命之曰逆。季冬行秋令，则白露蚤降，介虫为妖，四邻入保。行春令，则胎夭多伤，国多固疾，命之曰逆。行夏令，则水潦败国，时雪不降，冰冻消释。

如上，所有"行春令""行夏令""行秋令""行冬令"之"令"均为君主所行之"政令"。可见，君主举事必顺时令，如若君主在所处的四季十二月所行政令与本季本月不相符合，那么就会产生十分严峻的后果，比如在自然物候上，则会"暖气早来""淫雨早降""草木早枯""寒热不节""雪霜不时"；在农业生产上，则会"藜莠蓬蒿并兴""果实早成""五谷不实""五谷晚熟""谷实解落""山陵不收""虫螟为败"；在疾病方面，则会"民多疾疫""民多疟疾""民多鼽窒"；在兵刑方面，则会

"寇戎来征""暴兵来至""边境不宁""四鄙入保""国有大恐";诸如此类。由此,我们进一步看到,君主所行政令是可以影响时序的,"人"和"天"是相通的,所行政令不当,则民怨不断,天灾横行,难怪《季夏》中告诫君主要"无发令而干时"了。

再来看有道之主依据"天"的暗示适时地调整自己的行为,以致禳除灾异、逢凶化吉的情况,《制乐》篇曾举三则事例:

(1) 故成汤之时,有谷生于庭,昏而生,比旦而大拱。其吏请卜其故。汤退卜者曰:"吾闻祥者福之先者也,见祥而为不善,则福不至。妖者祸之先者也,见妖而为善,则祸不至。"于是早朝晏退,问疾吊丧,务镇抚百姓。三日而谷亡。

(2) 周文王立国八年,岁六月,文王寝疾五日而地动,东西南北不出国郊。百吏皆请曰:"臣闻地之动,为人主也。今王寝疾五日而地动,四面不出周郊,群臣皆恐,曰'请移之'。"文王曰:"若何其移之也?"对曰:"兴事动众,以增国城,其可以移之乎!"文王曰:"不可。夫天之见妖也,以罚有罪也。我必有罪,故天以此罚我也。今故兴事动众以增国城,是重吾罪也。不可。昌也请改行重善以移之,其可以免乎!"于是谨其礼秩、皮革,以交诸侯;饬其辞令、币帛,以礼豪士;颁其爵列、等级、田畴,以赏群臣。无几何,疾乃止。文王即位八年而地动,已动之后四十三年,凡文王立国五十一年而终。

(3) 宋景公之时,荧惑在心,公惧,召子韦而问焉,曰:"荧惑在心,何也?"子韦曰:"荧惑者,天罚也;心者,宋之分野也。祸当于君。虽然,可移于宰相。"公曰:"宰相,所与治国家也,而移死焉,不祥。"子韦曰:"可移于民。"公曰:"民死,寡人将谁为君乎?宁独死!"子韦曰:"可移于岁。"公曰:"岁害则民饥,民饥必死。为人君而杀其民以自活也,其谁以我为君乎?是寡人之命固尽已,子无复言矣。"子韦还走,北面载拜曰:"臣敢贺君。天之处高而听卑。君有至德之言三,天必三赏君。今夕荧惑其徙三舍,君延年二十一岁。"公曰:"子何以知之?"对曰:"有三善言,必有三赏,荧惑必三徙舍。舍行七星,星一徙当一年,三七二十一,臣故曰

'君延年二十一岁'矣。臣请伏于陛下以伺候之。荧惑不徙，臣请死。"公曰："可。"是夕荧惑果徙三舍。

　　第（1）例中，出现了这样一个怪诞现象：庭中长出一棵奇异的谷子，黄昏才萌芽，等到第二天天亮就有两手合围那么粗了。而商汤认为"妖者祸之先者也"，于是则"为善"之事：勤于政事、吊唁死者、安抚百姓等，最终"三日而谷亡"，灾异现象消失。第（2）例中，怪异之象为：周文王卧病在床五天而发生了地震，且地震的范围未出国都四郊。文王认为，"夫天之见妖也，以罚有罪也。我必有罪，故天以此罚我也"，所以要增加自身美好的品德以移除灾祸，于是慎重礼仪与爵禄品级，以结交诸侯；修饬辞令、礼品，以礼贤下士；颁行爵禄、等级与田畴，以赏赐群臣。最终结果是"无几何，疾乃止"，而且地震之后又连续在位 43 年之久，再无如上怪异之象产生。第（3）例中，怪异之象为"荧惑在心"，即主天罚的执法之星出现在"心宿"即宋国的地方。[①]这时，宋国太史子韦说灾祸可转移到宰相、百姓身上或农业收成方面，而宋景公一一拒绝，宁愿自己身受灾祸。宋景公这种善行的最终结果为"是夕荧惑果徙三舍"，即当夜荧惑之星就退避三舍。综观此三则事例，对于商汤、周文王、宋景公这些君主而言，他们的行为具有主动性，都是积极寻求与"天"的感通。而从这些天人相感的具体记述中，我们可以发现《吕氏春秋》对包括君王在内的人的德行的重视程度之深，只要是君主有德，"天"就会宽容人，灾异怪象就会消除。

第二节　《吕氏春秋》中的五行比附思维

　　"五行"一词，最早见于《尚书》。《夏书·甘誓》中说："有扈氏威侮五行，怠弃三正。"此处并未指明五行的内容。在《周书·洪范》中，列出了五行的具体所指："五行：一曰水，二曰火，三曰木，四曰金，五

　　[①]　张双棣等人在对"荧惑者，天罚也"一句作注时说："古人认为荧惑为执法之星，主天罚"；在对"心者，宋之分野也"一句作注时说："古天文学说把天上的星宿位置跟地上州国的位置相对应，如心宿与宋国对应。就天文说，心宿是宋国的分星；就地上说，心宿是宋国的分野。"（张双棣等：《吕氏春秋译注》，第145页）

曰土。"可见，五行最初是指水、火、木、金、土五种具体物质。当然，也有人认为五行最初便不是指五种物，而是五类物："'木'似代表植物类，'火'似代表可燃发光类，'土'似代表固态、粉状无机类，'金'明显代表金属类，'水'似代表液态类。"① 然而，不论五行最初为五种物，还是五类物，在这一点上是统一的，那就是都肯定了五行在产生之际是以物质形式出现的，尚不具有哲学意蕴。之后，五行逐步与"类""数"等问题相结合，至《吕氏春秋》之时，五行说已然发展为一种动态的可变的图式结构。五行脱离了最初的物质形态，开始向抽象化、系统化发展。其中，在《吕氏春秋》中，既包含了五行相生系统，又包含了五行相胜系统，据笔者考察，这是中国哲学史上五行生、胜系统首次出现在同一部文献中。换言之，从文献记载的角度言之，五行世界图式的首次定型是在《吕氏春秋》一书中。② 在这些记述中，作为比附思维主要内容的附象与附数都有非常典型的体现。

一　五行比附思维之一——附象

附象，是以事物的具象或想象为关注点，在不同类事物的具象或想象之间确立起某种必然性联结的思维方式。因此，相应地，五行附象思维可分为两种：五行具象比附思维和五行想象比附思维。其中，"具象"是指"存在具体的形象"，与"抽象"相对；"想象"是指"存在却'不在场'的形象"或"不存在具体的形象"，与"幻想"相近，康德曾讲：想象是"把一个对象甚至当它不在场时也在直观中表象出来的能力"③。又因为，比附思维作为比类思维的返祖现象，是一种向原始思维的回归，所以，进行比附的具象或想象之间实则不存在任何可能的联系，甚至彼此之间是充满矛盾的。其之所以能够在不同类的表象之间确立起某种必然性的联系，

---

① 刘文英：《漫长的历史源头》，中国社会科学出版社1996年版，第207页。

② 笔者曾于《南昌大学学报》（人文社会科学版）2017年第4期发表《比附思维视域下〈吕氏春秋〉五行世界图式建构》一文，详述这一观点。笔者也注意到，丁四新先生于《中山大学学报》（社会科学版）2019年第3期发表《"数"的哲学观念与早期〈老子〉文本的经典化》一文，提出了类似的观点："五行图式的正式形成在战国晚期，《吕氏春秋·十二纪》集其大成，并为《礼记·月令》等所继承。"

③ ［德］康德：《纯粹理性批判》，邓晓芒译，人民出版社2004年版，第101页。

就在于"具有这种趋向的思维并不怎么害怕矛盾（这一点使它在我们的眼里成为完全荒谬的东西），但它也不尽力去避免矛盾，它往往是以完全不关心的态度来对待矛盾的"①。出于比附思维对任何表象之间的矛盾所做出的漠不关心的处理，表象之间任何不可能的联结也就变成了可能，而且不止"可能"，还具有一种"必然"性。在《吕氏春秋》中，比附思维集中体现在《十二纪》首篇的篇首，具体如下：

（一）"盛德在木"

孟春之月，日在营室，昏参中，旦尾中。其日甲乙，其帝太皞，其神句芒，其虫鳞，其音角，律中太蔟，其数八，其味酸，其臭膻，其祀户，祭先脾。东风解冻，蛰虫始振，鱼上冰，獭祭鱼，候雁北。天子居青阳左个，乘鸾辂，驾苍龙，载青旗，衣青衣，服青玉，食麦与羊，其器疏以达。（《孟春》）

仲春之月，日在奎，昏弧中，旦建星中。其日甲乙，其帝太皞，其神句芒，其虫鳞，其音角，律中夹钟，其数八，其味酸，其臭膻，其祀户，祭先脾。始雨水，桃李华，苍庚鸣，鹰化为鸠。天子居青阳太庙，乘鸾辂，驾苍龙，载青旗，衣青衣，服青玉，食麦与羊，其器疏以达。（《仲春》）

季春之月，日在胃，昏七星中，旦牵牛中。其日甲乙，其帝太皞，其神句芒，其虫鳞，其音角，律中姑洗，其数八，其味酸，其臭膻，其祀户，祭先脾。桐始华，田鼠化为駑，虹始见，萍始生。天子居青阳右个，乘鸾辂，驾苍龙，载青旗，衣青衣，服青玉，食麦与羊，其器疏以达。（《季春》）

（二）"盛德在火"

孟夏之月，日在毕，昏翼中，旦婺女中。其日丙丁，其帝炎帝，其神祝融，其虫羽，其音徵，律中仲吕，其数七，其性礼，其事视，其味苦，其臭焦，其祀灶，祭先肺。蝼蝈鸣，丘蚓出，王菩生，苦菜秀。天子居明堂左个，乘朱辂，驾赤骝，载赤旗，衣赤衣，服赤玉，食菽与鸡，其器高以觕。（《孟夏》）

---

① ［法］列维·布留尔：《原始思维》，第81页。

仲夏之月，日在东井，昏亢中，旦危中。其日丙丁，其帝炎帝，其神祝融，其虫羽，其音徵，律中蕤宾，其数七，其味苦，其臭焦，其祀灶，祭先肺。小暑至，螳螂生，鸡始鸣，反舌无声。天子居明堂太庙，乘朱辂、驾赤骝，载赤旗，衣朱衣，服赤玉，食菽与鸡，其器高以觕，养壮狡。（《仲夏》）

季夏之月，日在柳，昏心中，旦奎中。其日丙丁，其帝炎帝，其神祝融，其虫羽，其音徵，律中林钟，其数七，其味苦，其臭焦，其祀灶，祭先肺。凉风始至，蟋蟀居宇，鹰乃学习，腐草化为蚈。天子居明堂右个，乘朱辂，驾赤骝，载赤旗，衣朱衣，服赤玉，食菽与雉，其器高以觕。（《季夏》）

（三）盛德在土

中央土，其日戊己，其帝黄帝，其神后土，其虫倮，其音宫，律中黄钟之宫，其数五，其味甘，其臭香，其祀中霤，祭先心。天子居太庙太室，乘大辂，驾黄骝，载黄旗，衣黄衣，服黄玉，食稷与牛，其器圜以掩。（《季夏》）

（四）"盛德在金"

孟秋之月，日在翼，昏斗中，旦毕中。其日庚辛，其帝少皞，其神蓐收，其虫毛，其音商，律中夷则，其数九，其味辛，其臭腥，其祀门，祭先肝。凉风至，白露降，寒蝉鸣，鹰乃祭鸟，始用行戮。天子居总章左个，乘戎路，驾白骆，载白旗，衣白衣，服白玉，食麻与犬，其器廉以深。（《孟秋》）

仲秋之月，日在角，昏牵牛中，旦觜嶲中。其日庚辛，其帝少皞，其神蓐收，其虫毛，其音商，律中南吕，其数九，其味辛，其臭腥，其祀门，祭先肝。凉风生，候鸟来，玄鸟归，群鸟养羞。天子居总章太庙，乘戎路，驾白骆，载白旗，衣白衣，服白玉，食麻与犬，其器廉以深。（《仲秋》）

季秋之月，日在房，昏虚中，旦柳中。其日庚辛，其帝少皞，其神蓐收，其虫毛，其音商，律中无射，其数九，其味辛，其臭腥，其祀门，祭先肝。候雁来，宾爵入大水为蛤，菊有黄华，豺则祭兽戮禽。天子居总章右个，乘戎路，驾白骆，载白旂，衣白衣，服白玉，食麻与犬，其器廉以深。（《季秋》）

（五）"盛德在水"

孟冬之月，日在尾，昏危中，旦七星中。其日壬癸，其帝颛顼，其神玄冥，其虫介，其音羽，律中应钟，其数六，其味咸，其臭朽，其祀行，祭先肾。水始冰，地始冻，雉入大水为蜃，虹藏不见。天子居玄堂左个，乘玄辂，驾铁骊，载玄旗，衣黑衣，服玄玉，食黍与彘，其器宏以弇。（《孟冬》）

仲冬之月，日在斗，昏东壁中，旦轸中。其日壬癸，其帝颛顼，其神玄冥，其虫介，其音羽，律中黄钟，其数六，其味咸，其臭朽，其祀行，祭先肾。冰益壮，地始坼，鹖鴠不鸣，虎始交。天子居玄堂太庙，乘玄辂，驾铁骊，载玄旗，衣黑衣，服玄玉，食黍与彘，其器宏以弇。（《仲冬》）

季冬之月，日在婺女，昏娄中，旦氐中。其日壬癸，其帝颛顼，其神玄冥，其虫介，其音羽，律中大吕，其数六，其味咸，其臭朽，其祀行，祭先肾。雁北乡，鹊始巢，雉雊鸡乳。天子居玄堂右个，乘玄辂，驾铁骊，载玄旗，衣黑衣，服玄玉，食黍与彘，其器宏以弇。（《季冬》）

这里，我们看到，五行已然分别与时间（包括四季与十天干）、方位、帝神、动物、音阶、味道、气味、祭祀、生理（五脏）、颜色、谷物、牲畜等相配。以孟春之月为例，五行之"木"与四季中的"春季"、十天干中的"甲乙"、东方、太皞、句芒、鱼龙类动物、"角"音、"酸"味、"膻"的气味、"户"祀、"脾"祭、青色、麦子、羊等一一相配。而我们清楚地知道，"木"与后面所有与之相配的事物绝非同类，以今人的眼光观之，实则没有任何的本质联系可言，它们彼此所表现出的"象"是完全相异的。此处，五行的每一"行"分别与各类事物相配，是完全忽略或抹杀了彼此的本质属性，对表象做出了一系列牵强附会的解释。这种在异类事物表现出的不同表象之间建立起必然性联系的做法，就属于"附象"。如上，在《吕氏春秋》中，"木""火""土""金""水"五行在如此多的异类事物所表现出的不同表象之间已然建立起了必然性的联结，彼此之间不可移易，可见，其附象思维发展到了何等的高度。此处，笔者再以五行与"五色""五帝"的比附为例，对五行附象思维作一具体考察。

首先看五色。这是指古代先民在观察自然天地万物时在视觉上所固定下来的客观自然的五种物质色，分别为青、赤、黄、白、黑。后来，随着五色与五行的辩证融合，形成了一种关乎色彩的独具特色的东方文化观念——五色观。事实上，在《尚书·益稷》《左传·僖公二十四年》《左传·昭公元年》《国语·周语中》《国语·楚语下》《周礼·天官冢宰》《道德经》《荀子·劝学》等先秦文献中皆有对于"五色"语词的记载。春秋战国以降，由于五行学说对五色观念的影响，于是播五色于五行，《考工记》卷上中便说："画缋之事：杂五色。东方谓之青，南方谓之赤，西方谓之白，北方谓之黑，天谓之玄，地谓之黄。"具体到《吕氏春秋》中，其不仅在《情欲》《当染》《适音》《孝行》《知分》五篇中出现"五色"一词共 5 次，而且还继承了诸如《考工记》的记载，在《十二纪》中也实现了木与青、火与赤、土与黄、金与白、水与黑的一一相配。然而我们知道，五行的每一"行"与每一种具象的颜色之间实则并没有任何必然性联系存在。视觉感官所形成的五色如此，听觉感官所形成的五音，味觉感官所形成的五味、五臭，具象的五脏、五谷、五畜等亦然，都属于五行具象比附思维。

再来看五帝。这是指上古传说时代的五位部落首领。在《周礼·天官冢宰》《周礼·地官司徒》《管子·正世》《荀子·非相》《庄子·秋水》等文献中都有关于"五帝"语词的记述。及至《吕氏春秋》，在《贵公》《先己》《尊师》《用众》《明理》《荡兵》《禁塞》《应同》《谨听》《孝行》《下贤》《勿躬》《执一》《适威》等篇章中也提及"五帝"一词共 14 次。然而，关于"五帝究竟为谁"的问题，却非"五帝"语词的提出便能解决的。《国语·鲁语上》载："黄帝能成命百物，以明民共财，颛顼能修之，帝喾能序三辰以固民，尧能单均刑法以仪民，舜勤民事而野死。"许顺湛认为："这是关于五帝系统最早的记载。"① 这里确认的五帝谱系是黄帝、颛顼、帝喾、尧、舜，与后世《史记·五帝本纪》顺序相同。然而，在《吕氏春秋·十二纪》中，确立的是太皞、炎帝、黄帝、少皞、颛顼的五帝系统。基于五帝系统的多

① 许顺湛：《五帝时代研究》，中州古籍出版社 2005 年版，第 19 页。

样化，我们也可推知，五帝系统实则都是想象的产物。康德曾将想象力分为两种："再生的想象力"（reproduktive Einbildungskraft）与"生产性的想象力"① 或 "创造的想象力"② （produktive Einbildungskraft）。很明显，五帝系统的形成实则是"生产性的想象力"或"创造的想象力"的结果。此外，在《十二纪》中，诸如五行与五神，即木与句芒、火与祝融、土与后土、金与蓐收、水与玄冥——相配，和五行与五帝，即木与太皞、火与炎帝、土与黄帝、金与少皞、水与颛顼的彼此相配一样，五行的每一"行"与某一"帝"或某一"神"并不存在任何可能的联系，都是五行想象比附思维的典型表现。

二 五行比附思维之二——附数

附数，是指在考察事物间的联系时，以事物是否与某一特定数字或数字结构相符合为第一遵循原则的思维方式。简言之，单独每一"行"与多种异类事物相比属于"附象"，整个五行与多种异类事物相比属于"附数"。前文所见，《十二纪》首篇的篇首部分集中反映了比附思维的存在。从整个五行的比附而言，可将其简化为如下表格：

五行	四季	五方	天干	五帝	五神	五虫	五音	五味	五臭	五祀	五脏	五色	五谷	五畜
木	春	东	甲乙	太皞	句芒	鳞	角	酸	膻	户	脾	青	麦	羊
火	夏	南	丙丁	炎帝	祝融	羽	徵	苦	焦	灶	肺	赤	菽	鸡
土	季夏	中	戊己	黄帝	后土	倮	宫	甘	香	中霤	心	黄	稷	牛
金	秋	西	庚辛	少皞	蓐收	毛	商	辛	腥	门	肝	白	麻	犬
水	冬	北	壬癸	颛顼	玄冥	介	羽	咸	朽	行	肾	黑	黍	彘

---

① ［德］康德：《纯粹理性批判》，第101页。
② 张世英：《论想象》，《江苏社会科学》2004年第2期。

此处，"五方""五帝""五神""五虫"等各种事物都以"五"这个数字为核心，被削足适履式地简化到"五"数结构中。实质上，不仅如上14种事物如此，推及天下万事万物，都会必然符合于"五"数的结构，这就是所谓的五行的附数。中村元曾将此称为"外表的齐合性"，认为五行说是中国人试图保留外表和形式上的齐合性的必然结果：中国人"不是调查每一事物的本质，而依靠外观的类似把所有事物结合起来，例如五方、五声、五形、五味、五脏，以及分成以五为数的许多其他事物，并把它们——派入五行之中，每一事物分别从它所属的行中获得性质"①。这样一来，必然导致牵强附会，甚或削趾适履。如下，笔者将以"四季""六畜"为例，以期管窥这一"五"数结构的基本特性。

首先来看"五行"与"四季"。"四季"之数为"四"，可以说是偶数系列；五行之数为"五"，可以说是奇数系列。若要将四季纳入五行结构之内，有一个问题无可避免，那就是以四季为根本的偶数系列与以五行为根本的奇数系列怎样才能实现结合或搭配呢？这一问题在《管子》中已然初露端倪，在《幼官》《四时》《五行》三篇中都有阐明。《幼官》中说："五和时节，君服黄色。味甘味，听宫声，治和气，用五数，饮于黄后之井，以倮兽之火爨。"这里，"五和时节"与五行之"土"相应。然而，据李零的考察，《管子》将一年分为三十时节，其中"春季，共包含八个时节，原书称为'八举时节'；……夏季共包含七个季节，原书称为'七举时节'；……秋季，共包含八个时节，原书称为'九和时节'，但实际上少一个时节；……冬季，共包含7个时节，原书称为'六行'时节，但实际上多一个时节"②。这里，春、夏、秋、冬四季已经包含了三十时节，也就是说，已经占满了完整一年的日数，而作为与五行之"土"相对应的"五和时节"实际上不占有任何日数，或者说日数为零。此处，设置"五和时节"以配五行之"土"，看似问题解决了，实则未然，由于

① ［日］中村元：《东方民族的思维方法》，林太、马小鹤译，浙江人民出版社1989年版，第157页。

② 李零：《〈管子〉三十时节与二十四节气——再谈〈玄宫〉和〈玄宫图〉》，《管子学刊》1988年第2期。

其不占日数，故"五和时节"的设置便成了有名无实的虚置了。《管子·四时》同于《幼官》的解决路径，并对这一问题进行了完善，指出："中央曰土，土德实辅四时入出，以风雨节，土益力。"然而，这里的五行之"土"仅具有协调、辅助四时的作用，仍不占有任何日数，问题依旧存在。

在《管子·五行》中，提出了一种新的解决方案，其将一年等分为5个72日，对于原本在《幼官》《四时》中不占日数的五行之"土"，也分配了72日："睹戊子，土行御，天子出令……七十二日而毕。"原本不占日数的五行之"土"终于占有了日数，看似问题得到了合理的解决，但是却完全打破了立基于人们长期的农耕实践而建立起的四季观念，定然是难以施行的。白奚就指出："从形式上看，这种分法确实较完满，似乎弥补了《幼官》、《四时》五行图式的缺陷，但是，这种形式上的完满是以打乱正常的时间系统为代价的，因而注定是行不通的。"① 综上可见，《管子》中并未能合理解决四时之"数"为"四"，而五行之数为"五"的矛盾。这样，四时只能要么凑出一个"五和时节"，要么将一年作五个72日的等分处理，以与五行牵强相配。

及至《吕氏春秋》，明显承继了《幼官》与《四时》的解决路径，否定了《五行》的解决路径，将"中央土"安排在了《季夏》中。然而，季夏本是夏季的第3个月，是五行之"火"所居的月份，因此，在《吕氏春秋》中，五行之"土"也没有占有任何日数，而且，也没有做任何天子发布政令的规定，只是为了将"四季"与"五行"相配，而强行将季夏之月与五行之"土"作一一对应的处理，甚至在《吕氏春秋》中还使用了"五时"一词。② 可见，《吕氏春秋》不得不将本不足"五"数的事物作分割处理，这一切都是为了满足五行在"数"上的齐合性，是典型的附数的表现。

---

① 白奚：《先秦哲学沉思录》，中国社会科学出版社2007年版，第252页。

② 《任地》中有"五时见生而树生，见死而获死"一句，其中"五时"一词，陈奇猷先生解释为："五时者，春、夏、秋、冬、季夏也。"（陈奇猷：《吕氏春秋新校释》，第1759页）张双棣等人也作如是解释。（张双棣等：《吕氏春秋译注》，第786页）

再来看"五行"与"五畜"。在先秦文献中，未见有"五畜"一词。① 然而，对于"六畜"一词，倒是多有记述，如：

（1）今吾闻夫差好罢民力以成私好，纵过而翳谏，一夕之宿，台榭陂池必成，六畜玩好必从。（《国语·楚语下》）

（2）庖人掌共六畜、六兽、六禽，辨其名物。（《周礼·天官冢宰·庖人》）

（3）故当若天降寒热不节，雪霜雨露不时，五谷不孰，六畜不遂，疾灾戾疫、飘风苦雨，荐臻而至者，此天之降罚也，将以罚下人之不尚同乎天者也。（《墨子·尚同中》）

（4）顺州里，定廛宅，养六畜，间树艺，劝教化，趋孝弟，以时顺修，使百姓顺命，安乐处乡，乡师之事也。（《荀子·王制》）

（5）务于畜养之理，察于土地之宜，六畜遂，五谷殖，则入多。（《韩非子·难二》）
……

再来看《吕氏春秋》中，其中对于"六畜"也存有 3 次记载：

（1）至于国邑之郊，不虐五谷，不掘坟墓，不伐树木，不烧积聚，不焚室屋，不取六畜。（《怀宠》）

（2）熟五谷，烹六畜，和煎调，养口之道也。（《孝行》）

（3）上田夫食九人，下田夫食五人，可以益，不可以损。一人治之，十人食之，六畜皆在其中矣。此大任地之道也。（《上农》）

---

① 查阅的文献包括：《诗经》《尚书》《周易》《周礼》《左传》《国语》《老子》《庄子》《论语》《孟子》《荀子》《墨子》《孙子兵法》《韩非子》。

对于"五畜"的记载，在《黄帝内经》中曾出现 2 次，这应该是中国历史上有关"五畜"一词的最早记载。（1）《素问·脏气法时论》："毒药攻邪，五谷为养，五果为助，五畜为益，五菜为充，气味合而服之，以补精益气。"（2）《灵枢·五味》："五畜：牛甘，犬酸，猪咸，羊苦，鸡辛。"然而，这两条记载不能作为先秦时期已经存在"五畜"的证明。其一，笔者认为《黄帝内经》应成书于《吕氏春秋》之后，是秦汉之际的作品；其二，《素问》与《灵枢》中的这两条记载实是承袭了《吕氏春秋·十二纪》中将"六畜"削减为"五畜"的处理办法，因为它的目的也是要与五行之"五"数相配，只不过它开始将"五畜"作为一个语词提出并使用了。

由此可见，在先秦时期，"六畜"才是中国的传统。《十二纪》为了将"六畜"与"五行"相配，强行削足适履，将六畜中的"马"去掉，只留下"羊"与"木"、"鸡"与"火"、"牛"与"土"、"犬"与"金"、"彘"与"水"一一相应。而《吕氏春秋》在《怀宠》《孝行》《上农》三篇中，当论及这一问题时，依然承袭了自传统而来的"六畜"的说法，可见，《吕氏春秋》为了将六畜纳入五行的"五"数结构中，哪怕会造成自身体系内部的矛盾也在所不惜。

又，"六畜"中强行将"马"去掉也是不合理的。郭郛等人认为，马"全新世出现在中国东北、华北，在旧石器时期在中国东北或华北被人们家化"①。易华通过对"六畜"源头的考察也指出："夏商周三代是六畜逐渐齐备的年代，青铜与马、牛、羊的到来标志着东亚进入了青铜时代……六畜中的马、牛、羊被列为上三品，鸡、犬、猪沦为下三品。"②可见，"马"早在《吕氏春秋》之前非常久远的时期，已然列居"六畜"之一，且地位较高。《十二纪》中削"六畜"为"五畜"，实是为了适应五行之"五"的数字框架而主观为之的结果。

综上可见，不论是"四季"要分割出季夏与五行之"土"相配以适应五行的"五"数结构，还是"六畜"要削减"马"而为其纳入五行的"五"数框架寻找可能性与合理性，都是以"五"这个数字为核心。扩而广之，天地其他万事万物亦然。在《吕氏春秋》中，不论做出如何的努力或何等的牺牲，所有一切都要与这个数字的框架相匹配，这是《吕氏春秋》中附数思维的典型表现。

三 立基于五行比附思维之上的五行世界图式建构

图式（schema）一词，原本为一西方概念，兼具双重含义：原意为直观的"外观""形象"，后引申为对最一般的本质特征的描绘，即抽象的"模型""模式"之义。国内仅有郑昕、牟宗三等少数学者译为"图式"，其他学者一般译为"图型"（蓝公武、韦卓民、杨祖陶、邓晓芒、

---

① 郭郛等：《中国古代动物学史》，第 376 页。
② 易华：《六畜考源》，《古今农业》2012 年第 3 期。

李秋零等）、"范型"（齐良骥）、"构架"（李泽厚）、"格局"（王宪钿）、"架构"（范祖珠），等等。起初，这一语词仅具有日常语言中的用法，是康德首次将其引入哲学领域，使它出现在先验哲学认识论的语境中，成为一个具有哲学意蕴的概念。此后，皮亚杰将康德的"图式"援引到他的研究中，逐步成为他的发生认识论与儿童心理学研究中的核心概念与理论基石。可以说，康德开启了图式作为哲学概念的先河，皮亚杰的图式理论无疑是康德图式学说在认识论领域最为丰富化、具体化并具有代表性的扬弃与进展。二人都以其独特的洞见和卓越的造诣奠定了自身在人类认识论史上不可替代的地位。笔者以康德、皮亚杰二人的图式理论为基础，通过对康德的经验图式特别是先验图式理论、皮亚杰的建构图式理论作个案的研究，指出图式的特质有四：结构性、动态性、主体性、中介性。① 据于此，"图式"实为一种动态的可变结构。更进一步，世界图式是指人们认知世界时在思维领域所形成的动态的可变结构；五行世界图式是指人们认知世界时在思维领域所形成的以五行相生系统和五行相胜系统为主体内容的动态的可变结构。当然，实际上，五行世界图式本身就是比附思维的体现，它是要把世界中的一切都纳入五行这一框架或结构中。五行作为一种世界图式，其动态性体现在五行说的两大系统即五行相生系统与五行相胜系统的循环式的生、胜运行关系；其可变的结构性体现为在循环式的生、胜运行路径中所形成的结构上的封闭体系。

　　首先来看五行世界图式中的五行相生系统。《十二纪》便是一个完备的五行相生系统。其中，春季三月为"木"行，生出夏季前两月即孟夏、仲夏的"火"行；孟夏、仲夏的"火"行生出季夏的"土"行；季夏的"土"行生出秋季三月的"金"行；秋季三月的"金"行生出冬季三月的"水"行；并以此循环。可见，在五行相生系统中，木生火、火生土、土生金、金生水、水生木，之后，循环往复，无有止息。可以说，五行是处于相生的封闭系统中。然而，五行相生系统并非《吕氏春秋》的独创，其实，五行相生系统在《管子》中已经具备，如《四时》与《五行》篇所载：

---

　　① 参见拙文《图式特质论——基于康德、皮亚杰二人图式学说的历史考察》，《中南大学学报》（社会科学版）2014 年第 2 期。

（1）《四时》

东方曰星，其时曰春，其气曰风，风生木与骨。

南方曰日，其时曰夏，其气曰阳，阳生火与气。

中央曰土，土德实辅四时入出，以风雨节，土益力。

西方曰辰，其时曰秋，其气曰阴，阴生金与甲。

北方曰月，其时曰冬，其气曰寒，寒生水与血。

（2）《五行》

睹甲子木行御……七十二日而毕。

睹丙子火行御……七十二日而毕。

睹戊子土行御……七十二日而毕。

睹庚子金行御……七十二日而毕。

睹壬子水行御……七十二日而毕。

由此可见，五行的排列顺序都为木→火→土→金→水，这实是五行的相生顺序。《吕氏春秋》继承了这一五行排序，在《十二纪》中也是把春→夏→季夏→秋→冬与五行的木、火、土、金、水一一匹配，这一顺序明显符合相生的顺序，是前者生后者的。

五行相生，主要是五行在自然领域中关联性的体现，是从木、火、土、金、水五种物质的自然属性出发而总结出的循环规律。如冯友兰在论及五行相生问题时，便一一作出注解，说："木生火（木料的燃烧生火），火生土（无论何物经火即成为灰），土生金（矿物由土挖出），金生水（金属能变为液体），水生木（水的灌溉使植物生长）。"[1] 可见，五行相生确为人们对五种物质自然属性探讨的结果。

众所周知，相较于五行相生次序在战国时期的出现，五行相胜次序的出现要早得多，主要体现和应用于社会历史领域中，表现为金、木、土、水、火五者之间的相胜关系：金胜木、木胜土、土胜水、水胜火、火胜金，亦循环往复，无有止息。《吕氏春秋》之前的先秦文献中，有许多对于五行相胜问题的记述。如《左传·文公七年》："水、火、金、木、土、

---

[1]　冯友兰：《中国哲学史新编》上，第620页。

谷，谓之六府。"其中前五者就是五行，这里的排序是五行相胜的顺序，前者胜后者；《左传·昭公三十一年》："火胜金"；《左传·哀公九年》："水胜火"；《逸周书·周祝解》："陈彼五行，必有胜，天之所覆，尽可称"；《文子·上德》："金之势胜木，一刃不能残一林；土之势胜水，一掬不能塞一河；水之势胜火，一勺不能救一车之薪"；等等。然而我们发现，这些记述主要是有关模式化、封闭式的五行相胜关系的局部记载，是五行相胜系统进展与完善的必经阶段。至战国中期，邹衍"称引天地剖判以来，五德转移，治各有宜，而符应若兹"（《史记·孟子荀卿列传》），将五行相胜理论引入社会历史领域，形成了完整的五德终始说。遗憾的是，《史记》中载邹衍有《终始》《大圣》之篇十万余言，《汉书·艺文志》言有《邹子》49篇，又言有《邹子终始》56篇，共计105篇，却都未能避免失传的厄运。及至《隋书·经籍志》，邹衍的著述已没有记录了。然而，有关邹衍五德终始说的一段完整记述却被幸运地保存在《吕氏春秋》中，《应同》中载：

> 凡帝王者之将兴也，天必先见祥乎下民。黄帝之时，天先见大螾大蝼。黄帝曰："土气胜。"土气胜，故其色尚黄，其事则土。及禹之时，天先见草木秋冬不杀。禹曰："木气胜。"木气胜，故其色尚青，其事则木。及汤之时，天先见金刃生于水。汤曰："金气胜。"金气胜，故其色尚白，其事则金。及文王之时，天先见火赤乌衔丹书集于周社。文王曰："火气胜。"火气胜，故其色尚赤，其事则火。代火者必将水，天且先见水气胜。水气胜，故其色尚黑，其事则水。水气至而不知数备，将徙于土。

这里，五行是按照相胜的顺序依次出现的：土→木→金→火→水，其中，后者胜前者。这应是有关邹衍五德终始说遗说的最早记载。仅从文献的角度观之，意义重大。综上所述，《吕氏春秋》中不但有完整的五行相生系统的记载，同时也有完整的五行相胜系统的记载，纵然都不是《吕氏春秋》的原创，但相生相胜两个系统在中国哲学史上第一次出现在了同一部文献中，换言之，仅就文献的角度而论，五行世界图式的首次形成是在《吕氏春秋》一书中。

小 结

比附思维，是指人们在考察不同类事物的联系时，通过与"象""数"问题相联结，表现出的一种将"表象"等同化为"本质"，将"相似"绝对化为"相同"，将"关联"神秘化为"必然"的思维形态。其中，这种关联性与"象"相结合，形成附象思维，包括具象附象思维和想象附象思维；这种关联性与"数"相结合，形成附数思维。具体到比附在《吕氏春秋》中的思维理论特别是思维实践中，主要表现在两个方面：一为天人比附，一为五行比附。

在天人比附方面，《吕氏春秋》呈现为两种基本形式，即"天人相类"和"天人相感"。第一，"天人相类"侧重于天、人之间的结构问题。一方面，《吕氏春秋》继承了自传统而来的非常久远的天生人的思想观念，体现为一种"天—人"的创生路径，既然人为天之所生，因此天人异类而同构。这里，天、人之间不存在任何中介和过程，"天"实是一个纯粹的人格神。另一方面，更重要的是，及至春秋战国时期，"天"更多的是作为一个自然的存在物，《吕氏春秋》发展了"天创生阴阳、阴阳化育人"的新型天人观，体现为一种"天—阴阳—人"的创生路径，这是《吕氏春秋》在天人创生问题上重大的理论贡献，对之后特别是汉代天人关系和宇宙论问题产生了深远影响。正是在这一意义上，《吕氏春秋》主张君主为政要遵循自然规律，要因时序政，要法天则天。第二，"天人相感"侧重于天、人之间的影响问题。《吕氏春秋》以"同类相动"为理论前提，以"精气"为天人联结的物质媒介，在"天人相类"的基础上，主张"天人相感"。这里更加关注的是天和人对彼此行为的反应，体现为人（君主）影响天，天影响人（君主）的双向路径。以人在天人相感中是否具有主观能动性为分类依据，分为主动的天人相感与被动的天人相感两种。

与天人比附主要是"类"与"象"相结合而体现为附象思维相较，《吕氏春秋》中的五行比附则是"类"与"象""数"相结合而体现了兼具附象思维和附数思维的特征。五行中单独每一"行"与天地万事万物相比附属于"五行附象"，整个五行与天地万事万物相比附属于"五行附数"。更重要的是，以五行附象和五行附数为基础，五行生、胜系统在《吕氏春秋》一书中同时出现，这在中国哲学史上是第一次，意义重大。随着五行世界图式在《吕氏春秋》中首次定型，对中国哲学史乃至整个中国社会的发展都产生了重大的影响。人们将自然万物与社会进展全部纳入到五行的"大箩筐"中，使五行成为规范万物的规矩，符合规矩者则存则留，不合规矩者则改则删。五行已然成为一个数字化、形式化、教条化、公式化的必然性结构。这样，必然会带有浓厚的神秘色彩，甚至带有原始巫术的某些基本特征。正是由于五行世界图式在中国历史进程中表现出来的种种缺陷，历来备受诟病。特别是 20 世纪初，西学东渐之风愈浓，民主与科学深入人心，对于五行的批判也愈演愈烈。梁启超撰述《阴阳五行说之来历》一文，开篇便说："阴阳五行说，为二千年来迷信之大本营。直至今日，在社会上犹有莫大势力。"[1] 顾颉刚撰述《五德终始说下的政治和历史》一文，也是开篇即指出："五行，是中国人的思想律，是中国人对于宇宙系统的信仰。二千余年来，它有极强固的势力。"[2] 然而今天，我们应该辩证地看待五行世界图式问题。五行世界图式逐步形成的过程，实是由有神论向无神论过渡的过程，是反宗教神秘性的。及至《吕氏春秋》，作为五行世界图式主体部分的五行生、胜系统开始定型，这是先秦五行观念和思想发展的必然结果，是五行神秘化体系的发端。至于五行说在中国思想界的泛滥与畸形发展，那是汉代及以后的事情了，所以，"我们不要看见五行说后来的迷信化，遗祸于世过深，便连它发生时的进步性都要推翻打倒，那是不科学、不辩证的看法"[3]。

最后，还有一点需要着重指出的是，比附思维虽然也可以作为一种独立的思维形态而存在，但是，与分类思维、比类思想相比较，它更加强调的是方法论上的存在意义，从这一意义上来讲，比附思维实是比类思维发展的极端形态，它更是作为一种思维方法而发生作用。以五行比附为例，它大体经历了一个由五方、五星、五材上升到五行的从特殊到一般的思维归纳过程，然而，及至春秋战国时期，随着五行比附思维的逐步确立，五

---

① 顾颉刚编著：《古史辨》五，第 343 页。

② 顾颉刚编著：《古史辨》五，第 404 页。

③ 郭沫若：《十批判书》，东方出版社 1996 年版，第 384 页。

行已然开始逐步演变为一种分类的方法、原则和人们思考问题的思维框架，体现为一种由一般到特殊的思维演绎过程。这一点在后来如《黄帝内经》《淮南子》和《春秋繁露》等著作中体现得尤为明显。《吕氏春秋》在这一过程中扮演着非常重要的过渡角色。

第六章 《吕氏春秋》类思维在西汉的
历史演进（上）

  《吕氏春秋》是战国秦汉之际承上启下的一部著作，它既兼综先秦百家学术，又对汉代学术思想之进展具有重要价值。牟钟鉴曾用两个"不可不"来强调《吕氏春秋》的这一特质："要了解先秦的学术史和哲学史，不可不读《吕氏春秋》；要了解秦汉的学术史和哲学史，尤其不可不深研《吕氏春秋》。"[①] 具体到其下启汉代学术的性质，主要表现在三个方面：第一，从具体内容而言，《吕氏春秋》中有关虚君政治、宇宙哲学、养生、音乐、医学、兵刑、农业物候等方面的思想在汉代被接受并延续和进一步发展；第二，从形式上看，汉代人对《吕氏春秋》也极为重视，如西汉司马迁便一面强调《吕氏春秋》"备天地万物古今之事"（《史记·吕不韦列传》），一面将其与《周易》《春秋》《离骚》《国语》《孙子兵法》《韩非子》《诗经》等经典并列对待："昔西伯拘羑里，演《周易》；孔子厄陈蔡，作《春秋》；屈原放逐，著《离骚》；左丘失明，厥有《国语》；孙子膑脚，而论《兵法》；不韦迁蜀，世传《吕览》；韩非囚秦，《说难》《孤愤》；《诗》三百篇，大抵贤圣发愤之所为作也。"（《史记·太史公自序》）第三，从近代学人的研究成果看，也可窥见《吕氏春秋》对于汉代思想学术史的影响之巨。如任继愈主编的《中国哲学发展史》（秦汉）中，便将《吕氏春秋》作为"秦汉哲学史的开端"[②]，周

---

  ① 牟钟鉴：《〈吕氏春秋〉与〈淮南子〉思想研究》，第 112 页。

  ② 任继愈主编：《中国哲学发展史》（秦汉），人民出版社 1985 年版，第 1 页。这里，有关《中国哲学发展史》（秦汉）和牟钟鉴先生的《〈吕氏春秋〉与〈淮南子〉思想研究》的关系问题，需作一简要说明：任先生主编的这套著作是集体智慧的结晶，牟先生作为任先生的弟子，是主要撰稿人之一，因此，我们看到，《〈吕氏春秋〉与〈淮南子〉思想研究》中的第一部分"《吕氏春秋》的思想"和《中国哲学发展史》（秦汉）中的"《吕氏春秋》——秦汉哲学史的开端"，从框架结构到文字内容，是基本一致的。

桂钿撰著的《秦汉思想史》也将它定位为"秦汉思想史的序曲"①。笔者认为，这里将《吕氏春秋》置于秦汉而不是先秦来讲述，应该是极大地肯定了《吕氏春秋》对汉代的价值。此外，如徐复观也明确指出："离开了《吕氏春秋》，即不能了解汉代学术的特性。"② 可以说，汉代需要《吕氏春秋》，汉代重视《吕氏春秋》，汉代接受了《吕氏春秋》，汉代发展了《吕氏春秋》。具体到《吕氏春秋》之类思维，也可以说，汉代的类思维是对《吕氏春秋》类思维的继承和发展。当然，思维理论特别是思维实践是以经典文献为载体的，通过考察，笔者试图以《黄帝内经》《淮南子》和《春秋繁露》③ 三书中的分类思维和比类（比附）思维来具体

① 周桂钿：《秦汉思想史》，第 39 页。

② 徐复观：《两汉思想史》二，第 1 页。

③ 这里，对于三书的成书时间问题，需作一具体考察：众所周知，《淮南子》的成书稍早于《春秋繁露》，这在学界已是基本共识，而对于《黄帝内经》的成书时间问题，自古及今聚讼纷纭，未有定论。对于本章而言，《黄帝内经》是早于《吕氏春秋》还是晚于《吕氏春秋》，是早于《淮南子》还是晚于《淮南子》，对于确定《黄帝内经》的历史坐标，至关重要。鉴于此，有必要对于《黄帝内经》的成书时间问题作一具体考察。事实上，古人对此问题，多有争论，主要形成如下四种观点：（1）黄帝著书说。晋朝皇甫谧、唐代王冰、宋朝沈作喆皆主此说。（2）春秋战国时期成书说。宋代邵雍、程颢、朱熹皆主此说。（3）周秦汉之际成书说。宋代窦苹，明代胡应麟、方以智，清代崔述皆主此说。（4）西汉成书说。清代郎瑛主此说。如上诸说，出于古人主观臆断者为多。近世以来，学术研究逐步走向科学化、理性化，此处，笔者从学术史的角度，对于 1949 年以后《黄帝内经》成书时间问题之成果再作一较为详细的考察。

首先，对于学术论文而言，根据中国知网的检索情况，自 1958 年至 2018 年，专文讨论这一问题的有近 40 篇文章，一一拜读之后，发现当代学人未有主张黄帝著书一说者，而主要有如下几种观点：（1）春秋战国或战国成书说。1958 年杨浩观在《江西中医药》第 3 期发表《对"黄帝内经"成书时、地的探讨》一文，主张《黄帝内经》成书于战国时期，在《周礼》之前；1981 年，李今庸在《河南中医》第 3 期发表《〈黄帝内经〉的成书年代和成书地点考》一文，主张成书于战国后期；1998 年，王昳、解光宇在《安徽大学学报》（哲学社会科学版）第 4 期发表《从黄帝到王冰：〈黄帝内经〉的成书过程》一文，主张《黄帝内经》的主体部分成书于战国；2009 年，夏小军、谢君田、张士卿在《甘肃中医》第 5 期发表《〈黄帝内经〉成书年代考》一文，主张主体部分汇编于西汉时期，而其祖述蓝本当编成于战国后期。另，1987 年，谭瑛在《陕西中医学院学报》第 10 期发表《黄帝内经的成书年代之我见》一文，主张成书于春秋战国时期；2009 年，高也陶在《江西中医学院学报》第 2 期发表《〈黄帝内经〉的成书年代新议》一文，主张成书于春秋战国时期，并确定在公元前 531 年后的 200—300 年的区间范围内。（2）周秦汉之际成书说。1981 年，黄汉儒在《医学与哲学》第 1 期发表《〈黄帝内经〉的成书与中医理论体系的形成》一文，主张成书于战国或战国至西汉时期；1982 年，马伯英在《河南中医》第 4 期发表《〈黄帝内经成书年代质疑〉补正》一文，1984 年，又在《河南中医》第 6 期发表《〈黄帝内经〉的成书年代再析——兼答丁文同志》一文，都主张成书于战国末秦汉之际；2004 年，王

展现《吕氏春秋》类思维在西汉的历史演进。

（接上页）苏莉在《河南中医》第 6 期发表《〈黄帝内经〉的成书年代》一文，主张成书于春秋战国时代至西汉末年的七八个世纪内。（3）汉代成书说。此说又可分为三种情况。第一，成书于西汉前期黄老之学鼎盛时期。1982 年，吴文鼎在《上海中医药杂志》第 9 期发表《〈黄帝内经〉与 "黄老学派" ——〈内经〉成书年代别考》一文，主张成书于文、景之时；1983 年，沅汀在《河南中医》第 2 期发表《从出土文物看〈黄帝内经〉的成书年代》一文，主张成书于《韩诗外传》之后；1996 年，吴弥漫在《广州中医药大学学报》第 2 期发表《从〈史记〉"仓公传" 考证〈黄帝内经〉的成书年代和作者》一文，主张上限不早于汉文帝四年即公元前 176 年。第二，成书于《淮南子》之后。1979 年，高光震在《吉林中医药》第 3 期发表《〈黄帝内经〉成书时代考证》一文，1982 年，伊声在《河南中医》第 6 期发表《从菽豆演变、干支纪年谈〈黄帝内经〉成书年代》一文，2015 年，王应、贾成祥在《中医学报》第 4 期发表《从脏时相配矛盾看〈黄帝内经〉的成书年代》一文，三文皆主张成书于《淮南子》之后。第三，成书于《史记》之后。1982 年，阿丁在《河南中医》发表《〈黄帝内经〉成书于西汉的一条佐证》一文，主张成书于《史记》《大戴礼记》之后；1983 年，丁文在《河南中医》发表《〈黄帝内经〉成书非一时一人析——兼向马伯英同志请教》一文，主张成书于《史记》之后；1981 年，沙伦在《河南中医》发表《〈黄帝内经〉成书年代质疑》一文，1983 年，吴一渊、余自汉在《河南中医》第 6 期发表《读〈黄帝内经成书年代质疑〉和〈质疑补正〉之我见》一文，都主张成书于《史记》之后至刘向校书的一段时间；2013 年，张登本在《山西中医学院学报》第 6 期发表《〈黄帝内经〉成书的西汉文化背景》一文，主张成书于《史记》之后《七略》之前。

其次，对于科学史、哲学史特别是医学史的重要著作而言，也有颇多涉及《黄帝内经》的成书时间问题，这里也作一简要梳理。李约瑟所著《中国科学技术史·医学》主张成书于公元前 1 世纪。（[英] 李约瑟：《中国科学技术史》第六卷第六分册，刘巍译，科学出版社 2013 年版，第 42 页）卢嘉锡主编的《中国科学技术史》（医学卷）主张上限在刘歆《七略》之后，下限在东汉末年张仲景《伤寒杂病论》成书之前。[卢嘉锡主编：《中国科学技术史》（医学卷），科学出版社 1998 年版，第 94 页] 当代著名中医学家任应秋和医学史专家龙伯坚都将《黄帝内经》的成书时代分为三部分探讨：《素问》的成书时代、《灵枢》的成书时代、《素问遗篇》的成书时代。任先生主张《素问》成书于战国至东汉一段时间；《灵枢》成书于战国时代，只是个别的篇卷渗入了汉代的东西；《素问遗篇》成书于唐宋之间。（任应秋：《内经十讲》，北京中医学院 1978 年印，第 9、10、11 页）龙先生主张《素问》是战国时期许多医学家汇集而成，后掺入了西汉和东汉医学家的作品；《灵枢》早期的部分是战国时期作品，其中某些篇章比《素问》还早一些，晚期的部分有西汉和东汉的作品；《素问遗篇》成书于唐代王冰以后，是公元 9 世纪、10 世纪的作品。（龙伯坚：《黄帝内经概论》，上海科学技术出版社 1980 年版，第 20、23 页）刘长林主张成书于西汉中期甚或晚期。（刘长林：《内经的哲学和中医学的方法》，科学出版社 1985 年版，第 12 页）周桂钿主张成书于 "西汉前期以前"。（周桂钿：《秦汉思想史》，第 565 页）李申主张："《黄帝内经》乃是春秋战国直到汉代中期几百年间所形成的医学专著。"（李申：《中国古代哲学和自然科学》，上海人民出版社 2002 年版，第 376 页）

最后，笔者通过将《黄帝内经》和《吕氏春秋》《淮南子》《春秋繁露》作对比考察，以马伯英的观点为是。除了对《吕氏春秋》《黄帝内经》《淮南子》《春秋繁露》作对比考察之外，笔者之所以认同马先生之说还有两个原因：其一，在 20 世纪 80 年代探究《黄帝内经》成书时间问题掀起研究热潮之际，马先生于《河南中医》1982 年第 4 期发表的《〈黄帝内经成书年代质疑〉补正》一文，引起了一系列讨论，影响深远。如丁文的《〈黄帝内经〉成书非一时一人析——兼向马伯英同志请教》，吴一渊、余自汉的《读〈黄帝内经成书年代质疑〉和〈质疑补正〉之我见》，都是针对马先生的观点而之所以选择《黄帝内经》《淮南子》和《春秋繁露》为考察对象，主要原因有二：第一，三书继承和延续了战国末年以来特别是《吕氏春秋》的"杂"的趋势。百家学术经由数百年激荡，降至战国末年，逐步走向融合，正如梁启超所言"各派末流，交光互影"①，以《荀子》《韩非子》和后期墨家等为其代表，但需要指出的是，除《吕氏春秋》之外的晚周典籍之杂糅，门户之见尚深。直到《吕氏春秋》，才以"假人之长以补其短"（《用众》）的"用众"方法论为指导，尽量以积极客观公正的态度对待百家之学，而终成杂家巨擘。牟钟鉴就评价说："用这种较为客观的态度和做法在理论上对先秦文化进行大规模系统综合工作的，在当时也只此一家。"②自此之后，汉代学术再无先秦诸子前期之单纯，几乎都延续了晚周以来百家杂糅的性质。其中，《黄帝内经》基于古代医、道同源的思想，从未有人将其视为一部纯粹的自然科学著作。它的内容，不仅仅局限于医学，更是广涉宇宙哲学、医德伦理、天文、地理等学科和领域，特别是阴阳五行思想成为《黄帝内经》的理论基础和核心内容，因此研究思想史和哲学史的学者素来将其作为一部哲学著作来看待。如周桂钿就认为它是"黄老之学的一个医学分支"③，葛荣晋也认为它是"黄老学派医学分支的作品"，是"我国古代一部重要的哲学著作"。④《淮南子》历来被视为杂家著作，勿须赘言。《春秋繁露》作为汉代新儒学的代表作品，以儒家思想为主导，兼涉阴阳家、法家、墨家、名家等多家

（接上页）进行的讨论，马先生于《河南中医》1984 年第 6 期又发表了《〈黄帝内经〉的成书年代再析——兼答丁文同志》一文，将探讨推向深入。此外，后来研究《黄帝内经》成书时间问题的学者，多引马先生的观点，或作依据，或作驳论，可见马先生观点的影响之深。第二，马先生长期从事医学史的研究工作，对于《黄帝内经》成书时间的问题，观点始终如一，即坚持《黄帝内经》成书于战国末秦汉之际，晚于《吕氏春秋》，早于《淮南子》和《春秋繁露》。除如上 1982 年和 1984 年两文外，马先生又于 1994 年出版《中国医学文化史》一书，重申这一观点：《黄帝内经》"成书至早在《吕氏春秋》（公元前 239 年）之后，至迟在《淮南子》（公元前 179 年）之前，成于汉初黄老之学风行的时代"（马伯英：《中国医学文化史》，上海人民出版社 1994 年版，第 249 页）。基于此，笔者也将《黄帝内经》成书的历史坐标定位在《吕氏春秋》和《淮南子》之间。

① 梁启超：《先秦政治思想史》，东方出版社 1996 年版，第 80 页。
② 牟钟鉴：《〈吕氏春秋〉与〈淮南子〉思想研究》，第 14 页。
③ 周桂钿：《秦汉思想史》，第 566 页。
④ 葛荣晋：《〈黄帝内经〉哲学思想探》，《湖南师范大学社会科学学报》1986 年第 5 期。

思想，一定程度上也具有"杂"的色彩。第二，三书在汉代地位重要，影响深远，极具代表性。《黄帝内经》作为医学之祖，被李约瑟誉为"中国的希波克拉底文集""中国医学经典中最伟大的著作"①，对这样一部重要典籍所蕴含的类思维进行考察，既可以透视哲学在自然科学中的实践特色，也可以窥见哲学思维模式对自然科学的分类思维和比类思维的影响和作用，具有一定价值。《淮南子》一向被认为是《吕氏春秋》的"姊妹篇""续篇"②，在近代学术研究中时常被同时提及、对照研习，况且除思维实践外，《淮南子》还载有较为丰富的思维理论，因此，考察《吕氏春秋》类思维在汉代之历史演进，不可不考察《淮南子》。《春秋繁露》是董仲舒的代表作，汉初学术思潮以《黄帝内经》《淮南子》为代表的黄老之学为主导，自董仲舒始，儒学定于一尊。可以说，董仲舒在汉代儒者中具有十分重要的地位，冯友兰就指出："此时之时代精神，此时人之思想，董仲舒可充分代表之。"③ 如下，笔者就以《黄帝内经》《淮南子》《春秋繁露》三书为载体，首先对于西汉时期分类思维的进展概况作一具体考察。

第一节 《黄帝内经》及其分类思维

《黄帝内经》作为一部医学和哲学的综合著作，蕴含着十分丰富的分类思维。此处，主要从这两个方面来对其分类思维进行考察，其一是有关医学知识的分类思维，主要包括《黄帝内经》对于诊疗对象、诊疗病症、诊疗方法、诊疗水平等问题的分类；其二是有关哲学部分的分类思维，主要讲《黄帝内经》对于"气"的分类。当然，在《黄帝内经》中，医学是主要内容，哲学是其建构医学理论框架的基本原则，医学和哲学不是分立存在的，而是熔铸为一体的。

一 诊疗对象、病症、方法、水平与有关医学的分类思维

首先，医学的诊疗对象，一般来讲，也就是"人"。有关诊疗对象即

---

① ［英］李约瑟：《中国科学技术史》第六卷第六分册《医学》，第45、68页。
② 牟钟鉴：《〈吕氏春秋〉与〈淮南子〉思想研究》，《序言》，第2、8页。
③ 冯友兰：《中国哲学史》下，中华书局2014年版，第424页。

"人"的分类，《素问·平人气象论》中有这样一段记载：

> 人一呼脉再动，一吸脉亦再动。呼吸定息脉五动，闰以太息，命曰平人。平人者，不病也。常以不病调病人，医不病，故为病人平息以调之为法。

可见，这里是根据健康状况把"人"二分为"平人"和"病人"两类。"病人"，自然是指身体染疾生病的人。而"平人"，就是指血气平和的健康之人。《黄帝内经》认为，医者首先要了解"平人"的标准是什么，然后才可以依据这一标准或法则为病人诊脉治病。此处，是以人的一呼一吸即"一息"和脉动次数的关系来作为"平人"的标准。平人一呼、一吸脉动各2次，而两次呼吸之间的交换时间要"闰以太息"。何谓"闰以太息"？明代张景岳说："闰，余也，犹闰月之谓。"① 因此，平人一息要脉动5次。一息的脉动次数超出或不足5次，均可作为诊病断疾的重要依据，如一息脉动2次者为少气，脉动6次者为温病或风病，脉动8次以上者为死症。除如上判断"平人"的标准之外，《灵枢》中又提出了另外一种标准，即诊察内在五脏病变的寸口脉与外在六腑病变的人迎脉二者和四时相应的情况。相应，为"平人"，不相应，为"病人"。如《终始》中载："所谓平人者不病，不病者，脉口人迎应四时也，上下相应而俱往来也，六经之脉不结动也，本末之寒温之相守司也，形肉血气必相称也，是谓平人。"更进一步，《禁服》中还讲述了寸口脉、人迎脉二者与四时相应的具体情况："春夏人迎微大，秋冬寸口微大，如是者名曰平人。"也就是说，平人的特征是，春夏时节人迎脉会稍大些，秋冬时节寸口脉会稍大些。

其次，有关诊疗病症的分类，又可以分为两部分来探讨，一是有关未病之前的养生、预防思想中所体现的分类思维，一是有关已病之后对于疾病的整体的分类。众所周知，《吕氏春秋》蕴含有丰富的养生思想，胡适在《读〈吕氏春秋〉》一文中总结："《吕氏春秋》的第一纪的第一篇便是《本生》，第二篇便是《重己》；第二纪的第一篇便是《贵生》，第二

---

① 郭教礼等主编：《类经评注》，陕西科学技术出版社1996年版，第125页。

篇便是《情欲》。这都是开宗明义的文字，提倡的是一种很健全的个人主义，叫做'贵生'主义。"并且强调："一部《吕氏春秋》只是说这三大类的事：贵生之道，安宁之道，听言之道。"① 可见《吕氏春秋》极为重视养生问题。《黄帝内经》紧随其后，对养生问题的重视程度相较于《吕氏春秋》有过之而无不及，以至于后世医家多把养生内容置于《黄帝内经》医学理论之首。如唐代王冰在《重广补注黄帝内经素问序》中说："冰弱龄慕道，夙好养生，幸遇真经，式为龟镜。"可见王冰是把《黄帝内经》"作为养生治病的指导"② 了。再如明代张景岳在《类经》中对《黄帝内经》进行分类解析，第一卷就是"摄生类"。《黄帝内经》中所述养生要遵循四时春生、夏长、秋收、冬藏的运行规律以行养生、养长、养收、养藏之道，与《吕氏春秋》如出一辙，而《黄帝内经》在此基础上进一步提出了"春夏养阳，秋冬养阴"的养生原则，是对养生问题的重要发展。当然，更为可贵的是，《黄帝内经》中还提出了"不治已病治未病，不治已乱治未乱"（《素问·四气调神大论》）的积极预防思想，直至今日，仍具有重要价值。在探究养生问题时，根据养生成就所达到的境界，《黄帝内经》将"人"分为真人、至人、圣人、贤人四类：

> 上古有真人者……故能寿敝天地，无有终始。
> 中古之时，有至人者……此盖益其寿命而强者也。
> 其次有圣人者……形体不敝，精神不散，亦可以百数。
> 其次有贤人者……亦可使益寿而有极时。 （《素问·上古天真论》）

何谓"真""至""圣""贤"？张景岳说："真，天真也"；"至，极也"；"圣，大而化也"；"贤，善也，才德之称"③。可见，对"人"的这种四分法实是依据"人"对"道"的修炼程度的不同而作出的。修炼程度不同，养生达到的境界亦不同，相应地，人的寿命的长短也不同。"真

---

① 王启才：《〈吕氏春秋〉学术档案》，武汉大学出版社2015年版，第85、84页。
② 姚春鹏译注：《黄帝内经》上，中华书局2010年版，第5页。
③ 郭教礼等主编：《类经评注》，第4—7页。

人"的寿命可与天地相齐，"至人"则只能延寿而不衰，"圣人"更次之，可以达到百岁，"贤人"境界最低，仅可以接近自然的天寿了。

除如上与养生保健相关的分类思维之外，对于已病之后疾病的分类也是诊疗病症的重要内容。在《黄帝内经》中，将疾病整体上分为奇、恒两种：

> 《奇恒》者，言奇病也。所谓奇者，使奇病不得以四时死也；恒者，得以四时死也。（《素问·病能论》）

病分奇、恒，主要是指病症的异常变化和正常变化。其中，奇者，异也，因此，"奇病"是指病人之疾病乃至死亡与阴阳四时五行的运行规律不相应，主要指一些奇特少见的病症。如在《素问·奇病论》中所列举的十种奇病：重身九月而喑、息积、伏梁、疹筋、厥逆、脾瘅、胆瘅、癫病、胎病、肾风。"奇"与"恒"相对，因此，恒者，常也，所以"恒病"是指病人所生疾病乃至死亡与阴阳四时五行的运行规律相应。如《素问·脏气法时论》所载，五脏之气的生理活动和发病时的变化、治疗、预后、宜忌等都是取法四时五行的运行规律，以肺病为例："病在肺，愈在冬；冬不愈，甚于夏；夏不死，持于长夏，起于秋；禁寒饮食、寒衣。肺病者，愈在壬癸；壬癸不愈，加于丙丁；丙丁不死，持于戊己，起于庚辛。肺病者，下晡慧，日中甚，夜半静。"

再次，有关中医学的诊疗方法，一般是指望、闻、问、切四诊法。众所周知，四诊法是在《难经·六十一难》中明确提出的："望而知之谓之神，闻而知之谓之圣，问而知之谓之工，切脉而知之谓之巧。"而有关《难经》和《黄帝内经》的关系，时至今日依然存在争论。[①] 但有一点是确定的，医史学界的主流观点依然是主张《难经》晚于《黄帝内经》，是

---

① 如 2008 年，成建军发表《〈难经〉与〈黄帝内经〉关系简考》一文，指出："虽然《难经》有部分内容为《素问》、《灵枢》所不载，但绝大部分内容还是对《素问》、《灵枢》经文的解释与发挥，因而《难经》是解经之作。"（成建军：《〈难经〉与〈黄帝内经〉关系简考》，《山东中医药大学学报》2008 年第 3 期）而 2010 年，丁元力发表《〈难经〉并非解答今本〈内经〉疑义之作》一文，又主张《难经》不是《黄帝内经》的解经之作。（丁元力：《〈难经〉并非解答今本〈内经〉疑义之作》，《中医文献杂志》2010 年第 3 期）

《黄帝内经》的解经之作。《大辞海·医药科学卷》对《难经》作解时便说："《难经》……以问答体裁解释《内经》中关于脉法、经络、脏腑、疾病、腧穴、针法等方面的疑义。"① 既然《难经》与《黄帝内经》关系密切，那么，《黄帝内经》中有四诊法吗？答案是肯定的。《黄帝内经》中已然形成了四诊法的雏形：

（1）余闻之，见其色，知其病，命曰明。按其脉，知其病，命曰神。问其病，知其处，命曰工。余愿闻见而知之，按而得之，问而极之，为之奈何？（《灵枢·邪气脏腑病形》）

（2）（秋脉）不及，则令人喘，呼吸少气而咳，上气见血，下闻病音。（《素问·玉机真藏论》）

（3）所以察其目者，五藏使五色循明。循明则声章。声章者，则言声与平生异也。（《灵枢·小针解》）

这里，第（1）条中，"见其色"即指望诊，"按其脉"即指切诊，"问其病"即指问诊。可见，此处已经将四诊法中的望、切、问三诊并举。② 但与《难经》表述不同的是，《黄帝内经》是把通过望诊知道病情称为"明"（智慧明达），把通过切诊知道病情称为"神"（技术高超），把通过问诊知道病情称为"工"（医术精熟），《难经》中则是将望、闻、问、切四诊知道病情分别称为"神""圣""工""巧"，这实是关于诊断境界逐次递减的四个层次。笔者认为，《黄帝内经》中的"明""神""工"的表述应该是一般意义上的赞美之辞，因此并不能据此认为《黄帝内经》与《难经》相互抵牾。第（2）条中"下闻病音"，明显是说可以通过听闻病患喘息的声音来诊病，第（3）条是将望诊与闻诊并提，通过

---

① 夏征农主编：《大辞海·医药科学卷》，上海辞书出版社 2003 年版，第 45 页。

② 笔者之所以强调是望、切、问三诊并举，是因为当代学人对于"余愿闻见而知之，按而得之，问而极之，为之奈何？"一句的理解有差异。姚春鹏先生为此句注解："我希望听一下，闻声、望色就能知道病情，切脉就能得到病况，问病就可彻底了解病苦的所在，怎么做才能有如此水平呢？"（姚春鹏译注：《黄帝内经》下，第 892 页）可见，姚先生是将闻诊也放入其中的，那就是说，第（1）条中已然包含了完整的望、闻、问、切四诊。但笔者分析这句话，"闻"应不是闻诊之"闻"，故应在"余愿闻"处断句，而非"余愿"处断句，特此说明。

病患的声音与正常人之不同来断疾，这两条都讲到了闻诊。至此可见，《黄帝内经》中将诊疗方法分为望、闻、问、切四类，确已初具雏形。

最后讲有关诊疗水平的分类。众所周知，形、神是古代中国哲学和医学的重要范畴，"形"一般指形体，"神"一般指精神。如《素问·上古通天论》："上古之人，其知道者……故能形与神俱"；《灵枢·根结》："合形与气，使神内藏"；《灵枢·天年》："百岁，五脏皆虚，神气皆去，形骸独居而终矣"；诸如此类。然而，《黄帝内经》还将诊疗水平分为形、神两大类：

> 请言形，形乎形，目冥冥，问其所病，索之于经，慧然在前，按之不得，不知其情，故曰形。
>
> 请言神，神乎神，耳不闻，目明心开，而志先，慧然独悟，口弗能言，俱视独见，适若昏，昭然独明，若风吹云，故曰神。（《素问·八正神明论》）

可见，"形"是拘泥于疾病的表面现象而必须依靠诊察形体来断病，"神"则是不为疾病表面现象所扰而可"俱视独见"，二者诊疗水平异若天壤。《灵枢·九针十二原》所载"粗守形，上守神"一语亦可为证，守形者医术低下，故言"粗"；守神者医术高明，故言"上"。《灵枢·小针解》还进一步指出，"粗守形者，守刺法也。上守神者，守人之血气，有余不足，可补泻也"，让我们更加明晰地理解二者在诊疗水平上的差异。

二 "气"与有关哲学的分类思维

如上所述，《黄帝内经》除了有诊疗对象、诊疗病症、诊疗方法、诊疗水平等有关医学问题上的分类外，《黄帝内经》作为一部哲学和医学的综合著作，在哲学问题上也蕴含着较为丰富的分类思维。李约瑟说："《内经》的哲学就是'气'的哲学。"[①] 因此，此处仅就《黄帝内经》中有关"气"的问题的分类作一考察。然而，有一点需要进一步说明的是，

---

① ［英］李约瑟：《中国科学技术史》第六卷第六分册《医学》，第68页。

"气"作为《黄帝内经》理论建构的哲学支柱，记载繁多，分布广泛，意蕴丰富，种类繁杂。在《素问》《灵枢》共计 162 篇中，篇名中含有"气"字的就达 19 篇，占了全书近 1/8，篇名未以"气"字命名的篇章在具体内容上也几乎全部涉及"气"字或气论思想。据邢玉瑞统计，《黄帝内经》中"气字出现了 3005 次"之多。① 具体到"气"的分类，薛公忱说《黄帝内经》中"气"的种类有 80 余种②，德国慕尼黑大学中医基础理论研究所满晰博（Manfred B. Porkert）在其《中医学理论基础》一书中曾详细分析了《黄帝内经》中的 32 种"气"。有鉴于此，笔者不打算对《黄帝内经》中"气"的分类作一全面系统的研究，而是从思维哲学的角度，以《吕氏春秋》分类思维为对比和参照，选取《黄帝内经》中迥异于《吕氏春秋》分类思维，并着重体现《黄帝内经》分类特色的"气"的分类来讲述，以期捕捉和厘清分类思维自《吕氏春秋》至《黄帝内经》的历史演进轨迹。

根据对于"气"的本质的认识，《黄帝内经》将"气"分为天气、地气、人气三类：

（1）正月二月，天气始方，地气始发，人气在肝。三月四月，天气正方，地气定发，人气在脾。五月六月，天气盛，地气高，人气在头。七月八月，阴气始杀，人气在肺。九月十月，阴气始冰，地气始闭，人气在心。十一月十二月，冰复，地气合，人气在肾。（《素问·诊要经终论》）

（2）春者，天气始开，地气始泄，冻解冰释，水行经通，故人气在脉。（《素问·四时刺逆从论》）

（3）上下之位，气交之中，人之居也。故曰：天枢之上，天气主之，天枢之下，地气主之，气交之分，人气从之，万物由之，此之谓也。（《素问·六微旨大论》）

---

① 邢玉瑞：《〈黄帝内经〉理论与方法论》，陕西科学技术出版社 2005 年版，第 84 页。

② 薛公忱：《中医现代化的哲学根据》，载澳门中国哲学会主编《中医基础理论的哲学思考》，中医古籍出版社 2005 年版，第 30 页。

这里，《黄帝内经》将天气、地气、人气并举，明显是将其分为三类。而在《黄帝内经》中，又有许多记载仅将天气和地气并举，而未论及人气：

（1）秋三月，此谓容平，天气以急，地气以明。（《素问·四气调神大论》）

（2）故清阳为天，浊阴为地；地气上为云，天气下为雨；雨出地气，云出天气。（《素问·阴阳应象大论》）

（3）阳者，天气也，主外；阴者，地气也，主内。（《素问·太阴阳明论》）

……

这里，又将"气"分为天气和地气二类。综上，将"气"二分为天气和地气，可能是受到了阴阳思想的影响；将"气"三分为天气、地气和人气，可能是受到了三才思想的影响。众所周知，《周易》对于《黄帝内经》有重大影响，如唐明邦说："《黄帝内经》是奠定中医学理论基础的经典，其思想体系受《周易》思想影响极大。"[①] 姚春鹏也说："《周易》的自然哲学对中医学理论的奠基之作《黄帝内经》影响巨大。"[②] 而阴阳和三才思想都蕴含在《周易》中，《易经》中虽未有对于阴阳语词的直接论述，但有关坎盈、明晦、损益、否极泰来、革故鼎新等对立转化的阴阳思想非常丰富，《易传·系辞下》也载："《易》之为书也，广大悉备，有天道焉，有人道焉，有地道焉。"《黄帝内经》正是承继了《周易》的阴阳和三才思想，承继了其有关的思维模式或思维方法，进而使其成为一种分类方法和分类原则。

根据"气"的运行变化规律，可以分为五气和六气两类。关于"五气"，《黄帝内经》中有多重含义，张爱青、陈海凤曾将其总结为五种：（1）木、火、土、金、水五运之气；（2）臊、焦、香、腥、腐五味之气；

---

① 唐明邦：《〈周易〉和〈黄帝内经〉》，《孔子研究》1987 年第 3 期。
② 姚春鹏：《〈周易〉与〈黄帝内经〉》，《周易研究》2001 年第 4 期。

（3）心、肝、脾、肺、肾五脏之气；（4）青、白、赤、黑、黄五色之气；（5）喜、怒、悲、忧、恐五志之气。[1] 此处，笔者所讲述的是第（1）种五运之气。关于六气，《灵枢·决气》中指称精、气、津、液、血、脉这些构成人体的基本物质，而此处笔者所讲的"六气"是寒、暑、燥、湿、风、火六类气候变化。五运之气和六气结合在一起，形成了《黄帝内经》的运气学说：

> （1）寒暑燥湿风火，天之阴阳也，三阴三阳上奉之。木火土金水火，地之阴阳也，生长化收藏下应之。（《素问·天元纪大论》）
> （2）土主甲己，金主乙庚，水主丙辛，木主丁壬，火主戊癸。子午之上，少阴主之；丑未之上，太阴主之；寅申之上，少阳主之；卯酉之上，阳明主之；辰戌之上，太阳主之；巳亥之上，厥阴主之。（《素问·五运行大论》）

此处，第（1）条中，六气为天之阴阳，五行为地之阴阳，六气由三阴三阳与之相应，五行由生长化收藏的变化与之相应。第（2）条中，十天干化五行之气，十二地支化六气，由此五行可以"运"，六气可以"化"。基于此，五运六气，即是一种以阴阳、五行、六气、三阴三阳为基础，结合古代天文、历算等常识，以探究自然界天时气候变化和疾病的关系的学说。正如任应秋所言：其基本要义是"借天地五运六气之理，辨人身五脏六府之疾"[2]。具体到五运六气学说所蕴含的分类思维，五运之气明显是受五行的影响，六气明显是阴阳思想的扩展，而这里的阴阳、五行，已然不仅仅作为一种思想学说而存在，而属于一种思维方法和分类原则了。日本学者山田庆儿曾总结阴阳五行的三重性格时说："阴阳和五行，是分类的原理，思考的范畴，也是表示物质同时是能的状态的概念。"[3] 由此可见，山田庆儿首先肯定了阴阳五行作为一种分类的原理。满晰博甚至认为，阴阳学术、阴阳五行学说之类的说法，在中医经

---

① 张爱青、陈海凤：《论〈内经〉五气》，《光明中医》2003 年第 4 期。
② 任应秋：《五运六气》，上海科学技术出版社 1959 年版，第 74 页。
③ ［日］山田庆儿：《古代东亚哲学与科技文化》，廖育群译，辽宁教育出版社 1996 年版，第 66 页。

典中都是不恰当的，五行是一种"可供选择的定性、定质、定向的协定标准"①，"在中国科学和中医里，阴阳五行所起的作用就是一种定性标准的作用"②。综上可见，将"气"分为"五气"和"六气"，实则是受到了阴阳、五行思想的影响，阴阳、五行已然从一种思想学说转变为一种分类的原则了。

第二节　《淮南子》及其分类思维

《淮南子》与《吕氏春秋》的承继关系至为明显，可以说，《淮南子》就是以《吕氏春秋》为蓝本而编纂的。对于此，前辈学人多有论及，如徐复观说："《淮南子》及《周官》或称《周礼》的所以成立，都是启发自《吕氏春秋》……甚至可以说没有《吕氏春秋》，便没有《淮南子》。"③ 李泽厚在讲到通过哲学上联结和沟通天、人来为建构统一帝国的上层建筑提供理论体系的问题时也说："如果说《吕氏春秋》是建构这种体系的第一步，那末从逻辑上讲，《淮南鸿烈》是第二个里程碑。"④ 牟钟鉴更为明确地指出：《淮南子》"在书中无一字提到吕不韦与《吕氏春秋》，然而正是《吕氏春秋》给予《淮南子》的写作以最大和最直接的影响"⑤。据笔者考察，已往研究主要集中于两书的撰写背景、目的、方法、结构、思想倾向等方面来论述二者的承继关系，而从具体文献资料之引用上来进行分析者，略者众，详者寡。此处，笔者仅相对详细地梳理、列举《淮南子》在文献资料上引用《吕氏春秋》的部分，以期窥见《淮南子》与《吕氏春秋》之间的这种密切关系，见下表。

---

① ［德］满晰博：《五行在中医学中的合理作用》，田忆芳译，《成都中医学院学报》1989年第1期。

② ［德］满晰博、周建平：《中医是一门成熟科学——晰博先生谈中医》，《中国软科学》2008年第1期。

③ 徐复观：《两汉思想史》二，第53—56页。

④ 李泽厚：《中国古代思想史论》，人民出版社1985年版，第142页。

⑤ 牟钟鉴：《〈吕氏春秋〉与〈淮南子〉思想研究》，第165页。

1.《淮南子·俶真训》	《吕氏春秋》
①是故生不足以使之，利何足以动之！死不足以禁之，害何足以恐之！	生不足以使之，则利曷足以使之矣？死不足以禁之，则害曷足以禁之矣？（《知分》）
②是故身处江海之上，而神游魏阙之下，非得一原，孰能至于此哉！	身在江海之上，心居乎魏阙之下。（《审为》）
③水之性真清而土汩之，人性安静而嗜欲乱之。	夫水之性清，土者抇之，故不得清。人之性寿，物者抇之，故不得寿。（《本生》）
④夫夏日之不被裘者，非爱之也，燠有余于身也；冬日之不用翣者，非简之也，清有余于适也。	夏不衣裘，非爱裘也，暖有余也。冬不用翣，非爱翣也，清有余也。（《有度》）
⑤孔墨之弟子，皆以仁义之术教导于世，然而不免于僇，身犹不能行。又况所教乎？是何则？其道外也。	孔墨之弟子徒属充满天下，皆以仁义之术教导于天下，然而无所行。教者术犹不能行，又况乎所教？是何也？仁义之术外也。（《有度》）
2.《淮南子·览冥训》	《吕氏春秋》
山云草莽，水云鱼鳞，旱云烟火，涔云波水，各象其形类，所以感之。	山云草莽，水云鱼鳞，旱云烟火，雨云水波，无不皆类其所生以示人。（《应同》）
3.《淮南子·精神训》	《吕氏春秋》
禹南省，方济于江，黄龙负舟，舟中之人五色无主，禹乃熙笑而称曰："我受命于天，竭力而劳万民。生，寄也；死，归也。何足以滑和？"视龙犹蝘蜓，颜色不变，龙乃弭耳掉尾而逃。	禹南省，方济乎江，黄龙负舟。舟中之人五色无主。禹仰视天而叹曰："吾受命于天，竭力以养人。生，性也；死，命也。余何忧于龙焉？"龙俯耳低尾而逝。（《知分》）

4.《淮南子·本经训》	《吕氏春秋》
①刳胎杀夭，麒麟不游；覆巢毁卵，凤凰不翔。	覆巢毁卵，则凤凰不至；刳兽食胎，则麒麟不来。（《应同》）
②周鼎著倕，使衔其指，以明大巧之不可为也。	周鼎著倕而龁其指，先王有以见大巧之不可为也。（《离谓》）
5.《淮南子·主术训》	《吕氏春秋》
①中欲不出谓之扃，外邪不入谓之塞。	中欲不出谓之扃，外欲不入谓之闭。（《君守》）
②今使乌获、藉蕃从后牵牛尾，尾绝而不从者，逆也；若指之桑条以贯其鼻，则五尺童子牵而周四海者，顺也。	使乌获疾引牛尾，尾绝力勚，而牛不可行，逆也。使五尺竖子引其棬，而牛恣所以之，顺也。（《重己》）
③尧为善而众善至矣，桀为非而众非来矣。	尧为善而众善至，桀为非而众非来。（《应同》）
④尧置敢谏之鼓，舜立诽谤之木，汤有司直之人，武王立戒慎之鞀。	尧有欲谏之鼓，舜有诽谤之木，汤有司直之士，武王有戒慎之鞀。（《自知》）
6.《淮南子·缪称训》	《吕氏春秋》
故水出于山，入于海；稼生乎野，而藏乎仓；圣人见其所生，则知其所归矣。	水出于山而走于海，水非恶山而欲海也，高下使之然也。稼生于野而藏于仓，稼非有欲也，人皆以之也。（《审己》）
7.《淮南子·齐俗训》	《吕氏春秋》
①昔舜葬苍梧，市不变其肆；禹葬会稽之山，农不易其亩。	尧葬于谷林，通树之；舜葬于纪市，不变其肆；禹葬于会稽，不变人徒。（《安死》）
②今有汤、武之意，而无桀、纣之时，而欲成霸王之业，亦不几矣。	有汤武之贤，而无桀纣之时，不成；有桀纣之时，而无汤武之贤，亦不成。（《首时》）

续表

8. 《淮南子·氾论训》	《吕氏春秋》
①故东面而望，不见西墙；南面而视，不睹北方。	东面望者不见西墙，南乡视者不睹北方。（《去尤》）
②尧有不慈之名，舜有卑父之谤，汤、武有放、弑之事，五伯有暴乱之谋。	尧有不慈之名，舜有不孝之行，禹有淫湎之意，汤、武有放杀之事，五伯有暴乱之谋。（《当务》）
③故未有功而知其贤者，尧之知舜；功成事立而知其贤者，市人之知舜也。	未有功而知其圣也，是尧之知舜也；待其功而后知其圣也，是市人之知舜也。（《审应》）
④故论人之道，贵则观其所举，富则观其所施，穷则观其所不受，贱则观其所不为，贫则观其所不取。	凡论人，通则观其所礼，贵则观其所进，富则观其所养，听则观其所行，止则观其所好，习则观其所言，穷则观其所不受，贱则观其所不为。（《论人》）
9. 《淮南子·兵略训》	
是故处于堂上之阴而知日月之次序，见瓶中之冰而知天下之寒暑。	故审堂下之阴，而知日月之行，阴阳之变；见瓶水之冰，而知天下之寒，鱼鳖之藏也。（《察今》）
10. 《淮南子·说山训》	《吕氏春秋》
①范氏之败，有窃其钟负而走者，然有声，惧人闻之，遽掩其耳。憎人闻之，可也；自掩其耳，悖矣。	范氏之亡也，百姓有得钟者。欲负而走，则钟大不可负。以椎毁之，钟况然有音。恐人闻之而夺己也，遽掩其耳。恶人闻之可也，恶己自闻之，悖矣。（《自知》）
②人不爱倕之手，而爱己之指；不爱江、汉之珠，而爱己之钩。	人不爱倕之指，而爱己之指，有之利故也。人不爱昆山之玉、江汉之珠，而爱己一苍璧小玑，有之利故也。（《重己》）

③小马非大马之类也，小知非大知之类也。	小马，大马之类也；小智，非大智之类也。（《别类》）
④天下无粹白狐，而有粹白之裘，掇之众白也。善学者，若齐王之食鸡，必食其跖数十而后足。	善学者，若齐王之食鸡也，必食其跖数千而后足……天下无粹白之狐，而有粹白之裘，取之众白也。（《用众》）
⑤力贵齐，知贵捷。得之同，速为上；胜之同，迟为下。	力贵突，智贵卒。得之同则速为上，胜之同则湿为下。（《贵卒》）
11.《淮南子·说林训》	《吕氏春秋》
①以一世之度制治天下，譬犹客之乘舟，中流遗其剑，遽契其舟桅，薄暮而求之，其不知物类亦甚矣！	楚人有涉江者，其剑自舟中坠于水，遽契其舟，曰："是吾剑之所从坠。"舟止，从其所契者入水求之。舟已行矣，而剑不行，求剑若此，不亦惑乎？（《察今》）
②大匠不斫，大豆不具，大勇不斗。	大匠不斫，大庖不豆，大勇不斗，大兵不寇。（《贵公》）
12.《淮南子·泰族训》	《吕氏春秋》
黄帝曰："芒芒昧昧，因天之威，与元同气。"故同气者帝，同义者王，同力者霸，无一焉者亡。	黄帝曰："芒芒昧昧，因天之威，与元同气。"……帝者同气，王者同义，霸者同力，勤者同居则薄矣，亡者同名则俱矣。（《应同》）

......

　　泛览如上表格，《淮南子》与《吕氏春秋》之间的承继关系已然不证自明。细而言之，《淮南子》对于《吕氏春秋》文献资料的引用，呈现出三大特征：第一，范围广。引用几乎遍及《淮南子》21篇的所有篇章中，如上表格中笔者仅列举了其中12篇的相关概况，实际上其中许多历史故事、寓言故事等，限于篇幅过长，未予列出。如《氾论训》中所载一则身为人妻而外藏财物终被夫家休弃之事："宋人有嫁子者，告其子曰：

‘嫁未必成也。有如出，不可不私藏。私藏而富，其于以复嫁易。’其子听父之计，窃而藏之。若公知其盗也，逐而去之。其父不自非也，而反得其计。”明显是出自《吕氏春秋·遇合》。[①] 第二，数量多。许匡一指出：《淮南子》“从采撷资料的‘量’上来看，最多的要算《吕氏春秋》，其次是《庄子》和《老子》”[②]。第三，内容复杂。这里所说的“复杂”，主要是指《淮南子》对于《吕氏春秋》材料的引用，既有原封不动引用原文的情况，又有变换、增删字句或者移易次序等情况，且后一种情况在《淮南子》中十分普遍。以如上表格中所列内容为例，第1②条中，《吕氏春秋·审为》中讲“身在江海之上，心居乎魏阙之下”是在讲“重生”，而《淮南子》中引述是为了讲“得道”；第3条中，《吕氏春秋·知分》中是讲禹的行为能够“达乎死生之分、利害之经”，而《淮南子》中引述是讲禹得道而将龙这一庞然大物看得极为渺小；第7①条中，《吕氏春秋·安死》中列述尧、舜、禹三位先王节葬之举，是为了讲先秦墨家为死者虑而安死的主张，而《墨子》对《淮南子》影响甚微，故其讲节俭而不提安死之说；第8④条中，《吕氏春秋·论人》中讲“八观”，《淮南子》择选而讲“五观”；第10④条中，《吕氏春秋·用众》中是先讲齐王食鸡跖之事，后总结讲“天下无粹白之狐，而有粹白之裘，取之众白也”，而《淮南子》则是移易了二者的次序，且将齐王食鸡跖的数量由

---

① 《吕氏春秋·遇合》中载此事：“人有为人妻者，人告其父母曰：‘嫁不必生也，衣器之物，可外藏之，以备不生。’其父母以为然，于是令其女常外藏。姑妐知之，曰：‘为我妇而有外心，不可畜。’因出之。”另，许匡一认为，《淮南子》中的这则故事是出自《韩非子·说林上》（许匡一：《淮南子全译》，贵州人民出版社1993年版，第821页）而《韩非子·说林上》对此事记载为：“卫人嫁其子而教之曰：‘必私积聚。为人妇而出，常也；其成居，幸也。’其子因私积聚，其姑以为多私而出之。”将《吕氏春秋》《韩非子》《淮南子》中此则故事的行文相较，我们可以明显发现，《淮南子》承继的文本应是《吕氏春秋》。

② 许匡一：《淮南子全译》，《前言》，第19页。当然，对于此一问题，也有不同声音。如徐复观说：《淮南子》“剌取《吕氏春秋》的材料以成文者，其分量仅次于《老子》、《庄子》”。（徐复观：《两汉思想史》二，第160页）但我们无法判定徐先生所讲的“分量”是否等同于“数量”。另，牟钟鉴也说：“如果仅就直接引用的资料而言，《吕氏春秋》或许在数量上不如《老子》多。”（牟钟鉴：《〈吕氏春秋〉与〈淮南子〉思想研究》，第166页）看来牟先生是基本承认《淮南子》直接采撷《老子》的资料更多一些，然牟先生也使用了“或许”一词。退一步讲，牟先生仅是就直接引用《吕氏春秋》的资料而言的，对于间接引用部分未列入内。而如所周知，《淮南子》通过变换、增删字句而间接引述《吕氏春秋》的材料不计其数，这是值得注意的。

"数千"改为了"数十";诸如此类。

至此,我们发现,《淮南子》与《吕氏春秋》之间的承继关系是十分明显的。然而,《淮南子》之于《吕氏春秋》绝非简单字句的因循,在诸多方面,《淮南子》都深化、发展、修正、补充甚至超越了《吕氏春秋》,最集中也是最典型的表现就是《淮南子》的"道"论。首先应该指出的是,《淮南子》的"道",已然不再等同于老、庄的"道",《淮南子·天文训》中说:"道曰规,始于一,一而不生,故分而为阴阳,阴阳和合而万物生。故曰'一生二,二生三,三生万物'。"此处引老子言,故意舍弃"道生一"一语,可见《淮南子》是主张"道"即为"一"的,《淮南子·诠言训》中所载"一也者,万物之本也"一语亦可为证。而《吕氏春秋》中的"道"即为"一",这是承继《吕氏春秋》的一面。而另一方面,鉴于《吕氏春秋》中论"道"散见于《大乐》《圜道》《有始》等数篇中,《淮南子》一改这种"散"的状况,在《原道训》《俶真训》《道应训》中集中论"道",且每篇都主题鲜明:《原道训》主要阐明"道"的概念,《俶真训》主要论述"道"的历史变化,《道应训》主要以历史事例或寓言故事来证"道"。更可贵者,"道"作为《淮南子》哲学思想的最高概念,贯穿全书,已然成为全书的核心和主线,这在《吕氏春秋》中是没有的。因此,面对《淮南子》所蕴含的纷繁复杂的分类思维,笔者将以"道"为线索,择取政治、养生、兵刑三个方面,简要论述之。

一 "无为""有为"与有关政治的分类思维

《淮南子》的"道"运用于政治上便是主张君主要无为而治,天道自然,君道无为。《原道训》中说:"夫峭法刻诛者,非霸王之业也;垂策繁用者,非致远之术也。"《主术训》进一步说:"人主之术,处无为之事,而行不言之教。"《淮南子》在论及君道问题时,将"为"分类为二:"无为"和"有为":

（1）所谓无为者,私志不得入公道,嗜欲不得枉正术,循理而举事,因资而立,权自然之势,而曲故不得容者,事成而身弗伐,功立而名弗有,非谓其感而不应,攻而不动者。（《修务训》）

（2）何谓无为？智者不以位为事，勇者不以位为暴，仁者不以位为患，可谓无为矣。（《诠言训》）

（3）若夫以火熯井，以淮灌山，此用己而背自然，故谓之有为。（《修务训》）

（4）无为者，道之体也；执后者，道之容也。无为制有为，术也；执后之制先，数也。（《诠言训》）

（5）人无为则治，有为则伤。（《说山训》）

这里，第（1）（2）条讲"无为"，第（3）条讲"有为"，第（4）（5）条讲二者之间的关系。可见，"无为"并非"凝滞而不动"（《主术训》），并非"寂然无声，漠然不动，引之不来，推之不往"（《修务训》），与之相反，君主"无为"恰是要"为"。怎么"为"呢？第一，法天而行，顺应自然规律而动，因此《修务训》中进一步强调："若夫水之用舟，沙之用鸠，泥之用輴，山之用蔂，夏渎而冬陂，因高为田，因下为池，此非吾所谓为之。"第二，既然法天，那么君主就要无私而为公，以君主运用赏罚之术为例，《缪称训》中讲："明主之赏罚，非以为己也，以为国也。适于己而无功于国者，不施赏焉；逆于己便于国者，不加罚焉。"第三，就君臣关系言之，要君臣异道。《主术训》中说："君臣异道则治，同道则乱。"《缪称训》中也说："君不与臣争功，而治道通矣"。基于此，君主的"无为"实际上正是以公心为基础的大有作为，正如熊铁基所指出的："这仅仅是口头上承认'无为'而已，事实上，人生在世是大有可为的。"[①]

再来看"有为"，由第（3）条可知，《淮南子》所述的"有为"实则是指违背天道自然规律的行为。简言之，顺天而为为"无为"，逆天而为是"有为"，具体到二者之间的关系，"无为"胜于"有为"。当然，有一点需要着重指出的是，在《淮南子》中，并非所有的"有为"都是指违背天道自然规律的行为，《主术训》中载："是故君人者，无为而有守也，有为而无好也。"此处，"有为"是立足于抛弃个人喜好贪欲前提之上的，而这里的"有为"也正是指积极的"无为"。

---

① 熊铁基：《秦汉新道家》，上海人民出版社 2001 年版，第 118 页。

二 形、神、气与有关养生的分类思维

《淮南子》的"道"论运用于养生上便是主张人要法天顺情，养生和体道合一。《原道训》中便说："全其身，则与道为一矣。"《诠言训》中也说："其身治者，可与言道矣。"最可贵者，在论及生命要素时，《淮南子》将其分类为三：形、神、气，这是古人认知生命构造问题的重要进步，"是人认识自身构造的重要里程碑"[①]。

> 夫形者，生之舍也；气者，生之充也；神者，生之制也。（《原道训》）

可见，"形"是生命的住舍，"气"是生命的支柱，"神"是生命的主宰，三者之间，既相对独立又密切相关，彼此依存。当然，"形"和"气"主要是指物质的因素，"神"主要是指精神的因素。因此，《淮南子》据此还多次探究形、神关系的问题。《淮南子》主张形、神二元，如《原道训》中就讲"形神相失"，《俶真训》中也载："形伤于寒暑燥湿之虐者，形苑而神壮；神伤乎喜怒思虑之患者，神尽而形有余……是皆不得形神俱没也。"既然是二元的，那么二者之间是什么关系呢？《原道训》中说："以神为主者，形从而利；以形为制者，神从而害。"可见"神"是要制约"形"的。《精神训》中以"心"为中介，也论及二者之关系："心者，形之主也；而神者，心之宝也。"由此亦可窥见"神"对"形"的制约地位。基于此，养生要特别重视养"神"，正如《泰族训》所述："治身，太上养神，其次养形。"

三 兵的决胜要素、五兵与有关兵刑的分类思维

《淮南子》的"道"论运用于兵刑上便是主张用兵贵以德威服人，得道以行义兵。这一思想主要体现在集中论述军事思想的《兵略训》中，其中说："兵失道而弱，得道而强；将失道而拙，得道而工。"因此，用兵要循道而行正义之兵："故义兵之至也，至于不战而止。"当然，这从

---

① 许匡一：《淮南子全译》，第2页。

《兵略训》中所述用兵的目的和作用上也可窥见一二，如"古之用兵者，非利土壤之广而贪金玉之略，将以存亡继绝，平天下之乱，而除万民之害也"；"夫兵者，所以禁暴讨乱也"；"兵之来也，以废不义而复有德也"；等等。在"道"的指导下，《兵略训》提出了决定战争胜负的四大因素：

> 神莫贵于天，势莫便于地，动莫急于时，用莫利于人。凡此四者，兵之干植也。

这里，我们看到《淮南子》将决定战争胜负的"兵之干植"分类为四："神莫贵于天"是指精神合天道，"势莫便于地"是指形势据地利，"动莫急于时"是指行动抓时机，"用莫利于人"是指功用得人和。《淮南子》进一步指出："然必待道而后行，可一用也。"也就是说，只有依赖于"道"的指引，才能得天时、地利、人和，进而用兵制胜。《吕氏春秋》中也有关于这一问题的论述，《决胜》中说："夫兵有本干：必义，必智，必勇。"《淮南子》中的"兵之干植"四分说，与《吕氏春秋》以"义"为战争决胜之"本"、以"智""勇"为战争决胜之"干"的说法相较，将战争提升到了循"道"的高度，具有一定的理论价值。

此外，《淮南子》中有关兵刑问题的分类中，关于战争兵器的分类也值得关注，《时则训》中载有"五兵"之说：

> 春：盛德在木……其兵矛。
>
> 孟夏、仲夏：盛德在火……其兵戟。
>
> 季夏：盛德在土……其兵剑。
>
> 秋：盛德在金……其兵戈。
>
> 冬：盛德在水……其兵铩。

如上可见，《淮南子》中将先秦时期的常规兵器分为五类：矛、戟、剑、戈、铩，并一一与五行相配，这明显是受到五行学说影响而分类的结果。这里，五行实为五兵划分的原则和依据。众所周知，古史中有关"五兵"分类的版本众多，如《周礼·夏官·司兵》有"司兵掌五兵"一语，东汉郑众说"五兵"指戈、殳、戟、酋矛、夷矛，后来郑玄以郑众之说作为车之"五兵",进一步指出步卒之"五兵"为戈、殳、戟、酋矛、弓矢;《谷梁传·庄公二十五年》有"陈五兵"一语,东晋范宁认为"五兵"为矛、戟、钺、楯、弓矢……综观各版本,我们发现,明确指出"五兵"具体内容的大概都是见于汉代及之后的注疏之中。那么,先秦时期有没有明确提出"五兵"的具体内容呢?据曹菁菁研究,"先秦古书中明确指出'五兵'的有《世本》和《司马法》"[①]。而众所周知,《世本》和《司马法》的成书时间以及真伪,自古而今都存在着争议。[②] 这样,《淮南子》作为西汉前期著作,其中明确说明了"五兵"的内容,在中国军事史上应该是较早的记载。

当然,《淮南子》中有关兵刑的分类还有许多,如在《兵略训》中,关于用兵策略的境界的分类:"用兵之上""用兵之次""用兵之下";关于用兵"三势"的分类:"气势""地势""因势";关于用兵"二因"的分类:"智权""事权";关于不同用兵水平的将领的分类:"上将""中将""下将";等等。

如上所述即为《淮南子》在政治、养生、兵刑三个方面分类思维的基本概况,除此之外,《淮南子》在其他诸多方面也体现出较为丰富的分类思维,以在天文地理方面的分类为例,《天文训》《地形训》中存有关于九野、九山、九塞、九薮、大九州、八风、六水的分类,其中,有关九野、九山、九塞、九薮、六水的分类与《吕氏春秋》完全一致;有关八风的分类,有两种,《天文训》中为条风、明庶风、清明风、景风、凉风、阊阖风、不周风、广莫风八类,《地形训》中为炎风、条风、景风、巨风、凉风、飂风、丽风、寒风八类,两种分类都和《吕氏春秋》不同;有关大九州的分类,《吕氏春秋》中未见,而《淮南子》中存有,为神州、次州、戎州、弇州、冀州、台州、沛州、薄州、阳州。综上可见,《淮南子》中分类思维的丰富和复杂程度可见一斑。

---

① 曹菁菁:《"车之五兵"新证——以曾侯乙墓遣册为中心》,《中国典籍与文化》2015年第3期。

② 对于《世本》的成书时间,近世以来争议颇多。1986年,王玉德撰文指出:"世本产生于春秋战国之际。"[王玉德:《〈世本〉成书初探》,《华中师范大学学报》(哲学社会科学版)1986年第1期] 2010年,乔治忠、童杰又撰文说:"《世本》并非先秦时期所成的史书。"(乔治忠、童杰:《〈世本〉成书年代问题考论》,《史学集刊》2010年第5期) 对于《司马法》,有清一代如姚际恒、龚自珍、康有为等人,皆疑其为伪书,近代以来,不少学者辩驳《司马法》为伪书之说,然时至今日,将《司马法》完全作为一部先秦信书尚未成为学界共识。

第三节 《春秋繁露》及其分类思维

《春秋繁露》是西汉董仲舒的代表作品之一。[①] 众所周知，董仲舒的

---

① 针对《春秋繁露》是否为董仲舒所作的问题，自古而今，海内外学术界都有怀疑和否定的声音。直至近年，这种声音仍不绝于耳，讨论仍在继续，并且呈现出一种渐趋精细化的特点，即仅仅针对《春秋繁露》中的某一或某些篇章进行详细研讨。如江新，于2011年、2012年连续撰文三篇，其中，2011年探讨《春秋繁露》五行九篇的真伪问题，得出结论：《五行对》《五行之义》两篇是董仲舒的作品，《五行相生》《五行相胜》《五行顺逆》《治水五行》《治乱五行》《五行变救》六篇是刘向的作品，《五行五事》是宣、元之际的《尚书》学者的作品。［江新：《〈春秋繁露〉五行诸篇真伪考》，《河北师范大学学报》（哲学社会科学版）2011年第4期］2012年探讨《求雨》《止雨》两篇的作者问题，得出结论：《求雨》是魏晋南北朝时的作者根据董仲舒求雨指令、《神农求雨书》以及其他相关求雨材料按照五行学说整编而成，而《止雨》可分为3个独立段落（第1段自开始至"至罢乃止"，第2段自"凡止雨之大体"至"三日罢"，第3段自"二十八年八月甲申"至最后），第1段不是董仲舒的作品，第2、3两段是董仲舒的作品。（江新：《〈春秋繁露〉求雨、止雨作者考》，《中国哲学史》2012年第1期）同年，考证《春秋繁露·三代改制质文》的真伪问题，得出结论：《三代改制质文》不可能出自董仲舒之手，而是两汉之季的公羊后学发挥公羊先师董仲舒的"春秋改制说"，综合在此之前流行的"三统论""五德终始论""文质论"等历史哲学理论混合而成的。［江新：《〈春秋繁露·三代改制质文〉真伪考》，《信阳师范学院学报》（哲学社会科学版）2012年第1期］

当然，学界也有诸位学人始终坚信《春秋繁露》是董仲舒的作品，如周桂钿、黄朴民。周桂钿先生自30年前著述《董学探微》时就坚持这一观点："以上资料（《春秋繁露》、《汉书·董仲舒传》等）大体上都是研究董仲舒思想的可信的资料。"（周桂钿：《董学探微》，北京师范大学出版社1989年版，《前言》，第1页）直至2017年，周先生依然坚信："对于董仲舒的《春秋繁露》，我认为都是可信的研究资料，采取怀疑、改动，都是没有充分根据的。"（周桂钿：《谈谈关于董仲舒研究的方法论问题》，《社会科学动态》2017年第9期）黄朴民先生在1990年就探讨过《春秋繁露》的真伪问题，指出："《春秋繁露》完全可以视作为董仲舒新儒学思想的集中体现者，它不可能是后人所依托的东西。"（黄朴民：《〈春秋繁露〉的真伪与体例辨析》，《齐鲁学刊》1990年第2期）时隔20余年，黄先生依然重申："《春秋繁露》一书绝非后人所依托，而当为董仲舒本人之著述，是董仲舒儒学思想的集中体现者。"（黄朴民：《董仲舒〈春秋繁露〉考辨》，《衡水学院学报》2014年第6期）2018年，黄先生在"中国·衡水董仲舒与儒家思想国际学术研讨会"上作了题为《试说〈春秋繁露〉的几个特征》的主旨演讲，更进一步指出：在董仲舒研究中，《汉书》相较于《史记》更具有史料优势，而《春秋繁露》相较于《汉书》，是更原始、更可信的基本史料，是研究董仲舒思想学说的第一手资料。（黄朴民：《试说〈春秋繁露〉的几个特征》，"爱思想"网，http://www.aisixiang.com/data/110925.html）此处，笔者对于《春秋繁露》类思维的研究，是将《春秋繁露》作为一个整体来看待，因此，笔者同意和接受周桂钿、黄朴民等前辈学人的观点，将《春秋繁露》作为董仲舒研究的可信史料，这是本部分研究的立足点，特此说明。

思想体系是将阴阳家、法家、名家、道家等多家思想与儒家思想熔铸为一体而实现了儒学西汉现代化的新儒学。李泽厚指出："绚烂多彩五花八门的各种思潮、学说、学派……自战国后期起，它们在长久相互抵制、颉颃和论辩中，出现了相互吸收融合的新趋势。从荀子到《吕氏春秋》，再到《淮南鸿烈》和《春秋繁露》，这种情况非常明显。"[1]《汉书·艺文志》论及儒家时，从载体或经典上讲其"游文于六经之中"，从宗旨或归宿上讲其"留意于仁义之际"，从传承或道统上讲其"祖述尧舜，宪章文武，宗师仲尼"，这都是对先秦儒家或原始儒家核心思想的承继。而《汉书·艺文志》也讲：

> 儒家者流，盖出于司徒之官，助人君顺阴阳明教化者也。

这里，"助人君顺阴阳明教化"一语，明显揭示了西汉新儒学的实质。这里描述的主要是一个政治哲学问题，"助人君"是内容，"顺阴阳"是形式，"明教化"是目的。需要强调的是，"顺阴阳"不仅为阴阳问题，周桂钿在探讨董仲舒的五行论时就指出，"五行是属于阴阳问题……与班固在《汉书·五行志》中所讲的董仲舒'始推阴阳，为儒者宗'是完全一致的"[2]。董仲舒思想体系的这一阴阳五行框架和形式显然是受到了阴阳家和秦汉黄老道家的影响。我们再来援引司马谈《论六家之要旨》所述"道家"和《汉书·艺文志》所述"杂家"作一对比：

> （1）道家……其为术也，因阴阳之大顺，采儒、墨之善，撮名、法之要……无为，又曰无不为……其术以虚无为本，以因循为用。（《论六家之要旨》）
>
> （2）杂家者流，盖出于议官。兼儒、墨，合名、法，知国体之有此，见王治之无不贯，此其所长也。（《汉书·艺文志》）

---

[1] 李泽厚：《中国古代思想史论》，第135—136页。

[2] 周桂钿：《董学探微》之《董学续探》，北京师范大学出版社2008年版，第433页。

　　《论六家之要旨》中所述"道家"，非老庄之"道家"，而是盛行于秦汉之际的被司马迁称为"黄老道德之术"（《史记·孟荀列传》）的"新道家"。熊铁基肯定《论六家之要旨》的"道家"就是黄老之学。[①]丁原明还据此总结了黄老之学的四大特点：第一，以虚无为本，以因循为用；第二，无为而无不为，无为是手段，有为是目的；第三，因阴阳之大顺，采儒、墨之善，撮名、法之要，兼容并包；第四，强烈的治世精神。[②]对比《汉书·艺文志》中所述"杂家"，其亦强调君主法天无为而治，以"因"为贵，兼综百家。由此可知，杂家、秦汉新道家、秦汉黄老学，在"名"上相异，在"实"上相近，都是流行于秦汉之际的一股学术思潮。再结合《汉书·艺文志》对于儒家"助人君顺阴阳明教化"的描述，可知这一学术思潮对于以《春秋繁露》为代表和载体的西汉新儒学在形式上产生了深远影响。张国华就曾探究董仲舒和黄老学的关系问题并指出，无论是董氏的天人学说，还是其政治伦理思想，皆与道家"黄老"密切相关，两者间有许多惊人的相似之处，且进一步强调，黄老之学的"精髓已变成了董氏儒学的血肉"[③]。

　　《吕氏春秋》是这一学术思潮进程中的重要一环。在思想倾向和语言表述上，都可以从《春秋繁露》中捕捉到《吕氏春秋》的影子。如《吕氏春秋》在君臣关系上主张虚君实臣，强调君主法天无为而治，《春秋繁露》对于君臣关系也多次指出："为人主者法天之行……为人臣者法地之道"（《离合根》）；"为人君者，其法取象于天……为人臣者，其法取象于地"（《天地之行》）。对于"无为"一词，《春秋繁露》共出现8次，其中《楚庄王》1次，《离合根》2次，《立元神》1次，《保位权》1次，《对胶西王越大夫不得为仁》1次，《顺命》1次，《天地之行》1次。现试举诸例：

　　　　（1）故为人主者……乃不自劳于事，所以为尊也。故为人主者，以无为为道，以不私为宝。（《离合根》）

　　①　熊铁基：《秦汉新道家略论稿》，上海人民出版社1984年版，第3页。
　　②　丁原明：《黄老学论纲》，山东大学出版社1997年版，第26—28页。
　　③　张国华：《从〈天人三策〉到〈春秋繁露〉——兼论董仲舒与"黄老之学"》，《中国社会科学院研究生院学报》1995年第3期。

（2）故为人君者，谨本详始，敬小慎微，志如死灰，安精养神，寂莫无为。（《立元神》）

（3）为人君者居无为之位，行不言之教，寂而无声，静而无形，执一无端，为国源泉。（《保位权》）

……

如前文所述，《吕氏春秋》多从天道自然、天道无私的角度为君主法天而治提供依据，如《贵公》："天地大矣，生而弗子，成而弗有，万物皆被其泽，得其利，而莫知其所由始，此三皇五帝之德也。"又如《去私》："天无私覆也，地无私载也，日月无私烛也，四时无私行也，行其德而万物遂长也。"再如《任数》："因冬为寒，因夏为暑，君奚事哉？故曰君道无知无为。"等等。如上《春秋繁露》所举诸例，也是讲无为，讲不私，讲君主不自劳于事，似受《吕氏春秋》影响较大。正如苏舆针对《离合根》和《立元神》两篇所指出的："汉初老学盛行，此二篇疑是盖公诸人之绪论，而时师有述之者。或董子初亦兼习道家，如贾生本儒术，而所著书时称引黄老家言。"① 当然，我们还有一点需要强调，虽然在"无为"问题上《春秋繁露》时常与《吕氏春秋》一致，但很多时候《春秋繁露》讲天道自然、无为而治等问题时，其宗旨实归本于儒家，如《王道通三》中载："天覆育万物，既化而生之，有养而成之，事功无已，终而复始，凡举归之以奉人。察于天之意，无穷极之仁也。"《对胶西王越大夫不得为仁》也说："仁人者正其道不谋其利，修其理不急其功，致无为而习俗大化，可谓仁圣矣。"这种归本于"仁"的思想当然是归本于儒家的，所以，董仲舒虽然在形式上讲"无为"，但其以儒术为本，是不失为儒家的。

如上为《春秋繁露》在思想倾向方面可能受到《吕氏春秋》影响的情况，对于这一点，若感到还有些许牵强的话，那么，我们来看一下在具体文字表述方面，《春秋繁露》所受到的《吕氏春秋》的影响：

---

① 苏舆撰：《春秋繁露义证》，钟哲点校，中华书局2015年版，第169页。

1. 《春秋繁露·必仁且智》	《吕氏春秋》
①不仁而有勇力材能，则狂而操利兵也；不智而辩慧狷给，则迷而乘良马也。	辨而不当论，信而不当理，勇而不当义，法而不当务，惑而乘骥也，狂而操吴干将也。（《当务》）
②何谓之智？……智者见祸福远，其知利害蚤，物动而知其化，事兴而知其归，见始而知其终。	凡智之贵也，贵知化也。（《知化》）
2. 《春秋繁露·身之养重于义》	《吕氏春秋》
今握枣与错金以示婴儿，婴儿必取枣而不取金也；握一斤金与千万之珠以示野人，野人必取金而不取珠也。	今以百金与抟黍以示儿子，儿子必取抟黍矣；以和氏之璧与百金以示鄙人，鄙人必取百金矣。（《异宝》）
3. 《春秋繁露·循天之道》	《吕氏春秋》
高台多阳，广室多阴，远天地之和也，故圣人弗为，适中而已矣。	室大则多阴，台高则多阳，多阴则蹶，多阳则痿，此阴阳不适之患也。（《重己》）

……

第1①中，《春秋繁露》并列连用的两个比喻"狂而操利兵""迷而乘良马"和《吕氏春秋》中的"惑而乘骥"和"狂而操吴干将"如出一辙，只是说法稍变而已，我们完全有理由相信，《春秋繁露》中的表述确是受到了《吕氏春秋》的启发或影响。第1②中，《春秋繁露》对于"智"的解释明显是对《吕氏春秋》"凡智之贵也，贵知化也"的具体展开。第2条中，可以说《春秋繁露》的表述就是对《吕氏春秋》的仿写。第3条亦然，只是字句稍变，甚至连所要论证的"适"的问题都完全一致，周桂钿讲到《循天之道》这一段时，就援引了《吕氏春秋·重己》中这段话，并指出："董仲舒显然继承了这种思想。"[①] 由此可见，《春秋

---

① 周桂钿：《董学探微》之《董学初探》，第 307 页。

繁露》确受《吕氏春秋》影响，二书关系也较为密切。

现在具体来看一下《春秋繁露》中所蕴含的分类思维概况。通过考察，笔者总结《春秋繁露》的分类思维具有两大特征：第一，与《吕氏春秋》《黄帝内经》和《淮南子》等著作中蕴含丰富的自然科学知识不同，《春秋繁露》作为一部政治哲学著作，除其作为天人感应框架支撑的天文历法知识，还有《循天之道》中所论及的养生问题，其余几乎都为社会伦理知识，因此，相应地，其分类思维主要体现在社会历史领域。第二，正是基于第一条，其分类思维同时表现出分散且不发达的特征。通观全书，其分类思维主要体现在如下四个方面：有关《春秋》十旨的分类；有关重民思想的分类；有关正名问题的分类；有关五官的分类。

一　君主治国与有关《春秋》十旨的分类

近年来，对于在《春秋繁露》研究过程中的得失和研究方法等问题，学界多有总结和反思，如曾亦指出："今人治《春秋繁露》者，多取哲学视角，故仅注意其中有哲学特点之篇章……至于《春秋》类篇目，则占十之五六，其中，尤以《楚庄王》《玉杯》《竹林》《玉英》《王道》《十指》《俞序》《三代改制质文》《爵国》等，皆在《繁露》前半部，实为了解董氏思想之最重要篇目。"① 又，康有为编著《春秋董氏学》，首卷就是《春秋旨第一》，在摘引汇编《春秋繁露·俞序》作为《作经总旨》之后即征引《十指》全文，亦可窥见《十指》在《春秋》宗旨中的地位。基于此，此处探讨分类思维问题，亦自《十指》起。董仲舒作为被康有为称为"欲学公羊者，舍董生安归"② 的公羊学大师，将《春秋》的宗旨归纳或分类为十个方面：

> 举事变，见有重焉，一指也；见事变之所至者，一指也；因其所以至者而治之，一指也；强干弱枝，大本小末，一指也；别嫌疑，异同类，一指也；论贤才之义，别所长之能，一指也；亲近来远，同民所欲，一指也；承周文而反之质，一指也；木生火，火为夏，天之

---

① 曾亦：《怎样读〈春秋繁露〉》，《中华读书报》2017 年 2 月 22 日第 8 版。
② 康有为编著：《春秋董氏学》，楼宇烈整理，中华书局 1990 年版，《自序》，第 1 页。

端，一指也；切刺讥之所罚，考变异之所加，天之端，一指也。举事变，见有重焉，则百姓安矣；见事变之所至者，则得失审矣；因其所以至而治之，则事之本正矣；强干弱枝，大本小末，则君臣之分明矣；别嫌疑，异同类，则是非著矣；论贤才之义，别所长之能，则百官序矣；承周文而反之质，则化所务立矣；亲近来远，同民所欲，则仁恩达矣；木生火，火为夏，则阴阳四时之理相受而次矣；切刺讥之所罚，考变异之所加，则天所欲为行矣。（《十指》）

由此，董仲舒将《春秋》的要旨或旨意分类为十个方面：安百姓、审得失、正事本、明君臣之分、著是非、序百官、立教化、达仁恩、次阴阳、顺天意。[①] 因此，君主必须要遵循《春秋》之旨来治理国家。当然，需要指出的是，这十条要旨不是孤立的，君主施行王教时必须兼而行之，仅仅遵循某一条或某几条很难达到阴阳和顺、长治久安的效果，因此《十指》讲要"统此而举之"，即要综合起来全面地实行它们才行。

二 "害民"与有关重民的分类思维

在如上《春秋》十旨中，苏舆对"安百姓"一旨作注曰："《春秋》重民"；对"达仁恩"一旨作注曰："远近虽殊，民情则一"；对"顺天意"一旨作注曰："天之所欲，顺民而已，惕灾修行，民受其福，是天意得行。"[②] 可见，安百姓、达仁恩和顺天意三旨的落脚点都在重民。《春秋》十旨，始于重民，中于重民，终于重民。事实上，重民、民本思想作为儒家政治哲学的重要组成部分甚或说核心内容，在《春秋繁露》中体现得非常明显。如《身之养重于义》中就有"天民"一词；《为人者天》中说："民者，君之体也"；《奉本》中说："人之得天、得众者，莫若受命之天子"，天子以天为父，理所当然要"得天"，但董仲舒还要强调"得众"，而"民"是"众"的重要组成部分；对于君王而言，"其德

---

① 张世亮等译注：《春秋繁露》，中华书局 2012 年版，第 163 页。另，曾振宇、傅永聚将十条宗旨总结为：百姓安、得失审、事之本正、君臣之分、是非著、百官序、承周文、仁恩达、阴阳四时之理相受而次、天所欲为行。（曾振宇、傅永聚：《春秋繁露新注》，商务印书馆 2010 年版，第 101 页）

② 苏舆撰：《春秋繁露义证》，第 141—143 页。

足以安乐民，天予之，其恶足以贼善民者，天夺之"（《尧舜不擅移汤武不专杀》），"民"的安乐与否影响着天对于君王的态度，决定着君王的命运前途；甚至，在今天看来极为离奇迷信的止雨祭祀活动，也要打着民意的旗帜才能完成，其祝词中就说："天生五谷以养人……天之意，常在于利人，人愿止雨，敢告于社"，可见，止雨是天顺民意的行为。综上，《春秋繁露》的重民思想可见一斑。在有关重民的思想中，《竹林》中将害民的情况分为三类：

> 《春秋》之法，凶年不修旧，意在无苦民尔；苦民尚恶之，况伤民乎？伤民尚痛之，况杀民乎？故曰：凶年修旧则讥，造邑则讳，是害民之小者，恶之小也；害民之大者，恶之大也。

上文将害民的情况分为了苦民、伤民、杀民三类。"苦民"，意为使人民受苦；"伤民"，意为使人民受伤；"杀民"，意为使人民被杀害。三者同属一类，都是指害民，但民所受伤害的程度不同，苦民最轻，伤民较重，杀民最重。

三　名、性与有关正名的分类思维

当然，董仲舒的重民思想也是建立在维护等级制度的前提之下的，而有关"名"的正名思想，对于儒家而言，正是为等级制度的合理性、必要性提供论证的重要手段，其目的在于明尊卑、序贵贱。这里，我们首先考察一下《春秋繁露》中有关"名"的分类，主要有两种：其一，在《深察名号》中，董仲舒反复强调："古之圣人，谪而效天地谓之号，鸣而施命谓之名。"又说："名众于号，号其大全，名也者，名其别离分散也。号凡而略，名详而目。"可见，名、号有别，"名"应该是指个别事物的名称，类似于荀子所讲的"大别名"；"号"应该是介于普遍和个别之间的特殊事物的名称，类似于荀子的"大共名"和"大别名"之间的"共名"。其二，在《天道施》中，董仲舒又将"名"分为"洪名"和"私名"二类："物也者，洪名也，皆名也，而物有私名，此物也，非夫物。"苏舆明确指出："洪名，犹《荀子·正名篇》之'大共名'，故亦曰'皆名'……私名，犹《正名篇》之'大别名'。"① 此处笔者无意于探究董仲舒有关"名"的分类及其矛盾等问题，我们想要指出的是，董仲舒所讨论的包括正名在内的"名"的问题，不是或主要不是逻辑学意义上的名学问题，而是更加具有政治伦理的意义。周桂钿就明确指出："董仲舒的真意不在逻辑上，而是在政治上。"② 基于此，有关正名问题的分类，我们主要探讨如下两个方面。

第一，众所周知，作为儒家政治伦理意义上的正名，具有定名分、寓褒贬、治纲纪的功能。《春秋繁露》承继、提炼、总结了《春秋》和《公羊传》中有关正名的诸多表述，蕴含着较为丰富的分类思维。如《顺命》中载：

> 故德侔天地者，皇天右而子之，号称天子；其次有五等之爵以尊之，皆以国邑为号。其无德于天地之间者，州、国、人、民；甚者不得系国邑，皆绝骨肉之属，离人伦，谓之阍盗而已。

这里，根据名号将"人"分为了四类：以天子为名号者；以国邑为名号者；以州、国、人、氏③为名号者；无名号的阍盗。其中，以国邑为名号者，如鲁公、齐侯、郑伯、楚子等称谓。以州、国、人、氏为名号者，应源于《公羊传·庄公十年》，其中就载："州不若国，国不若氏，氏不若人，人不若名，名不若字，字不若子。"无名号者为阍盗，何谓阍盗？《公羊传·襄公二十九年》中说："阍者何？门人也，刑人也。"这四类人，是从天子、五等爵制的臣子、有名号的州国人氏到无名号的阍盗，是从有德行的天子、五等爵制的臣子到无德行的州国人氏和阍盗，可以说，德行高者，名号就大；德行低者，名号就小；德行无者，名号就或贱

---

① 苏舆撰：《春秋繁露义证》，第466页。

② 周桂钿：《董学探微》之《董学初探》，第232页。

③ 《春秋繁露》原文为"州、国、人、民"，对于"民"，苏舆注曰："凌云：民，当作名。俞云：当作氏。"（苏舆撰：《春秋繁露义证》，第405页）其中，凌，即凌曙；俞，即俞樾。赖炎元说："民，当从俞樾校作'氏'。"（赖炎元：《春秋繁露今注今译》，台湾商务印书馆1984年版，第385页）张世亮等人说："俞樾云：'民'乃'氏'字之误。俞说可从。"（张世亮等译注：《春秋繁露》，第558页）此处，笔者亦从俞樾之说。

或无了。总体而言，德行和名号之间大体呈现出一种正相关的关系。以德行高低为标准来划分名号，一方面维护了古代专制社会的等级尊卑制度和观念，另一方面也体现了儒家内圣与外王合一的政治理想，一定程度上反映了以董仲舒为代表的思想家对于周公之后统治者要内修德行以治理国家的现实诉求。当然，在《春秋繁露》中，类似的分类情况还有很多，如《精华》："是故小夷言伐而不得言战，大夷言战而不得言获，中国言获而不得言执，各有辞也"；《执贽》："凡执贽，天子用畅，公侯用玉，卿用羔，大夫用雁"；等等。

第二，明性自正名始。《深察名号》的后半部分，从为"性"正名的角度出发，集中探讨人性论问题。加之《实性》一篇，乃《春秋繁露》中探讨人性论问题的两篇专论。在这一问题上，涉及分类思维的内容有三：其一，将天地所赋予人的本质分为"性"和"情"二类，《深察名号》中说："天地之所生，谓之性、情。"董仲舒进一步强调，"情"也是"性"的一部分，所以，如若认为性已善，那就当然不正确了。其二，既然"性"不能等同于"善"，那么，怎样才能"善"？董仲舒将"善"的必要条件分为"性"和"教"两部分。《深察名号》中说："天生民，性有善质而未能善，于是为之立王以善之……民受未能善之性于天，而退受成性之教于王。"《实性》中也说："王教在性外……性者，天质之朴也，善者，王教之化也。"因此，要想最终达到"善"，必须兼具"性""教"二者才行，"性"是"善"的先天条件，"教"是"善"的后天保障。对于"性"而言，不能"失天意而去王任"；对于王教而言，不能"弃重任而违天命"（《深察名号》）。正如周桂钿所说："人性有善质是善的内因，王教是善的外因，内外结合才能成善。"[1] 其三，将"性"分为"圣人之性""中民之性"和"斗筲之性"三类。这明显是对孔子"性相近，习相远"和"唯上智与下愚不移"思想的承继和发展。当然，董仲舒多次指出："名性，不以上，不以下，以其中名之。"（《深察名号》）"圣人之性，不可以名性，斗筲之性，又不可以名性。"（《实性》）但是，当其拈出"圣人之性""中民之性"和"斗筲之性"三个语词时，笔者认为，董仲舒已然潜意识中承认了性分三品，退而言之，董仲舒确是开启了性三

---

[1] 周桂钿：《董学探微》之《董学初探》，第 88 页。

品说的先河。不过，我们也要看到，董仲舒人性论所关注和讨论的主要对象是"中民之性"，对于"圣人之性"和"斗筲之性"，除名称外，再无涉及，这是不争的事实。因此，我们可以说，董仲舒的人性论，从形式上看，是主张性三品之说；从关注和探讨的主要内容上看，则是主张"性有善质而未能善"（《深察名号》）的性未善论。

四　五官与有关官制体系的分类思维

阴阳五行是董仲舒论证大一统的政治哲学的重要形式，在《春秋繁露》中，阴阳五行像在《黄帝内经》《淮南子》中一样，已然承担着分类的方法和原则的角色。对于阴阳，作为二分和无限二分的基本原则，在《春秋繁露》中多有表述，如《阳尊阴卑》："恶之属尽为阴，善之属尽为阳"；《王道通三》："阴，刑气也，阳，德气也。"对于五行，如《淮南子》中以五行为原则划分五兵一样，在《五行相生》《五行相胜》两篇中，以五行为分类原则来划分五官，也是十分典型的表现：

> 东方者木……司农尚仁；
> 南方者火……司马尚智；
> 中央者土……司营尚信；
> 西方者金……司徒尚义；
> 北方者水……司寇尚礼。（《五行相生》）

可见，这里根据五行之间的制约、依存关系，将五官分类为司农、司马、司营、司徒、司寇。首先，让我们来考察一下五官的产生时间。有关司马、司徒、司寇，据《汉书·百官公卿表》所记周朝官制："夏官司马，秋官司寇……或说司马主天，司徒主人，司空主土。"可知司马、司徒、司寇至迟已在周朝出现；有关司农，其源于秦朝的治粟内史，"景帝后元年，更名大农令，武帝太初元年更名大司农"（《百官公卿表》）；有关司营，古代官制中似无此名。然后，让我们看一下董仲舒所生活的西汉初年，五官官名是否依然存在？有关司徒，汉初不置，直至西汉末哀帝元寿二年（前1年）才将丞相更名为大司徒；有关司寇，汉初亦不置，直至哀帝元寿元年（前2年）才将护军都尉更名为司寇；有关司马，汉武帝元狩四年（前 119 年）置大司马；有关司农，汉武帝太初元年（前 104 年）时设置。考索董仲舒之卒年，即太初元年之前，因此，我们发现，真正在董仲舒生前设置的只有设置于元狩四年的大司马，其他四官皆不置。① 因此，我们就能够理解，董仲舒所述五官，实是他根据五行生、胜原理来探讨怎样建立一个合理的官制体系的结果，既然天有五行，人应该有五官，以五行之"五"将官职类分为五，这是五行作为分类原则的典型表现。

如上四个方面即为《春秋繁露》分类思维的主要表现。此外，在《春秋繁露》中，还有一些分类思维的零散表述，首先来看对于"命"的分类："人始生有大命，是其体也。有变命存其间者，其政也。政不齐则人有忿怒之志，若将施危难之中，而时有随、遭者。"（《重政》）可见，"命"分为"大命"和"变命"二类，而"变命"又分为"随命"和"遭命"二类。"大命"为"体"，是人的寿命的本然状态；"变命"是人的寿命有所改变的情况，一种情况是"随命"，即"勠力操行而吉福至，纵情施欲而凶祸到"（《论衡·命义篇》）的为善得善报、为恶得恶报的"命"；一种情况是"遭命"，即"行善得恶，非所冀望"（《论衡·命义篇》）即遭遇意外之事的"命"。为什么会有"变命"？董仲舒认为是受到政治的影响使然。因此，董仲舒讨论命论的分类为虚，事实上是希望改变"政不齐"的情况，表达出一种建立清明政治的理想，这是董仲舒政治哲学的典型表现。其次，让我们来看对于君主的分类，《俞序》中说："《春秋》之道，大得之则以王，小得之则以霸。"《仁义法》中说："故王者爱及四仪，霸者爱及诸侯，安者爱及封内，危者爱及旁侧，亡者爱及独身。"可见，《俞序》将君主分为王、霸二类，《仁义法》将君主分为王者、霸者、安者（使国家安定的君主）、危者（使国家危难的君主）、亡

---

① 司徒、司寇都为汉哀帝时设，董仲舒生前当然未置。而对于司农，设置于太初元年，董仲舒又卒于此时，因此，其生前是否设置便成为问题。这需要我们进一步考察一下董仲舒的卒年问题。对于董仲舒的生年，历来争议较大，苏舆认为是文帝元年，即公元前 179 年，周桂钿认为是高祖九年，即公元前 198 年，相差近 20 年。然而，对于董仲舒的卒年，历来相差甚微，苏舆虽将其定在太初元年即公元前 104 年，但其又说："仲舒著书，皆未改正朔以前事，则其卒于太初前可知，故断自是年始。"（苏舆撰：《春秋繁露义证》，第 480 页）周桂钿将范围定在元封四年（前 107 年）至太初元年之间，因此，虽然汉武帝太初元年设置大司农，但此时董仲舒应该已卒，我们推测其生前大司马亦未置。

者（使国家灭亡的君主）五类。《俞序》还进一步指出："霸王之道，皆本于仁。"《仁义法》也指出："远而愈贤、近而愈不肖者，爱也。"也就是说君主这种从"四夷"到"独身"的由远到近的仁爱，是其由贤到不肖、从"王者"变为"亡者"的决定因素。因此，不论是二类分法还是五类分法，实则都体现了董仲舒的儒家立场。最后，让我们来看其对于优秀的人的分类，《爵国》中说："故万人者曰英，千人者曰俊，百人者曰杰，十人者曰豪。"可见，其将优秀的人分为英、俊、杰、豪四类。而《淮南子·泰族训》中也有类似表述："故智过万人者谓之英，千人者谓之俊，百人者谓之豪，十人者谓之杰。"通过对比可知，《春秋繁露》以智过百人者为"杰"，而《淮南子》以智过十人者为"杰"；《春秋繁露》以智过十人者为"豪"，《淮南子》以智过百人者为"豪"，由此我们看到社会历史领域分类思维所体现出的主观性的特征。

小　结

《吕氏春秋》，一方面，兼综百家，终成晚周殿军之作；另一方面，下启汉代，影响后世思想进程。相应地，《吕氏春秋》类思维，一方面承继和发展了先秦时期的类思维，另一方面也成为汉代类思维进展的新的起点。《黄帝内经》《淮南子》和《春秋繁露》三书，既与《吕氏春秋》关系密切，又在西汉哲学史和学术史上具有很强的代表性。我们选择这三部文献作为考察西汉类思维问题的载体，能够更加准确、全面、系统地了解类思维在《吕氏春秋》之后的进展概况。具体到西汉时期的分类思维，与《吕氏春秋》相较，呈现出三大特征：

第一，从量上看，西汉时期分类思维的应用十分繁杂和广泛，《黄帝内经》《淮南子》和《春秋繁露》三书中都蕴含丰富的分类思维，且在政治、哲学、兵刑、养生、人性等诸方面都有表现。特别在《黄帝内经》中，分类思维在诊疗对象、诊疗病症、诊疗方法、诊疗水平等医学知识领域也有较为丰富的表现，虽然《吕氏春秋》中也有一定的医学知识，但从整体性、系统性甚或科学性上，却是《吕氏春秋》无法比拟的。

第二，当然，分类思维应用数量的增多、范围的广泛并不等同于理论深度的提升。因此，从质上说，西汉时期的分类思维较之《吕氏春秋》

分类思维并无根本区别。《黄帝内经》分类思维呈现为一种重视自然知识领域分类的倾向，《春秋繁露》分类思维呈现为一种重视社会历史领域分类的倾向，《淮南子》分类思维呈现为一种兼重自然知识领域和社会历史领域分类的倾向。且自然知识领域的分类相较于社会历史领域的分类相对科学和客观。如上特征都是在《吕氏春秋》分类思维中已然表现出来的，并不具有多少新意。这一点，应该和中国古代分类思维不注重概念的种属关系和定义形式的研究有关。事实上，中国古代分类思维并不注重对于事物本质属性的考察，而是更加注重从概念内涵的丰富性和多元性出发，对于事物的性质和种类加以区别和划分。因此，具体表现在对于事物的分类上，我们不是关注事物在本质上的包含与被包含的问题，而是更加关注事物之间在内涵上是否有关联的问题。这也算是古代中国分类思维的一大特点。

第三，我们知道，分类思维是比类思维的前提和基础，而当比类思维的极端形态——比附思维在秦汉之际复萌并发展壮大之后，比附思维的模式化、框架化思考问题的方式，开始反向作用于分类思维，并日益演变为分类思维的基本方法和所要遵循的思维原则。这一点在《吕氏春秋》中并无过多的表现，而在西汉时期的分类思维中却尤为明显和集中。如《黄帝内经》中的五运六气学说，五运明显是受五行五分思维的影响，六气明显是受阴阳二分与无限二分思维的影响。再如《淮南子》中"五兵"的分类（矛、戟、剑、戈、铩）、《春秋繁露》中"五官"的分类（司农、司马、司营、司徒、司寇），都是受到五行五分思维影响的结果。

至此，通过对《黄帝内经》《淮南子》和《春秋繁露》三书中分类思维的考察，我们对《吕氏春秋》之后西汉时期分类思维的历史演进概况及其特征有了一个基本的了解。可以说，西汉时期的分类思维确是《吕氏春秋》分类思维在新的历史时期的承继和发展。

第七章 《吕氏春秋》类思维在西汉的
历史演进（下）

比类思维，与分类思维并称类思维的两大主干思维形态，其中，比附思维作为比类思维的极端形态，也归属于比类思维的大范围中。与《吕氏春秋》比类思维相较，西汉时期的比类思维方式又有了一定的发展。如下，我们仍以《黄帝内经》《淮南子》和《春秋繁露》三书为例，通过对三书中所含蕴的比类思维的分析，以期能对西汉时期比类思维的历史演进概况作一基本的考察。

第一节 《黄帝内经》及其比类思维

从哲学上讲，比类是一种思维方式或思维方法，而当运用于中医学中，比类就成为一种诊疗原则和诊疗方法，张景岳就说："比类，比别例类也。"又说："比类者，比异别类以测病情也。"①《黄帝内经》中共出现"比类"一词9次：

（1）黄帝燕坐，召雷公而问之曰：汝受术诵书者，若能览观杂学，及于比类，通合道理，为余言子所长……雷公曰：臣请诵《脉胵》上下篇，甚众多矣，别异比类，犹未能以十全，又安足以明之。

雷公曰：于此有人，头痛筋挛骨重，怯然少气，哕噫腹满，时惊，不嗜卧，此何脏之发也？脉浮而弦，切之石坚，不知其解，复问所以三脏者，以知其比类也。

---

① 郭教礼等主编：《类经评注》，第389、438页。

帝曰：子所能治，知亦众多，与此病失矣。譬以鸿飞，亦冲于天。夫圣人之治病，循法守度，援物比类，化之冥冥，循上及下，何必守经？

若夫以为伤肺者，由失以狂也，不引比类，是知不明也……是失，吾过矣，以子知之，故不告子。明引比类、从容，是以名曰诊经，是谓至道也。（《素问·示从容论》）

（2）雷公避席再拜曰：臣年幼小，蒙愚以惑，不闻五过，比类形名，虚引其经，心无所对。

善为脉者，必以比类、奇恒、从容知之。为工而不知道，此诊之不足贵，此治之三过也。（《素问·疏五过论》）

（3）不适贫富贵贱之居，坐之薄厚，形之寒温，不适饮食之宜，不别人之勇怯，不知比类，足以自乱，不足以自明。此治之三失也。（《素问·征四失论》）

这里，9处"比类"都是比类思维方式在中医学上的反映，是以比较为基础，异中求同或同中求异的过程，是在比较基础上推理的运用。另，《素问·五脏生成》中提及"类推"一词1次："五脏之象，可以类推"，而此处的"类推"也为"比类"义，姚春鹏就将此句译为："五脏的气象，可以从比类中去推求。"[①] 具体到《黄帝内经》中的比类思维，与《吕氏春秋》相较，主要有两大特征：其一，比类思维的初期形态——比喻的使用较少，这可能与《黄帝内经》这部著作的自然科学性质有关；其二，比附思维的运用极为普遍，甚或可用异常突出来形容，这应该与汉代学术思想中所弥漫着的浓厚的阴阳五行色彩有关。

一　《黄帝内经》与比喻思维方法的运用

先来考察《黄帝内经》中比喻思维方法的运用问题。与《吕氏春秋》中比喻在养生、道德、丧葬、政治、兵刑等多个方面都有着广泛的应用不同，《黄帝内经》中比喻的应用屈指可数：

---

① 　姚春鹏译注：《黄帝内经》下，第109页。

（1）夫病已成而后药之，乱已成而后治之，譬犹渴而穿井，斗而铸兵，不亦晚乎？（《素问·四气调神大论》）

（2）凡阴阳之要，阳密乃固，两者不和，若春无秋，若冬无夏。（《素问·生气通天论》）

（3）心者，君主之官也……肺者，相傅之官……肝者，将军之官……胆者，中正之官……膻中者，臣使之官……脾胃者，仓廪之官……大肠者，传道之官……小肠者，受盛之官……肾者，作强之官……三焦者，决渎之官……膀胱者，州都之官……凡此十二官者，不得相失也。（《素问·灵兰秘典论》）

（4）鬼臾区曰：昭乎哉问！明乎哉道！如鼓之应桴，响之应声也。（《素问·天元纪大论》）

（5）黄帝问曰：呜乎远哉！天之道也，如迎浮云，若视深渊。（《素问·六微旨大论》）

（6）夫色脉与尺之相应也，如桴鼓影响之相应也，不得相失也。（《灵枢·邪气脏腑病形》）

（7）圣人之通万物也，若日月之光影，音声鼓响。（《灵枢·五音五味》）

这里，第（1）条中，是用口渴后才去挖井、战斗开始后才去铸造兵器来比类疾病形成之后才去治疗；第（2）条中，是用只有春天没有秋天、只有冬天没有夏天来比类阴阳失去了平衡与和谐；第（3）条中，是用古代社会政治体制中的十二种官制来比类人体十二脏腑的功能；第（4）条中，是用桴鼓相合、音声相应来比类五运六气的道理之清楚明白；第（5）条中，是用仰望浮云和俯视深渊比类天道运行规律的深远；第（6）条中，是用桴鼓相应、影形相随来比类病人的气色、脉象、尺肤与疾病都有相应的关系；第（7）条中，是用日月必然有光和影、鼓响必然有音和声来比类圣人必然能够通晓万事万物的道理。综观《黄帝内经》全书，运用比喻的频次和篇幅与162篇、十数万字的皇皇巨著相较，确是寥若晨星。究其原因，笔者认为，《黄帝内经》毕竟是一部医学著作，比喻思维方式所体现出的生动性、形象性以致不确定性可能与《黄帝内经》作为一部自然科学著作的性质所要求的严谨性、准确性和科学性不符。

二 《黄帝内经》与天人比附思维

《黄帝内经》主张"天人相应"。当然，有一点需要指出的是，《黄帝内经》中无"天人相应"一词，仅有如"人与天地相应"之语，故此处所言"天人相应"，实为"人天相应"。而讲天人关系，按照表述习惯，"天"在前，"人"在后，故言"天人相应"。天与人何以能"相应"？我们可以从《黄帝内经》中有关"人"的论述中窥见一二。一方面，人在天地之间地位极为尊贵，《素问·宝命全形论》："天覆地载，万物悉备，莫贵于人。"《灵枢·玉版》："夫人者，天地之镇也。"另一方面，人与天地同气，是天地合气或气交的结果。《素问·宝命全形论》："人生于地，悬命于天，天地合气，命之曰人。人能应四时者，天地为之父母；知万物者，谓之天子。"《素问·六微旨大论》："上下之位，气交之中，人之居也。"基于此，"人"可以与"天"相应。据笔者考察，《黄帝内经》中的"天人相应"主要包括两方面的内容：其一，"人"要法天则地，这一点与《吕氏春秋》一脉相承；其二，在天人相类问题上，从附数的层面，主张天、人在"数"上相附，这一点突破和超越了《吕氏春秋》单纯从附象的层面论述天人关系。

首先来看"人"要法天则地的一面。《黄帝内经》主张人在疾病的预防、诊治到恢复整个过程中都要法天则地，这样将对人有百益而无一害。《灵枢·顺气一日分为四时》中就说："顺天之时，而病可与期。"反之，人若违背天地自然运行的规律，就要受到严厉的惩罚。《素问·阴阳应象大论》中载："故治不法天之纪，不用地之理，则灾害至矣。"《素问·天元纪大论》中也说："敬之者昌，慢之者亡，无道行私，必得夭殃。"因此，人必须要做到"因天之序"（《素问·六微旨大论》）、"与天地相参也，与日月相应也"（《灵枢·岁露论》）、"谨奉天道"（《素问·天元纪大论》）才行，以养生和刺法为例：

（1）春三月，此谓发陈……此春气之应，养生之道也。

夏三月，此谓蕃秀……此夏气之应，养长之道也。

秋三月，此谓容平……此秋气之应，养收之道也。

冬三月，此谓闭藏……此冬气之应，养藏之道也。（《素问·四气调神大论》）

（2）故智者之养生也，必顺四时而适寒暑，和喜怒而安居处，节阴阳而调刚柔，如是则僻邪不至，长生久视。（《灵枢·本神》）

（3）故春刺散俞，及与分理，血出而止，甚者传气，间者环也。夏刺络俞，见血而止，尽气闭环，痛病必下。秋刺皮肤，循理，上下同法，神变而止。冬刺俞窍于分理，甚者直下，间者散下。春夏秋冬，各有所刺，法其所在。（《素问·诊要经终论》）

这里，第（1）（2）条谈养生，主张养生必须遵循四时运行的规律以生、长、收、藏，这样，才能"僻邪不至，长生久视"。第（3）条谈刺法，主张针刺之法也必须遵循四时运行规律来确定具体的针刺部位。这都是法天则地思想在中医学上的具体体现。当然，在《黄帝内经》中，人与天的这种相应，时常会达到牵强附会的程度。如《素问·阴阳应象大论》中说："天不足西北，故西北方阴也，而人右耳目不如左明也。地不满东南，故东南方阳也，而人左手足不如右强也。"人的耳聪、目明的程度似乎与天气、地气及其方位的阴、阳属性没有必然关系。再如《灵枢·邪客》中所载："天圆地方，人头圆足方以应之。"人的头、足的形状与天圆地方也应没有必然的关系。

再来看《黄帝内经》天人附数的一面。《黄帝内经》特别重视"数"，如《素问·天人纪大论》："天以六为节，地以五为制"；《素问·三部九候论》："天地之至数，始于一，终于九焉"；诸如此类。因此，在天人关系上，《黄帝内经》主张天人在"数"上的相应：

（1）夫一天、二地、三人、四时、五音、六律、七星、八风、九野，身形亦应之，针各有所宜，故曰九针。人皮应天，人肉应地，人脉应人，人筋应时，人声应音，人阴阳合气应律，人齿面目应星，人出入气应风，人九窍三百六十五络应野。故一针皮，二针肉，三针脉，四针筋，五针骨，六针调阴阳，七针益精，八针除风，九针通九窍，除三百六十五节气，此之谓各有所主也。（《素问·针解》）

（2）余闻人之合于天道也，内有五脏，以应五音、五色、五时、五味、五位也；外有六腑，以应六律，六律建阴阳诸经，而合之十二月、十二辰、十二节、十二经水、十二时、十二经脉者，此五脏六腑所以应天道。（《灵枢·经别》）

此处，第（1）条中，人的形体的各部分即皮肤、肌肉、血脉、筋、声音、脏腑、牙齿面目、呼吸之气、九窍三百六十五络分别与天、地、人、四时、五行、六律、七星、八风、九野相应，而这都是建立在与"一"至"九"的天地之数的比附的基础上，也正是由于这种与天地之数的相互配属，又决定了九种针法部位、功能的不同。第（2）条中，五脏与五音、五色、五时、五味、五位相应，六腑与六律相应，六律分六阳律和六阴律，故而又与十二月、十二辰、十二节、十二经水、十二时、十二经脉相应，此条综言五脏六腑和自然天道相应的情况。如上可见，"数"成为人们认识和考察天道人事的基本原则和基本框架，天、人实现了在"数"上的统一。人体成为小宇宙，宇宙变成大人体。当然，与《吕氏春秋》在天人关系上主要表现在附象层面上相较，《黄帝内经》将天人关系迁延至附数层面上，可以说，这开启了之后直至董仲舒人副天数的先河。更进一步，通过与《吕氏春秋》天人比附相比较，我们发现，《黄帝内经》在天人关系上还体现出两个突出的特点：一是《黄帝内经》实现了阴阳比附和天人附数的结合，二是实现了天人附象和天人附数的结合：

（1）腰以上为天，腰以下为地，故天为阳，地为阴。故足之十二经脉，以应十二月，月生于水，故在下者为阴；手之十指，以应十日，日主火，故在上者为阳。（《灵枢·阴阳系日月》）

（2）天有日月，人有两目。地有九州，人有九窍。天有风雨，人有喜怒。天有雷电，人有音声。天有四时，人有四肢。天有五音，人有五脏。天有六律，人有六腑。天有冬夏，人有寒热。天有十日，人有手十指。辰有十二，人有足十指、茎、垂以应之，女子不足二节，以抱人形。天有阴阳，人有夫妻。岁有三百六十五日，人有三百六十节。地有高山，人有肩膝。地有深谷，人有腋腘。地有十二经水，人有十二经脉。地有泉脉，人有卫气。地有草䔍，人有毫毛。天有昼夜，人有卧起。天有列星，人有牙齿。天有小山，人有小节。地有山石，人有高骨。地有林木，人有募筋。地有聚邑，人有肉。岁有十二月，人有十二节。地有四时不生草，人有无子。此人与天地相应者也。（《灵枢·邪客》）

这里，第（1）条中，是用阴、阳比附人体的上、下。腰以上为阳，手在腰以上，故手之十指与主于火属阳的十日相应；腰以下为阴，足在腰以下，故足部十二经脉与生于水属阴的十二月份相应。可见，阴阳比附和天人附数已然融为一体。第（2）条中，展示了人体的身形肢节与日月星辰、山川草木相比附的情况。其中，既包括如"天有小山，人有小节。地有山石，人有高骨"之类的天人附象的描述，也有如"天有四时，人有四肢。天有五音，人有五脏。天有六律，人有六腑"之类的天人附数的描述，将天人附象和天人附数结合在了一起。

三　《黄帝内经》与五行比附思维

阴阳五行思维模式在包括西汉在内的整个汉代学术思想中占有至关重要的地位，顾颉刚曾说："汉代人的思想的骨干，是阴阳五行。无论在宗教上，在政治上，在学术上，没有不用这套方式的。"[1] 因此，与《吕氏春秋》相比，《黄帝内经》中所蕴含的比附思维更加丰富和复杂。

《吕氏春秋》中的五行比附，主要体现在《十二纪》的《月令》部分。其中，具体提及的五行比附，主要是与四季、五方、十天干、五帝、五神、五虫、五音、五味、五臭、五祀、五脏、五色、五谷、五畜共计14种事物的比附。及至《黄帝内经》，随着五行思维模式逐步演变为一种分类的原则和方法，实际提及的与五行相比附的事物数量剧增，多达数十种，具体见如下表格：

---

[1]　顾颉刚：《秦汉的方士与儒生》，上海古籍出版社2005年版，第1页。

五行	木	火	土	金	水	出处
四季	春	夏	长夏	秋	冬	《素问·金匮真言论》
五方	东	南	中	西	北	《素问·金匮真言论》
五脏	肝	心	脾	肺	肾	《素问·金匮真言论》
五色	青	赤	黄	白	黑	《素问·金匮真言论》
五味	酸	苦	甘	辛	咸	《素问·金匮真言论》
五畜	鸡（犬）	羊	牛	马（鸡）	彘	《素问·金匮真言论》《灵枢·五味》
五谷	麦（麻）	黍（麦）	稷（秔米）	稻（黄黍）	豆	《素问·金匮真言论》《灵枢·五味》
五音	角	徵	宫	商	羽	《素问·金匮真言论》
五臭	臊	焦	香	腥	腐	《素问·金匮真言论》
七窍	目	舌	口	鼻	二阴（耳）	《素问·金匮真言论》《素问·阴阳应象大论》
六气	风	热	湿	燥	寒	《素问·阴阳应象大论》
五声	呼	笑	歌	苦	呻	《素问·阴阳应象大论》
五志	怒	喜	思	忧	恐	《素问·阴阳应象大论》
五体	筋	脉	肉	皮	骨	《素问·五脏生成》
五脉	弦	钩	软弱（代）	毛（浮）	石（营）	《素问·平人气象论》《素问·玉机真藏论》《素问·宣明五气》
十天干	甲乙（丁壬）	丙丁（戊癸）	戊己（甲己）	庚辛（乙庚）	壬癸（丙辛）	《素问·脏气法时论》《素问·五运行大论》
五气	柔	息	充	成	坚	《素问·五运行大论》
五性	暄	暑	静兼	凉	凛	《素问·五运行大论》
五德	和（敷和）	显（彰显）	濡（溽蒸）	清（清洁）	寒（凄沧）	《素问·五运行大论》《素问·气交变大论》
五用	动	躁	化	固	藏	《素问·五运行大论》
五化	荣（生荣）	茂（蕃茂）	盈（丰备）	敛（紧敛）	肃（清谧）	《素问·五运行大论》《素问·气交变大论》

五行	木	火	土	金	水	出处
五虫	毛	羽	倮	介	鳞	《素问·五运行大论》
五政	散 （舒启）	明 （明曜）	谧 （安静）	劲 （劲切）	静 （凝肃）	《素问·五运行大论》 《素问·气交变大论》
五令	宣发	郁蒸	云雨	雾露	霰雪	《素问·五运行大论》
五变	摧拉 （振发）	炎烁 （销铄）	动注 （骤注）	肃杀	凝冽 （凛冽）	《素问·五运行大论》 《素问·气交变大论》
五眚 （五灾）	陨 （散落）	燔焫	淫溃 （霖溃）	苍落 （苍陨）	冰雹 （冰雪 霜雹）	《素问·五运行大论》 《素问·气交变大论》
五果	李	杏	枣	桃	栗	《灵枢·五味》
五菜	韭	薤	葵	葱	藿	《灵枢·五味》

……

　　如上是《黄帝内经》中有关天地万事万物与五行相配的部分梳理，这里，有四点需要进一步说明：第一，关于四季与五行的相配，《黄帝内经》中使用"长夏"一词28次，是指夏之六月，与《吕氏春秋》中"季夏"一词同义。当然，《黄帝内经》在《素问·风论》《灵枢·本神》《灵枢·经筋》《灵枢·五音五味》中也出现"季夏"一词4次，出现频次远低于"长夏"。第二，五脏是《黄帝内经》作为医学著作的核心概念，其中心脏在五脏中又具有至关重要的地位，如《素问·解精微论》中说："夫心者，五藏之专精也。"《灵枢·口问》中也说："心者，五脏六腑之主也。"而有关五脏与五行相配，历来有"心主土"说和"心主火"说之别。《吕氏春秋》主张前说，《黄帝内经》主张后说，因此《吕氏春秋》五脏与五行为脾与木、肺与火、心与土、肝与金、肾与水一一相配，《黄帝内经》则是肝与木、心与火、脾与土、肺与金、肾与水一一相配。第三，关于十天干与五行相配，《素问·脏气法时论》中载："肝主春……其日甲乙；心主夏……其日丙丁；脾主长夏……其日戊己；肺主

秋……其日庚辛；肾主冬……其日壬癸。"而在《素问·五运行大论》中
却说："土主甲己，金主乙庚，水主丙辛，木主丁壬，火主戊癸。"前者
的配属关系与《吕氏春秋》一致，是十天干与五行相配的关系，而后者
的配属关系实为十天干化五行之气而运行于天的结果。为什么会这样呢？
任应秋认为这与天体上的星宿有关，以"土主甲己"为例："五行土气在
天体上经于心、尾、角、轸四宿时，在十干则适当甲己的位置，因而逢甲
逢己年，便是土气的运化主事，是为甲己化土。"① 第四，关于《黄帝内
经》中五畜、五谷、五虫与五行的配属，与《吕氏春秋》中都存在着不
同。以五畜为例，《吕氏春秋》中与水、火、木、金、土一一相配的五畜
为羊、鸡、牛、犬、彘，而《黄帝内经》中是《素问·金匮真言论》中
的鸡、羊、牛、马、彘，或是《灵枢·五味》中的犬、羊、牛、鸡、彘。
这并非说明《吕氏春秋》与《黄帝内经》之间有多大的矛盾之处，而恰
与之相反，笔者认为，这正是以"五"数为框架和原则为不同类的事物
确立起某种必然性联结的五行附数的主观性特质的最好说明。

第二节　《淮南子》及其比类思维

《淮南子》中共出现"比类"一词2次：

（1）乃命宰祝，行牺牲，案刍豢，视肥膄全粹，察物色，课比
类，量小大，视少长，莫不中度。（《时则训》）
（2）《精神》者，所以原本人之所由生，而晓痛：其形骸九窍取
象，与天合同；其血气，与雷霆风雨比类。（《要略》）

第（1）条中，明显是袭自《吕氏春秋·仲秋》，将"必比类"改为
"课比类"，而"课"是指根据一定的标准考察、验核，如《说文解字》
中说："课，试也。"这一考察、验核的过程就是"比"的过程，因此，
此处的"课比类"实与《吕氏春秋》中的"必比类"同义。第（2）条
中，"比类"依然是"比照类推"之义，是指将人体的血液精气与自然界

---

① 任应秋：《五运六气》，第16页。

的雷霆风雨相比类。除如上 2 次"比类"外，《氾论训》中还出现"推类"1 次，也为"比类"之义："夫见不可布于海内，闻不可明于百姓，是故鬼神礼祥，而为之立禁；总形推类，而为之变象。"这里涉及对鬼神观念产生原因的探讨，认为正因为有些怪异现象和传闻不能公之于天下，所以就有人编造鬼神决定吉凶祸福的迷信来制定禁忌，那么，如何来编造？其方法就是"总形推类"，即指汇合人们熟识的形象、形态来比类到人们不能了解的鬼神上，这一过程就是比较类推的过程。

具体到《淮南子》中所蕴含的比类思维的情况，与《吕氏春秋》相较，从数量上来讲，极为丰富，可以说与《吕氏春秋》在伯仲之间；从内容上来看，作为比类基础形态的比喻思维方法和作为成熟形态的公式化比类推理运用频繁，这一点与《吕氏春秋》相似；此外还有一个突出特点，那就是比附思维的运用更加鲜明，天人附数进一步彰显，这一点与《吕氏春秋》又是相异的。

一　《淮南子》与比喻思维方法的运用

《淮南子》中比喻方法的使用极为频繁，几乎遍及各篇各章中，这是其最大的特点，正如吕书宝所判断的：《淮南子》"大量使用生动活泼的比喻手法，造成全书形象鲜明、细腻贴切的艺术效果"①。鉴于比喻使用的数量过多，不可能一一枚举，此处笔者仅择取与"道"相关的若干语句，以期能对其中比喻思维方法运用的概貌有一基本的了解：

（1）治国譬若张瑟，大弦绁则小弦绝矣。（《缪称训》）

（2）故君人者，其犹射者乎？于此豪末，于彼寻常矣。（《主术训》）

（3）故圣人裁制物也，犹工匠之斫削凿枘也，宰庖之切割分别也，曲得其宜而不折伤。（《齐俗训》）

（4）圣人之一道，犹葵之与日也。虽不能与终始哉，其乡之诚也。（《说林训》）

---

① 吕书宝：《论〈淮南子〉的文学价值》，《东北师范大学学报》（哲学社会科学版）2007 年第 2 期。

（5）今夫儒者，不本其所以欲而禁其所欲，不原其所以乐而闭其所乐，是犹决江河之源而障之以手也。（《精神训》）

（6）（申、韩、商鞅）凿五刑，为刻削，乃背道德之本，而争于锥刀之末，斩艾百姓，殚尽太半，而欣欣然常自以为治，是犹抱薪而救火，凿窦而出水。（《览冥训》）

其中，第（1）（2）条是讲君王治国之道，其将君主治理国家和管理人民比类为调瑟和射箭，调瑟若大弦绷得紧就会小弦断，因此君主治国要绌除苛繁的法令，返归无为之道；射箭若瞄准时有细微的偏差就会造成极大的误差，因此君主要慎重对待精神的感化作用，视、听不妄，与道和同。第（3）（4）条是讲圣人①之道，前一条将圣人决断事物，比类为巧匠砍削木料，又比类为良厨宰割牺畜。巧匠砍削木料会自然与墨线契合，良厨宰割牺畜会分割得恰到好处而刀斧无损，因此君王决断事物也要循"道"而行无为之治。后一条将圣人与道的关系，比类为葵花始终朝向太阳，这样，就将圣人须臾不离、一心向道体现得淋漓尽致。第（5）（6）条是从批判儒、法的角度来论述君主圣王要行无为之治。前一条中，将儒家的"禁其所欲""闭其所乐"的"有为"，比类为掘开江河源头而用手掌堵塞滔滔江流的行为，这必然是不可行的；后一条中，将申不害、商鞅、韩非等法家人物制定、实施刑罚的"有为"，比类为抱薪救火，比类为凿窦止水，必定不能达到理想的目的甚至会起到相反的作用。因此，要摒弃儒、法之"有为"，以循道而无为。综上六条，通过比喻思维方法的运用，君主圣人之道被更加生动、形象地表现出来，我们对于君主圣王之

---

① 《淮南子》讲"圣人"，是指遵"道"而依"德"行事之人，与道和同的程度仅次于"真人"，我们从《俶真训》中有关"真人""圣人""贤人""俗人"的分类即可窥见一二，如《精神训》中说："是故圣人法天顺情，不拘于俗，不诱于人，以天为父，以地为母，阴阳为纲，四时为纪。"《齐俗训》中也说："故圣人体道反性，不化以待化，则几于免矣。"然而，《淮南子》中有时又把神农、后稷、尧、舜、禹、汤、武等称为"圣人"，如《修务训》中问神农、尧、舜、禹、汤是否为圣人，回答便说"有论者必不能废"，即只要是明理之人就不会做出否定的回答；《泰族训》中也说："圣人之治天下，非易民性也，拊循其所有而涤荡之，故因则大，化则细矣"，然后例举夏禹治水而"因水之流"、后稷垦荒种植而"因地之势"、汤武讨桀伐纣而"因民之欲"的事来加以论证。综上可见，《淮南子》讲"圣人之道"，有时又是指行王道之君的君道，上古帝王与"圣人"是合一的。

道的理解，也由幽而明、易于把握了。

二　《淮南子》与比类思维成熟形态的运用

除如上比喻思维方法在《淮南子》中的频繁运用之外，作为成熟形态的公式化比类思维的运用也极为广泛，特别体现在以自然现象比类社会人事上：

> （1）夫井鱼不可与语大，拘于隘也；夏虫不可与语寒，笃于时也；曲士不可与语至道，拘于俗束于教也。（《原道训》）
>
> （2）霜雪雨露，生杀万物，天无为焉，犹之贵天也；厌文搔法，治官理民者，有司也，君无事焉，犹尊君也。（《诠言训》）

这里，第（1）条中包含两组比类，一组是以井中小鱼比类孤陋寡闻之士，井鱼的"小"与士的闻见孤陋形成"类同"关系，而已知的是，井中之鱼因为受到狭隘环境的局限，所以不能与其谈论大海，因此可以推知，孤陋寡闻之士由于受到世俗和教养的束缚，也不能与他们谈论大道；另一组是用只生活在夏季的虫比类孤陋寡闻之士，夏虫所经历季节的"偏"与士的闻见孤陋形成"类同"关系，而已知的是，夏虫因为受到季节限制，所以无法与其谈论寒冷，因此可以推知，孤陋寡闻之士由于受到世俗和教养的束缚，也不能与他们谈论大道。第（2）条中，以"天无为"比类"君无事"，已知霜雪雨露使万物生长消亡的过程中上天无为，人们还是贵重上天；因此可以推知，纵使有司治官理民的过程中君王不插手具体事务，人们还是尊崇君王。此三组的比类过程可以公式化为：

> （1）井中之鱼受到狭隘环境的局限，所以不能与其谈论大海；
> 孤陋寡闻之士也受到世俗和教养的束缚；
> 所以，不能与孤陋寡闻之士谈论大道。
> （2）夏虫受到季节限制，所以无法与其谈论寒冷；
> 孤陋寡闻之士也受到世俗和教养的束缚；
> 所以，不能与孤陋寡闻之士谈论大道。
> （3）霜雪雨露使万物生长消亡的过程中上天无为，但人们还是

贵重上天；

有司治官理民的过程中君王也不插手具体事务；

所以，人们还是尊崇君王。

如上都是以自然现象比类社会人事，这一比类形式的结论更具有或然性。事实上，《淮南子》中比类思维运用的例子还有许多，如《主术训》："桥直植立而不动，俯仰取制焉；人主静漠而不躁，百官得修焉。"《说林训》："山生金，反自刻；木生蠹，反自食；人生事，反自贼。"《人间训》："山致其高而云起焉，水致其深而蛟龙生焉，君子致其道而福禄归焉。"等等。当然，与《吕氏春秋》一样，不论是比喻思维方法的初级形态，还是比类思维公式化的成熟形态，《淮南子》中的运用都十分广泛，且无序地分散于各章节中，这一特征对于一部哲学著作而言，反映了古代先人本然的思维方式，是思维方式在语言上的落实和表达。

三 《淮南子》与天人比附思维

与先秦老、庄道家论"道"不同，《淮南子》承继了《吕氏春秋》以精气释"道"的传统，主张道即气。因此，《淮南子》以"道"纵贯全书，实则也就是坚持了气一元论，就是以"气"纵贯全书。基于此，在天人关系上，《淮南子》首先承认天地万物在"气"上存在一种"类同"的关系，包括人在内的世间万事万物，都是阴阳气化的结果，如《精神训》中说"刚柔相成，万物乃形"，《本经训》中也说"阴阳之陶化万物"，这种阴阳气化的过程，也就是阴阳二气相摩、激荡以形成和气的过程，《氾论训》中就说："天地之气，莫大于和。"丁原明将其称为"统合了阴阳二气的一种整体性物质实有"[1]。而与《吕氏春秋》一样，《淮南子》接受了战国以来的精气学说，认为"烦气为虫，精气为人"（《精神训》），"精气"成为沟通天、人的基本媒介，换言之，天、人在精气媒介的基础上有了一种异类但同气的关系。这是天人感应或天人比附的前提。当然，就《淮南子》全书而言，在天人关系问题上，基本和主要的观点是讲要以人应天、以人合道，人要法天顺时。而值得注意的是，

---

① 丁原明：《黄老学论纲》，第 267 页。

《淮南子》中也有诸多有关"人"特别是君王、圣人的行为会反过来影响"天"的情况：

> （1）昔者，黄帝治天下……于是日月精明，星辰不失其行；风雨时节，五谷登孰；虎狼不妄噬，鸷鸟不妄搏；凤凰翔于庭，麒麟游于郊；青龙进驾，飞黄伏皂。（《览冥训》）
>
> （2）人主之情，上通于天，故诛暴则多飘风，枉法令则多虫螟，杀不辜则国赤地，令不收则多淫雨。（《天文训》）

此处，由第（1）条可见，黄帝顺天而治，则出现了日月星辰各安其行、风调雨顺五谷丰登、飞禽走兽各得其所等吉祥之兆，反之，如第（2）条所述，君王逆天而行，如刑罚暴虐、法令繁苛、滥杀无辜、政令失时，都会引起一系列灾异之象。这样我们看到，君主的行为确实对"天"产生了一定的影响。沿着这一思想发展，《淮南子》进一步滑向了神秘主义的深渊，如《览冥训》所举二例："武王伐纣，渡于孟津，阳侯之波，逆流而击，疾风晦冥，人马不相见。于是武王左操黄钺，右秉白旄，瞋目而扬之，曰：'余任，天下谁敢害吾意者！'于是风济而波罢。鲁阳公与韩构难，战酣日暮，援戈而扬之，日为之反三舍。"其中，前一例中是讲周武王怒目挥旗的行为使狂风巨浪顿时转变为风平浪静，后一例是讲鲁阳公举戈向太阳挥击的行为使西落的太阳竟然退避三舍。二例都应是出于主观虚构或幻想，是不可能出现的现象，而其在《淮南子》中存在的唯一价值就是，诸如此类的例子使我们从侧面感受到《淮南子》不惜增强其神秘主义色彩也要论证人天相应、人可以影响天的观点的决心和做法。

关于天人比附，《淮南子》中还有一点值得我们着力关注，那就是其中蕴含丰富的天人附数思维，这一思维不见于《吕氏春秋》，而在《黄帝内经》中却多有记述，此处试举诸例：

> （1）天有九重，人亦有九窍；天有四时以制十二月，人亦有四肢以使十二节；天有十二月以制三百六十日，人亦有十二肢以使三百六十节。（《天文训》）

（2）天一地二人三，三三而九，九九八十一。一主日，日数十，日主人，人故十月而生。（《地形训》）

（3）故头之圆也象天，足之方也象地。天有四时、五行、九解、三百六十六日，人亦有四支、五藏、九窍、三百六十六节。天有风雨寒暑，人亦有取与喜怒。故胆为云，肺为气，肝为风，肾为雨，脾为雷，以与天地相参也，而心为之主。（《精神训》）

（4）天有四时，人有四用。（《缪称训》）

这样，我们可以基本窥见《淮南子》在"数"的关系上天人相应的大体情况。此处还有两点需要进一步探讨，第一，从思想源头上看，上述4条中，特别是第（2）（3）两条，其直接的思想渊源更多地应是《黄帝内经》。《素问·三部九候论》："一者天，二者地，三者人，因而三之，三三者九，以应九野。"第（2）条表述与之相似；《灵枢·邪客》："天圆地方，人头圆足方以应之。天有日月，人有两目……天有风雨，人有喜怒……岁有三百六十五日，人有三百六十节。"第（3）条的若干表述与之也相似。另，以第（3）条为例，《淮南子》讲"人与天地相参"，而如所周知，纵然先秦文献如《国语》《中庸》《荀子》中也曾论及这一命题，[1] 将这一命题与"数"相结合并明确提出的却是《黄帝内经》。当然，我们亦可退一步作一大胆猜测，如若《淮南子》中这一思想并非源自《黄帝内经》，那也许就是随着天人感应思想在汉初的流行，"人与天地相参"的命题已然成为这一时期的公共知识。第二，从学术影响上看，不论是《黄帝内经》，还是《淮南子》，每每论及天人附数问题时，都是使用"天有……，人有……"的形式，这是一种以"天"为主导的建基于"数"的基础上的天人相应思想的表达。而《春秋繁露》却与之不同，它更加强调人在与"天"感应过程中的主动性，因此经常表述为"人"在前，"天"在后，也即"人"主动副"天"的形式，如《人副天数》："天以终岁之数，成人之身，故小节三百六十六，副日数也；大节十二

---

① 《国语·越语下》："夫人事必将与天地相参，然后乃可以成功。"

《中庸》："唯天下至诚……可以赞天地之化育，则可以与天地参也。"

《荀子·王制》："君子者，天地之参也，万物之总也，民之父母也。"

另需说明的是，《国语》《中庸》《荀子》中的人与天地相参的理论，并未与"数"相结合。

分，副月数也；内有五脏，副五行数也；外有四肢，副四时数也。"因此，《黄帝内经》和《淮南子》中包括"人与天地相参"在内的天人附数思维，与《春秋繁露》中包括"人副天数"在内的天人附数思维相比较，一方面有较大的区别，另一方面，前者对后者又产生了深远影响，是《春秋繁露》天人附数思维形成过程中重要的逻辑环节。[①]

四　《淮南子》与阴阳五行比附思维

首先看阴阳比附。阴阳，广义上来讲指宇宙间一切事物内部及事物之间所对立并存的两股力量，狭义上来讲指阴阳二气。《淮南子》中所述"阴阳"，兼及二义。以《天文训》为例，其中多有记述："毛羽者，飞行之类也，故属于阳，介鳞者，蛰伏之类也，故属于阴"；"日者，阳之主也……月者，阴之宗也"；"昼者阳之分，夜者阴之分"；"阴气极，阳气萌，故曰冬至为德……阳气极，阴气萌，故曰夏至为刑"；诸如此类。这里，把日、昼、德、有毛羽的飞行之类，比附到"阳"的属性上；把月、夜、刑、有介鳞的蛰伏之类，比附到"阴"的属性上。这是从广义上来理解和应用阴阳。在《淮南子》中，"阴阳"更多地被具体化为阴阳二气来看待。在"和者，阴阳调……阴阳相接，乃能成和"（《氾论训》）的"阴阳合和"思

---

① 事实上，学界对于这一问题看法不一，以"人与天地相参"命题为例，部分学者特别是偏重于医学问题而非哲学问题的学者，更加强调《黄帝内经》中的"人与天地相参"中"天"的物质属性，而《春秋繁露》中的"天"主要体现为意志的或精神的特色，所以认为《黄帝内经》与《春秋繁露》在天人比附问题上存在本质的区别。如 2009 年被评为中华人民共和国成立以来首届"国医大师"的张灿玾就指出："尽管《繁露》中用了较多篇幅论述过天地、阴阳、四时、五行等与《内经》相同的命题，但由于其对'天'的实质这一认识论上的根本错误，所以，和《黄帝内经》就有着本质上的区别。"（张灿玾：《〈内经〉"人与天地相参"说刍议》，《山东中医药大学学报》2000 年第 2 期）而笔者认为，区别是一定存在着的，但是，从天人附数的角度言之，《黄帝内经》《淮南子》二书和《春秋繁露》的联系和影响更应该被关注和强调。众所周知，古代中国哲学和科学彼此影响，相互关联，汉代的表现尤为明显。金春峰先生就指出："和先秦或魏晋、宋明时期不同，在汉代，许多重大的哲学问题，常常是自然科学的问题"；"在汉代，……自然科学的某些观念，常常在哲学上被推广，被普遍化，而成为影响广泛的哲学命题"（金春峰：《汉代思想史》，中国社会科学出版社 2006 年版，第 115、116 页）。《黄帝内经》作为医学圣典，其"人与天地相参"的命题是中国哲学中关于天人关系问题的重要组成部分，它顺着先秦哲学的影响而来，又继续对其后世如《春秋繁露》的天人附数思想产生了深远影响。《淮南子》与《黄帝内经》同时代或稍晚，从逻辑上讲，其天人附数思想对《春秋繁露》也产生了重要影响。

想的基础上，《淮南子》提出了阴阳同气相动说，并具体化为同阴、同阳相动的思想，这是对"阴阳合和"思想的深化和拓展：

（1）昼生者类父，夜生者似母，至阴生牝，至阳生牡。（《地形训》）

（2）月盛衰于上，则嬴蜕应于下，同气相动，不可以为远。（《说山训》）

第（1）条中，"昼生者类父"中的"昼""父"皆属"阳"，体现了同阳相动的思想；"夜生者似母"中的"夜""母"皆属"阴"，体现了同阴相动的思想。"至阴生牝，至阳生牡"则是从更为一般的意义上论述同阴、同阳相动说。第（2）条中，"嬴蜕"指螺蚌，属于介鳞类生物，因此属于"阴"，而"月"为"阴之宗"，"它们同属于阴气类"①，所以嬴蜕的生理变化会受到月亮圆缺晦朔明暗的影响，向宗鲁将这一影响具体化为："月盛则嬴蜕内盈，月衰则嬴蜕内减。"② 综上可见，此一条体现了同阴相动的思想。

同阴、同阳相动思想与《吕氏春秋》关系密切。《吕氏春秋·召类》中载"类同相召，气同则合，声比则应"一语，这是以"类同"为基础来讲事物之间存在着相互召引、应和的关联，"气同则合，声比则应"是"气""声"对于"类同相召"规律的具体落实和表现。与《吕氏春秋》相较，《淮南子》列举了更为丰富的例证，承继并推进了这一思想，如：

（1）物类相动，本标相应，故阳燧见日，则燃而为火；方诸见月，则津而为水。虎啸而谷风至，龙举而景云属。麒麟斗而日月食，鲸鱼死而彗星出，蚕珥丝而商弦绝，贲星坠而勃海决。（《天文训》）

（2）土地各以其类生，是故山气多男，泽气多女，障气多暗，风气多聋，林气多癃，木气多伛，岸下气多肿，石气多力，险阻气多瘿，暑气多夭，寒气多寿，谷气多痹，丘气多狂，衍气多仁，陵气多贪。（《地形训》）

---

① 许匡一：《淮南子全译》，第 956 页。
② 转引自何宁《淮南子集释》下，中华书局 1998 年版，第 1117 页。

（3）夫物类之相应，玄妙深微，知不能论，辩不能解，故东风至而酒湛溢，蚕咡丝而商弦绝，或感之也。画随灰而月运阙，鲸鱼死而彗星出，或动之也。（《览冥训》）

（4）吕望使老者奋，项托使婴儿矜，以类相慕。（《说林训》）

仔细分析可以发现，如上诸例都是讲述同类相应的道理，这是《淮南子》在吸收西汉前期自然科学成果的基础上，对于《吕氏春秋》中"类同相召"思想的进一步论证和延展。具体到"类同"中的"气同"，《淮南子》从宇宙生成论的视角，将"道"和天地万物相关联、相贯通的中介落实到阴阳二气交合上，并进一步发展出同阴、同阳相动的思想，这既是对《吕氏春秋》中规律性的"类同相召"思想的新发展，也是对《吕氏春秋》中具体化的"气同则合"思想的新探索和新飞跃，具有一定的理论价值。

再来看五行比附。《淮南子》中出现诸多"五"数结构的语词，如：五音、五味、五色、五藏、五谷、五种、五帝、五兵、五星、五神、五岳、五霸、五圣，其中，有些语词在《吕氏春秋》《黄帝内经》中已然出现，有些语词则不见于《吕氏春秋》《黄帝内经》而仅见于《淮南子》，大体情况如下[①]：

---

① （一）《吕氏春秋》

《圜道》："今五音之无不应也，其分审也。"

《情欲》："故耳之欲五声，目之欲五色，口之欲五味，情也。"

《尽数》："凡食之道，无饥无饱，是之谓五藏之葆。"

《孟春》："命田舍东郊……土地所宜，五谷所殖，以教道民，必躬亲之。"

《用众》："夫取于众，此三皇、五帝之所以大立功名也。"

《精通》："今夫攻者，砥厉五兵，侈衣美食，发且有日矣，所被攻者不乐，非或闻之也，神者先告也。"

（二）《黄帝内经》

《素问·气交变大论》："夫子之言岁候，不及其太过，而上应五星。"

（三）《淮南子》

《要略》："《天文》者，所以和阴阳之气……法五神之常，使人有以仰天承顺，而不乱其常者也。"

《主术训》："巡狩行教，勤劳天下，周流五岳。"

《氾论训》："齐桓、晋文，五霸之豪英也。"

《修务训》："神农、尧、舜、禹、汤，可谓圣人乎？有论者必不能废。以五圣观之，则莫得无为。"

《吕氏春秋》	五音	五色	五味	五藏	五谷	五帝	五兵
《黄帝内经》	五星						
《淮南子》	五神	五岳	五霸	五圣			

如上诸词，皆在《淮南子》中出现，既体现了《淮南子》在"五"数语词方面对于《吕氏春秋》《黄帝内经》的承继，又体现了《淮南子》自身对于这一问题的发展。这是上古至周秦之际尚"五"思维的延续，也是五行在秦汉时期已然作为归类和比附的原则的表现。以"五星"为例，如所周知，五星在先秦时期具体指岁星、荧惑、镇星、太白、辰星五大行星，如《吕氏春秋》中就有关于荧惑和岁星的记载："宋景公之时，荧惑在心"（《制乐》）；"维秦八年，岁在涒滩"（《序意》）。据吾淳考察，"五行"概念是在"五星"的基础之上发展而来的："五行概念是基于成熟的占星知识，确切地说，就是在五星知识与观念基础上发展起来的一个概念。"① 既然"五星"在"五行"概念之先，那么，我们完全可以把作为岁星、荧惑、镇星、太白、辰星的五星看作先秦尚"五"思维的表现。然而，西汉初年伊始，五星就被表述为木星、火星、土星、金星、水星，马王堆汉墓帛书《五星占》中即作此种表述，时隔约30年②，《淮南子·天文训》承继了《五星占》对于五星的表述，将五星表述为木、火、土、金、水星，并一一与岁星、荧惑、镇星、太白、辰星对应。这明显是五行概念和五行图式形成之后，五行肩负起归类的原则的角色，将岁星、荧惑、镇星、太白、辰星这些具体的五星一一与五行比附，陈广忠通过考察就指出："五行与五星是怎样联系起来的呢？五星古称岁星、荧

---

① 吾淳：《中国哲学起源的知识线索》，第161页。

② 关于《五星占》成书约早于《淮南子》30年的观点，在学界基本形成共识。如刘云友指出："帛书（《五星占》）的写成年代约在公元前170年左右，这比《淮南子·天文训》约早三十年，比《史记·天官书》约早九十年。"（刘云友：《中国天文史上的一个重要发现——马王堆汉墓帛书中的〈五星占〉》，《文物》1974年第11期）陈美东指出："《五星占》系由前177年至前168年间人所作，它应该是战国晚年到西汉早期人们关于五星知识的真切反应。"［卢嘉锡主编：《中国科学技术史》（天文学卷），科学出版社2003年版，第101页］陈广忠也指出："《五星占》成书约在公元前170年，距离《淮南子》成书正好是30年。"（陈广忠：《〈淮南子〉科技思想》，中国文史出版社2017年版，第33页）

惑、镇星、太白、辰星。五行之说盛行之后，把它们又冠之以五行之名。"①

以五行比附思维为基础，《淮南子》记录和保留了两种相异的五行生、胜系统，这可谓《淮南子》之于五行学说的独特价值所在，值得关注和深入探究。有关五行相生系统，我们通过对于《吕氏春秋·十二纪》的考察，析取春属木，孟夏、仲夏属火，季夏属土，秋属金，冬属水，加之春生夏长秋收冬藏的四季运行规律，归纳得出了五行相生顺序。而《淮南子·天文训》中是以文字的形式明确表述了五行相生问题："水生木，木生火，火生土，土生金，金生水。"这一形式是五行相生说的主流，后来的《春秋繁露》承继之。此外，《地形训》中还保留了另一种五行相生系统："炼土生木，炼木生火，炼火生云，炼云生水，炼水反土。"其中，"炼"为"冶炼"之义，许匡一进一步指出，其"兼含治理、处置、提炼多种具体意义"②；"云"代表"金"，高诱就注曰："云，金气所生也。"③ 这种五行相生系统可能与前一种记录同时流行于战国至汉初社会中，但在后世成为非主流思想，影响甚微。

有关五行相胜系统，《地形训》中也记载有两种：其一，即"木胜土，土胜水，水胜火，火胜金，金胜木"，这在后世成为主流。其二，即"以水和土，以土和火，以火化金，以金治木，木得反土"。更为值得一提的是，《淮南子》将前一种五行相胜说作为范式，选择性地承继了《吕氏春秋·应同》中对于邹衍五德终始遗说的记载：

> 有虞氏之祀，其社用土，祀中，葬成亩，其乐《咸池》、《承云》、《九韶》，其服尚黄；夏后氏其社用松，祀户，葬墙置翣，其乐《夏籥》、《九成》、《六佾》、《六列》、《六英》，其服尚青；殷人之礼，其社用石，祀门，葬树松，其乐《大濩》、《晨露》，其服尚白；周人之礼，其社用栗，祀灶，葬树柏，其乐《大武》、《三象》、《棘下》，其服尚赤。（《齐俗训》）

---

① 陈广忠：《〈淮南子〉科技思想》，第86页。
② 许匡一：《淮南子全译》，第251页。
③ （汉）高诱：《淮南子注》，第62页。

这样，就形成了舜土、夏木、殷金、周火后世胜前世的五德转移系统。据笔者分析，《淮南子》中所述五德终始说，具有两方面价值：第一，与《吕氏春秋》相较，《应同》中有"代火者必将水，天且先见水气胜，水气胜，故其色尚黑，其事则水"一语，隐含秦属水德之义。而《淮南子》对此问题的记述止于周代，秦、汉属何德并未明确指出。如所周知，汉初不承认秦的水德，以汉属水德，及至汉武帝，又承认秦的水德，以汉为土德。但从《齐俗训》中所述，我们可以发现，刘安乃至以刘安为代表的淮南王室集团并未直接参与汉代的改德运动。第二，五德终始说作为一种开放的王权更迭脉系的理论依据，自《吕氏春秋》时便和德政结合在一起，《吕氏春秋》主张"类同相召"，君主有德则可使国家长治久安，君主无德则国家必然招致衰亡。及至秦朝，"秦始皇突出了水的阴冷、破坏的特性"[①]，致使五德终始说中的德政色彩锐减。根据胡克森的考察，五德终始说与德政分合的过程主要为：《吕氏春秋·应同》篇有关五德终始说的记载实现了五行说与德政的结合；之后秦始皇否定道德；最终"董仲舒赋予五行以道德属性，将五行的相生相胜附会为父子君臣关系……从而将邹衍五德终始理论发展到新高度，从而将儒家德政思想置于突出位置"，实现了对于道德的恢复。[②] 然而，笔者想强调的是，《淮南子》在此过程中也起到了一定的过渡作用。《天文训》中将天干地支配属五行："甲乙寅卯，木也；丙丁巳午，火也；戊己四季，土也；庚辛申酉，金也；壬癸亥子，水也。"以干支的生克关系为基础，《淮南子》进一步指出："子生母曰义，母生子曰保，子母相得曰专，母胜子曰制，子胜母曰困。"这样，就将五行生、胜比类为母与子关系，实是赋予了五行生、胜系统一种道德属性，是在从秦始皇否定道德到汉武帝、董仲舒实现对道德的恢复之间，由"德"恢复到"德政"的重要一环。

第三节　《春秋繁露》及其比类思维

《春秋繁露》中共出现"比类"一词 2 次：

---

① 王绍东、张玉祥：《五德终始学说中的水德与秦汉政治》，《中国社会科学院研究生院学报》2005 年第 4 期。

② 胡克森：《从德政思想兴衰看"五德终始"说的流变》，《历史研究》2015 年第 2 期。

（1）《春秋》起问数百，应问数千，同留经中。缡援比类，以发其端。卒无妄言，而得应于传者。（《玉杯》）

（2）或曰："性有善端，心有善质，尚安非善？"应之曰："非也。茧有丝，而茧非丝也；卵有雏，而卵非雏也。比类率然，有何疑焉？"（《深察名号》）

其中，第（1）条中的"比类"是董仲舒研究《春秋》之方法论的总结，董仲舒认为，"比类"是研究《春秋》的重要方法，正如同篇《玉杯》中所载"五其比，偶其类"一语，虽然"比"与"类"二字未联结为一个语词，但其就是"比类"之义，苏舆即注曰"此见于经，有类可推者也"，苏舆还特别强调："此董子示后世治《春秋》之法。"① 第（2）条中的"比类"是董仲舒在论证人性论问题中的"性"不能等同于"善"的观点时提出的，他认为，茧有丝而不等于丝，卵有雏而不等于雏，因此可以比类得出结论：性有善质也不等于善。这是比类过程的体现和结果。在《实性》中，也有一例："是以米出于粟，而粟不可谓米；玉出于璞，而璞不可谓玉；善出于性，而性不可谓善。其比多，在物者为然，在性者以为不然，何不通于类也？"这里，以米与粟、璞与玉的关系为喻，比类推论其"性未善论"，其中，"比"与"类"虽然未为一词，但仍为"比类"之义。除如上"比类"二词和"比""类"二分但表示"比类"之义的两例之外，在《春秋繁露》中，还有一处仅有"类"一字却表示"比类"的含义，《天道施》中说："天道见端而知本，精之至也；得一而应万，类之治也。"这里的得一应万之法，当然指的是比类的方法。

具体到其所蕴含的比类思维的具体情况，与《吕氏春秋》《黄帝内经》《淮南子》相较，《春秋繁露》呈现两大突出特征：其一，比喻思维方式的运用依然普遍；其二，比附思维特别是其中的附数思维表现得更为明显，不论在天人附数还是五行附数中都是如此，尚"五"思维进一步彰显，此外，尚"三"思维也基本形成。

---

① 苏舆撰：《春秋繁露义证》，第31页。

一 《春秋繁露》与比喻思维方法的运用

如上讲到"比类"一词时，我们看到，《春秋繁露》以茧与丝的关系、卵与雏的关系、米与粟的关系、璞与玉的关系来比喻性与善的关系，实际上，在探讨人性论问题时，它还将性与善的关系比喻为禾与米的关系："善如米，性如禾。禾虽出米，而禾未可谓米也；性虽出善，而性未可谓善也。"(《实性》)此外，关于人性论，《楚庄王》中还说："人受命于天，有善善恶恶之性，可养而不可改，可预而不可去，若形体之可肥臞，而不可得革也。"这是把人性比喻为人的形体，人的形体可以有肥瘦的不同却不能改变，因此善性可以培养、恶性可以预防，但喜欢善良、厌恶丑恶的本性却不能改变或去除。这与董仲舒将"性"理解为"生之自然之资"(《深察名号》)的认识完全一致。除人性论外，《春秋繁露》中还有许多运用比喻思维方法的情况，现试举二例：

> (1) 为人臣常竭情悉力而见其短长，使主上得而器使之，而犹地之竭竟其情也。(《离合根》)
>
> (2) 五伯者，比于他诸侯为贤者，比于仁贤，何贤之有？譬犹珷玞比于美玉也。(《对胶西王越大夫不得为仁》)

第(1)条中，是将臣子要竭力尽心地展示自己的长处和短处，比喻为大地完全呈现出它的情性，臣子如此，君主方能洞悉他们的才能而加以任用，这是董仲舒人臣法地的君臣观的体现。第(2)条中，是把春秋五霸和儒家所认为的仁贤之人的关系，比喻为像玉一样的美石和真正的玉之间的关系。美石不如玉，五霸也因其经常以欺诈的手段获得成功而不如仁贤之人。更可贵的是，这句话中不仅将五霸与仁贤之人作了对比，还将五霸与同时代的其他诸侯国君作了对比，认为与其他诸侯国君相比，五霸又确实大有作为，贤于其他诸侯国君。笔者认为，从儒家的立场出发，董仲舒对于五霸的历史价值和历史地位作出了相对客观的评价。

我们无法枚举《春秋繁露》中使用比喻思维方法的例子，为了更加深入地了解这一问题的基本概况，最后再举《山川颂》中的一例，以期能对这一问题有一更加全面的认知：

水则源泉混混沄沄，昼夜不竭，既似力者；盈科后行，既似持平者；循微赴下，不遗小间，既似察者；循豁谷不迷或，奏万里而必至，既似知者；障防止之能清净，既似知命者；不清而入，洁清而出，既似善化者；赴千仞之壑，入而不疑，既似勇者；物皆困于火，而水独胜之，既似武者；咸得之而生，失之而死，既似有德者。

如所周知，孔子讲"知者乐水，仁者乐山"（《论语·雍也》），董仲舒承继并发展了这一思想，当讲到"水"时，我们看到，他根据水流的不同特征，以水喻人，连用了九个比喻，分别将"水"比喻为"力者"（有毅力的人）、"持平者"（保持公平的人）、"察者"（明察的人）、"知者"（有智慧的人）、"知命者"（知晓天命的人）、"善化者"（善于教化的人）、"勇者"（勇敢的人）、"武者"（威武的人）、"有德者"（有德行的人）。这样，"水"就被赋予了德、智、勇、力等多种德行，而在这一过程中，《春秋繁露》运用比喻思维方法的密集程度、广泛程度和成熟程度已然可见一斑。

二 《春秋繁露》与比类思维成熟形态的运用

在《春秋繁露》中，作为成熟形态的公式化比类思维的运用也较为普遍。如《楚庄王》中说："是故虽有巧手，弗修规矩，不能正方圆；虽有察耳，不吹六律，不能定五音；虽有知心，不览先王，不能平天下。"这里便包含两组比类：一组是将巧手比类为知心，双手的"灵巧"和心的"智慧"形成"类同"的关系；另一组是将察耳比类为知心，耳朵的"聪灵"和心的"智慧"形成"类同"的关系。而已知的是，灵巧的双手若不依照圆规、曲尺，就画不成圆形、方形；聪灵的耳朵若不正确识别黄钟、太簇、姑洗、蕤宾、夷则、无射六种阳律，就不能确定宫、商、角、徵、羽五音；因此可以推论得出，充满智慧的心若不览先王的言论和行事，也就不能治理好天下。这是董仲舒对于君主一定要效法古圣先王的告诫。再如《仁义法》中所述："虽有天下之至味，弗嚼，弗知其旨也；虽有圣人之至道，弗论，不知其义也。"这里，食物的"美味"和圣人之道的"高明"形成"类同"的关系，也是强调要学习古圣，效法先王。

这是董仲舒乃至整个儒家"法古"思想的重要表现。而如所周知，董仲舒用"奉天"和"法古"二词来归纳和总结《春秋》之道，《楚庄王》中说："春秋之道，奉天而法古。"对于"奉天""法古"两条原则在董仲舒思想中的地位，黄开国说："虽然奉天和法古在这里是并列，但在董仲舒的思想中，二者是不能相提并论的，相对而言，最根本的是奉天，而不是法古。"① 又，鉴于《春秋繁露》中比类思维成熟形态运用的广泛程度，无法一一例举，因此，此处拟以"奉天"原则中君主圣王法天则天而行作为中心，试举诸例，以期能够对于《春秋繁露》中成熟形态比类思维的运用概况有一基本了解：

（1）天积众精以自刚，圣人积众贤以自强；天序日月星辰以自光，圣人序爵禄以自明。天所以刚者，非一精之力；圣人所以强者，非一贤之德也。（《立元神》）

（2）天道积聚众精以为光，圣人积聚众善以为功。故日月之明，非一精之光也；圣人致太平，非一善之功也。（《考功名》）

（3）天地之数，不能独以寒暑成岁，必有春夏秋冬；圣人之道，不能独以威势成政，必有教化。（《为人者天》）

这里，有一个需要指出的前提性问题，三则例句中都有"圣人"语词，仿佛都在讲圣人则天法天的问题，然而，自古儒家的政治理想是圣、王一体，因此，《春秋繁露》中的"圣人"绝大多数都是在与"天子""君主"等作为同义词的意义上使用的。基于此，我们来看一下三则例句中比类思维的运用情况。第（1）条中，天的"刚健"和圣人的"强大"形成"类同"的关系，已知天之所以刚健，是因为不仅仅靠一种精气的力量，因此可以推出，圣人之所以强大，也不是仅仅依靠一个贤人的德行。这里强调君王要想治理好国家，必须积聚众贤之力，多多任用贤人。这是儒家贤人政治的基本要求，是董仲舒政治哲学的重要组成部分。第（2）条中，日月发出"光辉"和圣王使天下"太平"形成"类同"的关系，已知日月之光辉不只是一种精气所发出的光亮，因此可以推出，圣王

---

① 黄开国：《董仲舒的奉天法古》，《衡水学院学报》2013 年第 2 期。

使得天下太平，也不是某一桩善事所建立的功业。这里强调君王一定要为民多做善事，兴利除害，这样才能成就功业，天下太平。事实上，重民、爱民、利民是儒家民本思想的重要内容，周桂钿甚至直接指出："民本思想就是中国传统政治哲学的核心。"[①] 董仲舒对于天、君、民的关系，一方面讲"屈民而伸君，屈君而伸天"（《玉杯》），另一方面也明确讲"天意常在于利民"（《止雨》），所以，天、君、民三者彼此制约、密切联系，君王以民为本，重民兴善，本身是顺从天意的表现。第（3）条中，天地之"数"和圣人之"道"形成"类同"的关系，已知天地的定数不能仅靠寒、暑形成一年，必须要有春夏秋冬四季，因此可以推出，君王治理国家的道理，也不能仅靠威势达到为政的目的，必须要有教化。这里是强调教化对于君王治国的重要意义。当然，儒家向来重视教化，董仲舒多有论述，他认为：从根源上讲，天意是教化的形上根据："为政而任刑，谓之逆天，非王道也"（《阳尊阴卑》）；从人性上讲，王教在性外，教化是君王的"继天而进"（《实性》）；从政治上讲，教化是政治的根本："教，政之本也"（《精华》）；从内容上讲，教化的是以六经为代表的儒家伦理思想："《诗》《书》序其志，《礼》《乐》纯其美，《易》《春秋》明其知"（《玉杯》）；从手段上讲，教化可以通过设置各级学校来实现："立辟雍庠序，修孝悌敬让，明以教化"（《立元神》）。综上可见，君王要聚贤任贤、重民利民、重视教化的思想，都是天道和君道相比类的结果，君道要顺从天道，君王要效法上天，这都是董仲舒所述"奉天"的内容。如下，我们将这三组的比类过程公式化为：

（1）天所以刚健，是因为不仅仅靠一种精气的力量；
圣人所以强大；
所以，也不是仅仅依靠一个贤人的德行。
（2）日月能有光辉，不是一种精气所发出的光亮；
圣王能使得天下太平；
所以，也不是某一桩善事所建立的功业。
（3）天地的定数不能仅靠寒、暑形成一年，必须要有春夏秋冬

---

① 周桂钿主编：《中国传统政治哲学》，河北人民出版社 2007 年版，第 24 页。

四季；

　　君王治理国家的道理不能仅靠威势达到为政的目的；

　　所以，也必须要有教化。

　　如上即为《春秋繁露》在君主法天问题上对成熟形态比类思维的运用。在这一问题上，还有许多例子，如《奉本》："齐桓、晋文不尊周室，不能霸；三代圣人不则天地，不能至王。"当然，《春秋繁露》在许多问题上，都有运用成熟形态比类思维的情况，如讲到正名问题时，《深察名号》中就说："欲审曲直，莫如引绳；欲审是非，莫如引名。"具体的例子我们无法一一枚举，也没有必要一一枚举，仅通过如上诸例，我们就可感受到，公式化比类思维的运用在《春秋繁露》中确实十分娴熟和普遍。

三　《春秋繁露》与天人比附思维

　　与《黄帝内经》一样，首先，《春秋繁露》十分强调"人"在万物中至贵的地位。而与《黄帝内经》中如"天覆地载，万物悉备，莫贵于人"（《素问·宝命全形论》）的平白表述相较，《春秋繁露》有两个特点：其一，从宇宙结构的角度进行论说。董仲舒认为"人"和天地阴阳五行构成宇宙的"十端"[①]，人居其一，并进一步强调："人何其贵也者，起于天，至于人而毕。毕之外，谓之物……以此见人之超然万物之上，而最为天下贵也。"（《天地阴阳》）这一点似与董仲舒对于阴阳家、黄老道家等多家思想的糅合密切相关。其二，具有鲜明的儒家色彩。董仲舒谈到人之所以贵于万物，强调"物疢疾莫能为仁义，唯人独能为仁义；物疢疾莫能偶天地，唯人独能偶天地"，因此，"观人之体，一何高物之甚"（《人副天数》）。这一点明显主要是董仲舒承继先秦儒家而来。其中，"一何"一词"是战国、秦、汉时代的常用语，相当于现代语的'多么'"[②]，我们仿佛可以感受到董仲舒强调"人"贵于万物这一观点时的铿锵语气

---

　　① 《官制象天》："何谓天之端？曰：天有十端，十端而止已。天为一端，地为一端，阴为一端，阳为一端，火为一端，金为一端，木为一端，水为一端，土为一端，人为一端，凡十端而毕，天之数也。"

　　《天地阴阳》："天、地、阴、阳、木、火、土、金、水，九，与人而十者，天之数毕也。"

　　② 张世亮等译注：《春秋繁露》，第475页。

和炙热情感。

以此为基础，董仲舒认为天和人之间是"相类"的关系。对于这一问题的论证，一方面，《春秋繁露》承继了《吕氏春秋》中有关"天生人"（《情欲》《尊师》）的思想，如《身之养重于义》："天之生人"；《王道通三》："人生于天"……另一方面，《春秋繁露》又超越了这种人由天生的简单论证，另辟两个方向论证天人相类。其一，引入"元"作为宇宙本原、万物之本，并指出"人之元在焉"（《玉英》）。康有为就解释说："元为万物之本，人与天同本于元。"① 既然天、人同源，因此天人相类。其二，从儒家伦理的向度强调天、人的密切关系："天亦人之曾祖父也。"（《为人者天》）既然天、人同血缘，因此天人亦相类。

更进一步，《春秋繁露》又承继了《吕氏春秋》《易传》中类同相召、同类相应的思想，主张"物固以类相召"（《同类相动》），因此，天人之间彼此相通、相感、相应。董仲舒还进一步从宇宙论的高度阐明了天人感应的媒介和过程，《五行相生》中说："天地之气，合二为一，分为阴阳，判为四时，列为五行。"加之天有"十端"之说，董仲舒开创了一条"天地—阴阳—四时—五行—人"的关系路径。天人相类着重于天与人的结构方面，天人感应着重于天与人的影响方面，都是天人比附的重要内容。

综上可见，董仲舒在天人比附问题上，既讲结构上的天人相类，又强调影响或联系上的天人感应。基于此，我们将对《春秋繁露》中天人比附的具体表现作一较为细致的考察。如前文所述，《吕氏春秋》讲"应同"（《应同》），《黄帝内经》讲"人与天地相参"（《素问·咳论》），讲"人与天地相应"（《灵枢·邪客》），《淮南子》讲"天有风雨寒暑，人亦有取与喜怒，故胆为云，肺为气，肝为风，肾为雨，脾为雷，以与天地相参也"，皆以"应""参"二字讲天人关系。《春秋繁露》也讲"应"和"参"，如《三代改制质文》："汤受命而王，应天变夏作殷号"；《官制象天》："三臣应天之制"；《王道通三》："唯人道为可以参天"；《天地阴阳》："人，下长万物，上参天地"……然而，《春秋繁露》除使用"应""参"二字，还拈出一个"副"字，来讲天人关系：不仅在篇目中即有

---

① 康有为编著：《春秋董氏学》，第 126 页。

《四时之副》《人副天数》二篇，还在《为人者天》中说："天之副在乎人。"又在《王道通三》中说："人理之副天道。"笔者认为，相较而言，"应""参"是描绘天人之间的"符合""相应"关系的一般性表述，而"副"字，除表示"符合""相应"外，应该还有"随""顺"之义，讲"人"是"天"的副本，实是更加强调了"人"随顺"天"的一面。如下，笔者即以"副"字为枢机，来考察《春秋繁露》中天人比附思维的具体表现。

（一）人体副天。《春秋繁露》认为，人的身体结构和天相副，作为生命体的人是天的缩影，人在"数"和"象"两方面都"体天之节"（《官制象天》），表现出来就是"身犹天也"（《人副天数》）。这在《官制象天》《阳尊阴卑》《人副天数》诸篇中皆有论述。仔细考察，其主要特点就是天人附数和天人附象彼此交织，董仲舒从未在各篇章中作有意识的或自觉的区分，如在《人副天数》中，既讲四肢副四时数，五脏副五行数，十二节大骨节副一年的月数，三百六十六节小骨节副一年的日数，又同时讲人的头大而圆像天的容貌，头发像星辰，身体骨肉像地的厚重，眼睛的张开闭合像白天、黑夜，等等。这里，既有附数也有附象，而类似这些附象和附数的表现还零散地分布于各篇章中。因此，董仲舒在总结天人比附的基本原则时也将其归纳为两条：一条是"于其可数也，副数"；一条是"不可数者，副类"。（《人副天数》）当然，据董仲舒的描述，这里"副类"的"类"，应该就是我们所讲的"附象"的"象"。

（二）人情副天。《王道通三》中说："夫喜怒哀乐之发与清暖寒暑，其实一类也。喜气为暖而当春，怒气为清而当秋，乐气为太阳而当夏，哀气为太阴而当冬。"可见，喜与暖相副而应春，怒与清相副而应秋，哀与寒相副而应冬，乐与暑相副而应夏，喜怒哀乐之情和天之四时春秋冬夏一一相副。具体到君主，亦有喜怒哀乐好恶之情，因此，君主也要根据春生夏长秋收冬藏的天地法则而施情："使好恶喜怒必当义乃出，若暖清寒暑之必当其时乃发也"，否则，"人主当喜则怒，当怒则喜，必为乱世矣"。（《王道通三》）然而，极为难能可贵的是，在此基础上，董仲舒还强调君主在以"情"副"天"的问题上也要具体问题具体分析，《如天之为》中就明确讲："方求善之时，见恶而不释；方求恶之时，见善亦立行；方致清之时，见大善亦立举之；方致宽之时，见大恶亦立去之。"意思是说在春季主生以访求善事来褒扬时，遇到恶事也不会放过；在秋季主杀以访求恶事来惩处时，见到善事也会给予奖赏；在冬季主藏以使政治清明时，见到大善事也会立即褒扬；在夏季主养以追求政治宽容时，见到大恶事也会立刻铲除。董仲舒这种在以情副天问题上以现实为基本出发点的清醒认识还是值得肯定的。张世亮等人就评价说："董仲舒将天气的四季变化与人类的感情变化相比配……但他同时又指出，人道对于天道的效法不应该是机械简单的相配……应当根据实际情况来采取相应的措施，而不必拘泥于天、人相合的死板框架。本篇（《如天之为》）的思想既肯定了人道应该效法天道，但同时又突破了阴阳家多禁忌的缺陷，应该说观点更为全面。"① 这一评价是较为客观公允的。

（三）人性副天。《深察名号》中说："身之名，取诸天。天两有阴阳之施，身亦有贪、仁之性。"可见，人有贪性和仁性是副天的表现和结果。正因为人兼具贪、仁二性，所以"性未可全为善也"（《深察名号》），进一步，董仲舒强调王教的重要作用。有关这一问题，前文已述，兹不赘言。

（四）人政副天。在《春秋繁露》中，主要表现为两个方面：一是君主治国为政要法天副天，二是君主建立官制也要法天副天。对于前一点，《春秋繁露》全书都在强调君主要法天而治，如《四时之副》中还说："圣人副天之所行以为政，故以庆副暖而当春，以赏副暑而当夏，以罚副清而当秋，以刑副寒而当冬。庆赏罚刑与春夏秋冬，以类相应也。"可见，君主所行庆、赏、罚、刑四政与天之春夏秋冬的暖暑清寒是一一相副的。对于后一点，董仲舒认为，官制的设置也要取象于天，《官制象天》中说："吾闻圣王所取，仪法天之大经，三起而成，四转而终，官制亦然者。"那么，官制设置的具体情况应该如何呢？《官制象天》开篇便言："王者制官，三公、九卿、二十七大夫、八十一元士。"这里的"三""九""二十七""八十一"4个数字怎么来的呢？当然是王由三公辅佐，故有"三"；一公由三卿辅佐，故有"九"；一卿由三大夫辅佐，故有"二十七"；一大夫由三元士辅佐，故有"八十一"。这是官制仪法"天以三成时"（《官制象天》）的结果，也是古代中国尚"三"思维的具体体

---

① 张世亮等译注：《春秋繁露》，第641页。

现。这里，笔者之所以对尚"三"思维作特别强调，是因为董仲舒在这一问题上作出了三大特殊的贡献。如所周知，先秦时期尚"三"思维早已流行，如道家经典《道德经》中说"三生万物"；儒家经典中也多有表现，以《论语》为例，其中也多次强调"三"这一数字："三省吾身"（《学而》），"三年无改于父之道"（《里仁》），"三思而后行"（《公冶长》），"其心三月不违仁"（《雍也》），"举一隅不以三隅反""三月不知肉味"（《述而》），"三以天下让"（《泰伯》），"三军可夺帅也"（《子罕》），"南容三复白圭"（《先进》），"三年有成"（《子路》），"君子道者三"（《宪问》），"益者三友，损者三友""益者三乐，损者三乐""君子有三戒""君子有三畏"（《季氏》），"三年之丧"（《阳货》），"殷有三仁焉"（《微子》），"君子有三变"（《子张》）……及至《春秋繁露》，董仲舒对于"三"也极为重视，第一，在历史观上讲"三统三正"，对后世影响深远。第二，将"王"解释为"三画而连其中"，并进一步指出："三画者，天、地与人也"（《王道通三》）。东汉许慎在《说文解字》中就对"三"作出解释："三，天地人之道也。"第三，从哲学的高度指出："三而一成，天之大经也，以此为天制。"（《官制象天》）把"三"作为成数，作为天的常规和制度。与董仲舒同时代稍晚的司马迁在《史记·律书》中就说："数始于一，终于十，成于三。"我们甚或可以说，尚"三"思维虽然由来已久，却是董仲舒从形上的和政治的高度，使其实现了最终定型，从此，尚"三"思维真正成为影响中华传统文化的重要思维方式。

（五）人伦副天。在各种人伦关系中，董仲舒最重君臣、父子、夫妇三纲。邹顺康就明确说："董仲舒对孟子的'五伦'说（父子、君臣、夫妇、长幼、朋友）进行了一定的舍弃，他并没有面面俱到地去讨论问题，而是紧紧地抓住其中最重要的三个方面作为'三纲'的核心。"[①] 董仲舒认为，既然天人同类，道德的三纲也要与天相副："王道之三纲，可求于天"，具体而言，"君臣、父子、夫妇之义，皆取诸阴阳之道"（《基义》）。而董仲舒在阴阳关系上，主张阳主阴次、阳尊阴卑，所以，落实到三纲上就成了君为臣纲、父为子纲、夫为妇纲。至此，自孔孟以来君臣、父子、夫妇在义务上的双向关系，被省略和绝对化为臣必须忠于君、

---

① 邹顺康：《董仲舒"三纲五常"思想评析》，《道德与文明》2014 年第 6 期。

子必须孝于父、妻必须敬于夫的单向义务关系。董仲舒认为，这是符合天道规律的。

（六）人道副天。既然天人同类，因此人的身体结构、情性、政治、道德等诸方面都要副天，这都属于广义上的人道副天道。具体到养生问题，《春秋繁露》有《循天之道》一篇，董仲舒讲"循天之道以养其身，谓之道也"，还讲养身与天道"其道同类"，笔者将其称为狭义上的人道副天道。此处，我们考察一下后者。董仲舒主张，养生的主旨在于副天以达中和之境。我们从其对于"人道"的定义亦可窥见一二，《天道施》中说："人道者，人之所由，乐而不乱，复而不厌者。""乐而不乱"是强调欣喜快乐要适中，不至于淫乱；"复而不厌"是指反复实行都不感到厌烦，那么，"实行"的宗旨或目的是什么呢？《循天之道》说："夫德莫大于和，而道莫正于中"，看来，能够"复而不厌"的当然是行中和之道。具体来看，董仲舒主张人的饮食起居、婚媾等多方面都要副天。首先，在饮食方面，要做到顺应自然："凡择味之大体，各因其时之所美，而违天不远矣。"因为"天无所言，而意以物"，所以，人们可以通过对所食之物的"察物之异"的过程，来"以求天意"（《循天之道》），体察天道。其次，在居处方面，要通过调整或改变房屋的高低广狭来达到"天地之和"的目标，偏阴抑或偏阳都是不适中的表现："高台多阳，广室多阴，远天地之和也，故圣人弗为，适中而已矣。"（《循天之道》）再次，在婚媾方面，要效法阴阳之道，节欲爱气。《立元神》中讲"天积众精以自刚"，《考功名》中讲"天道积聚众精以为光"，阴阳之气也体现为"盛极而合""不盛不合"（《循天之道》）的基本规律，因此，在婚媾问题上，也要"男子不坚牡，不家室；阴不极盛，不相接"。可见，发育成熟，既是男女结婚的重要条件，也是男女交媾的基本原则。进一步，在交媾的时间上，董仲舒主张要"疏阳而旷夏"，因为"天之道，向秋冬而阴来，向春夏而阴去"（《循天之道》）。只有这样，才能保持人体"气"的充足且处于中和状态。

如上所述，即为《春秋繁露》天人比附思维的具体体现和基本概况。笔者在这里突出"副"，主要是因为笔者发现在董仲舒的思想体系中，天人比附特别是其中的天人感应乃是主要理论框架，董仲舒实是更加强调了人随顺天、天影响人的一面。而我们知道，天人感应是讲天、人双方对彼此影响的双向关系，在《春秋繁露》中，事实上也是既讲天影响人，又讲人影响天。以"天"和"君主"的关系为例，一方面强调天对于君主的影响，如灾异谴告说，若君主治国有失，天将降灾异之征象或征兆来对君主进行警示、训诫；另一方面，君主对于天也有影响，如《王道》中说："王正，则元气和顺，风雨时，景星见，黄龙下；王不正，则上变天，贼气并见。"综观董仲舒的天人感应思想，灾异谴告说中天影响人的一面是其主要内容和基本特色。可以说，董仲舒是刻意将天人感应的双向关系省略或简化为天影响人的单向关系。这与董仲舒"屈君而伸天"的政治主旨和政治理想是完全一致的，同时也彰显了《春秋繁露》一书的政治哲学性质。黄开国就说，天人感应"本质上是一种社会伦理政治哲学"[1]，周桂钿也说天人感应的目的"在于政治"[2]，汪高鑫还将董仲舒的谴告说称为"重人事的天人谴告思想"，将天人感应论归结为"一个披着神学外衣的政治学说"[3]，由此可见一斑。

四 《春秋繁露》与阴阳五行比附思维

在《春秋繁露》中，阴阳的专论有六篇，即《阳尊阴卑》《阴阳位》《阴阳终始》《阴阳义》《阴阳出入上下》《天地阴阳》；五行的专论有九篇，即《五行对》《五行之义》《五行相生》《五行相胜》《五行顺逆》《治顺五行》《治乱五行》《五行变救》《五行五事》。此外，其他诸多篇章中亦有论及阴阳五行问题。当然，需要首先指出的是，由于董仲舒开创了一条"天地—阴阳—四时—五行—人"的致思路径，将阴阳五行之气列为沟通天人的媒介，所以，《春秋繁露》中的阴阳五行比附和天人比附往往又是彼此交织的，正因如此，前面论及天人比附问题时常讲到阴阳五行，此处所论阴阳五行问题很大程度上也是在讲天人比附。

董仲舒承继和发展了前人的阴阳五行学说，如果要讲他在这一问题上有所创新的话，笔者认为主要体现在如下五个方面：第一，主张阳尊阴卑。董仲舒从阴阳月令的角度，认为阳气从出现在地上生育长养万物到全

---

① 黄开国：《天人感应论——本质上是社会伦理政治哲学》，《社会科学研究》1988 年第 1 期。

② 周桂钿：《董学探微》之《董学初探》，第 61 页。

③ 汪高鑫：《董仲舒与汉代历史思想研究》，商务印书馆 2012 年版，第 19、59 页。

部完成它的功效，历经正月至十月共计 10 个月，[①] 因此，"物随阳而出入，数随阳而终始，三王之政随阳而更起"（《阳尊阴卑》），也就是说，自然规律和人事规律都是主张贵阳贱阴、右阳不右阴。第二，主张阴阳同类相益、异类相损。《同类相动》中说："故阳益阳而阴益阴，阴阳之气因可以类相益损也。"其中，"以类相益损"即"按照类别来增益或减损"之义，那么，这个"类别"的具体表现有哪些？阴与阴相益、阳与阳相益、阴与阳相损。一方面，这是类同相召思想在阴阳问题上的具体落实；另一方面，这与《淮南子》中同阴、同阳相动思想一脉相承。第三，重新序定五行次序为木、火、土、金、水，并提出"比相生而间相胜"（《五行相生》）的基本规律。《吕氏春秋》以四季附五行，春附木、夏附火、季夏附土、秋附金、冬附水，依据春生夏长秋收冬藏的四季运行规律，可以归纳得出五行木、火、土、金、水的相生顺序，然而《吕氏春秋》未有以"木"起始讲五行相生的文字记载。《淮南子》中讲五行相胜是以"木"为始，而讲五行相生则是以"水"为始。[②] 董仲舒在《五行对》中说："天有五行：木、火、土、金、水是也。"五行相生和五行相胜都从"木"为起始，并体现了"比相生而间相胜"的规律，即按照木、火、土、金、水的顺序，相邻近则相生，相间隔则相胜。第四，明确提出五行中"土"为最贵，直接影响了西汉中前期思想界德运之争的走向和汉武帝改行土德的政治实践。对于"尚土说"起于何时的问题，学界历来存在争议。然而，有一点是确定的，那就是"尚土说"首次明确的表述是在《春秋繁露》中，《五行对》："五行莫贵于土"，"土者，五行最贵者也，其义不可以加矣"。《五行之义》又说："土者，五行之主也。"周桂钿始终坚持这一观点。李若晖通过对庞朴《五行思想三题》和《五行漫说》中共同引用的论证"尚土说"始于周代之观点的五则史料进行分析，指出"这种讨论充其量只能作为五行'尚土说'的观念前史，并

---

① 《阳尊阴卑》中说："阳气以正月始出于地，生育长养于上，至其功必成也，而积十月。"这与《吕氏春秋·十二纪》中的《月令》部分的孟春（正月）和孟冬（十月）的相关记载是一致的。《孟春》中说："是月也，天气下降，地气上腾，天地和同，草木繁动。"《孟冬》中说，本月"天气上腾，地气下降，天地不通，闭而成冬"。

② 《淮南子·地形训》："木胜土，土胜水，水胜火，火胜金，金胜木。"

《淮南子·天文训》："水生木，木生火，火生土，土生金，金生水。"

不能直接视为五行'尚土说'的正式表述",并最终得出结论:"严格的'尚土说'亦即土为五行之主,不居部职的思想,当如徐复观、韦政通等所言,肇端于董仲舒。"① 董仲舒明确提倡"尚土说",一方面,基本结束了自汉初以来的汉代德运的水德、土德之争;另一方面,推动了汉武帝改制,自董仲舒去世的那一年即太初元年(前104年),汉武帝以德运从土德。可见,这与西汉中前期的德运之争密切相关,都是为政治服务的,丁四新就指出:"武帝真正施行土德说,目的正是为了改制,进而通过改制加强皇权和中央政府的权威。"② 第五,突出儒家色彩,实现了阴阳五行的伦理化。对于阴阳,董仲舒主张"君臣、父子、夫妇之道,皆取诸阴阳之道",其中,君、父、夫为阳,臣、子、妇为阴,根据阳尊阴卑的原理,实际上是讲人伦关系中君尊臣卑、父尊子卑、夫尊妇卑,这是董仲舒为封建等级秩序所提供的思想论证。董仲舒还特别强调为君之道,按照阴阳的尊卑关系,主张德主刑辅。对于五行,董仲舒根据五行相生的顺序,强调:"诸授之者,皆其父也,受之者,皆其子也……五行者,乃孝子、忠臣之行也。"(《五行之义》)如木生火,木即为父,火即为子。以父子、君臣关系来解读五行之间的关系,实则就是赋予了五行以伦理属性。

以如上五点为基础,我们来具体考察一下《春秋繁露》中阴阳五行比附思维的大体情况。阴阳五行作为董仲舒思想体系的主要框架,《春秋繁露》全书都充斥着相关论述,又,阴阳五行比附特别是五行比附,自先秦以来,经由《吕氏春秋》《黄帝内经》《淮南子》的发展,五行配五时、五方、五味、五色、五脏、五音、五虫等都基本形成了较为统一的看法,董仲舒在这些问题上除如前文所述以五官附五行外,并未有太多新的创见,都是在前面阴阳五行思想学说的五点创新的基础上,对于前人观点的继承、利用和展开。因此,一方面基于《春秋繁露》中阴阳五行相关论述篇幅繁多的情况,另一方面又基于有关阴阳五行比附问题的创见不多的现实,此处仅以《求雨》第1节"春旱求雨"为例,用"按语"进行逐句分析的方法,来对其阴阳五行比附思维的运用情况作一考察,以期管中窥豹。

---

① 李若晖:《论五行学说之成立》,《杭州师范大学学报》(哲学社会科学版)2014年第3期。

② 丁四新:《汉代哲学发展的动力及其思想斗争新论》,《上海师范大学学报》(哲学社会科学版)2019年第2期。

（1）春旱求雨，令县邑以水日祷社稷山川，家人祀户，无伐名木，无斩山林。（按语：春旱，是因为阳盛于阴，求雨，要抑阳助阴。①按照五行纪日中的水日祷告社稷山川，水属阴，求雨，同阴相益；②"户"祀属五行之"木"；③春主生，故无伐名木，无斩山林。）

（2）暴巫聚尪八日，于邑东门之外为四通之坛，方八尺，植苍缯八。（按语：①八日、八尺、八缯之"八"，据五行学说，为"木"之成数；②方位与五行相配，东方属"木"；③颜色与五行相配，"苍"色属"木"。）

（3）其神共工，祭之以生鱼八，玄酒，具清酒、脯脯。（按语：①共工为古代水官之名，求雨祭祀水官，同阴相益。②"八"为五行"木"之成数；③"玄酒"之"玄"为黑色，颜色与五行之"水"相配，同阴相益。）

（4）择巫之洁清辩言利辞者以为祝，祝斋三日，服苍衣，先再拜，乃跪陈，陈已，复再拜，乃起，祝曰："昊天生五谷以养人，今五谷病旱，恐不成实，敬进清酒、脯脯，再拜请雨，雨幸大澍，即奉牲祷。"（按语：①"苍"色配五行之"木"；②旱，由于阳盛于阴，阳尊阴卑，因此，求雨要"拜""再拜""拜请"。《春秋繁露·精华》："大旱者，阳灭阴也……拜请之而已，敢有加也。"）

（5）以甲乙日为大苍龙一，长八丈，居中央；为小龙七，各长四丈，于东方，皆东向，其间相去八尺。（按语：①天干甲乙配五行之木；②"苍"色配五行之"木"；③龙、雨类同相召。《春秋繁露·同类相动》："以龙致雨。"④八丈、八尺、大龙一加小龙七，都为数"八"，为五行"木"之成数。）

（6）小童八人，皆斋三日，服青衣而舞之；田啬夫亦斋三日，服青衣而立之。（按语：①"八"为五行"木"之成数；②"青"色配五行之"木"。）

（7）诸里社通之于闾外之沟。取五虾蟆，错置社之中。（按语：①虾蟆为水虫，同阴相益。）

（8）池方八尺，深一尺，置水虾蟆焉。（按语：①"八"为五行

"木"之成数；②虾蟆为水虫，同阴相益。）

（9）具青酒、膊脯，祝斋三日，服苍衣，拜跪，陈祝如初，取三岁雄鸡与三岁猳猪，皆燔之于四通神宇。（按语：①"苍"色配五行之"木"。）

（10）令民阖邑里南门，置水其外；开邑里北门，具老猳猪一，置之于里北门之外；市中亦置猳猪一，闻鼓声，皆烧猳猪尾，取死人骨埋之。（按语：①南方为太阳，北方为太阴，求雨阖南门、开北门，为抑阳助阴；②春主生，因此将死人骨头埋入土中。《吕氏春秋·孟春》："掩骼霾髊。"）

（11）开山渊，积薪而燔之；通道桥之壅塞不行者，决渎之。（按语：①春主生，故言"开""通""决"。《吕氏春秋·季春》："导达沟渎，开通道路，无有障塞。"）

（12）幸而得雨，报以豚一、酒、盐、黍财足，以茅为席，毋断。

如上 12 句话，除最后讲求雨成功后以祭品酬谢神灵一句没有体现出阴阳五行比附思维外，其余皆有体现。要么体现为对阳尊阴卑、同阴相益思想的运用，要么体现为时间、方位、颜色、数字等比附五行之"木"。由此，《春秋繁露》中所蕴含的阴阳五行比附思维的丰富和复杂程度可见一斑。当然，综观《春秋繁露》全书，董仲舒运用阴阳五行比附思维的宗旨和归宿还是要落实于现实政治上，正如《阳尊阴卑》和《五行变救》中所言："是故天数右阳而不右阴，务德而不务刑……为政而任刑，谓之逆天，非王道也。"又言："五行变至，当救之以德，施之天下，则咎除；不救以德，不出三年，天当雨石。"

小　结

比类思维，作为类思维的主要形态之一，及至西汉时期，获得了一系列新的发展。通过对于《黄帝内经》《淮南子》和《春秋繁露》中比类思维概况的考察，与《吕氏春秋》比类思维相较，我们发现，西汉时期的比类思维呈现出如下三个基本特征。

第一，在思维理论上，笔者梳理了《黄帝内经》《淮南子》和《春秋繁露》三书中有关"比类"一词的使用情况，《黄帝内经》中出现"比类"一词9次，《淮南子》和《春秋繁露》中出现各2次，都具有比较和推理的含义。与三书中使用的"类推"和"推类"二词相较，《黄帝内经》中出现"类推"一词1次，《淮南子》中出现"推类"一词1次，《春秋繁露》中未出现这两个词。我们发现，"比类"一词确是更加符合古代中国人的表述习惯。由此亦可证明本书使用"比类"一词而不是"推类"或"类推"等语词来考察《吕氏春秋》类思维相关问题的合理性与可行性。

第二，在思维实践上，一方面，与《吕氏春秋》一样，西汉时期乃至整个中国思维史上，古代中国有运用比类思维的初期形态——比喻思维方法或思维方式的一贯传统。《淮南子》和《春秋繁露》中极为频繁地使用了比喻思维方法，而即使如《黄帝内经》这部兼具自然科学与哲学的医学著作，也有一定数量的比喻思维方法的运用。另一方面，比类思维的成熟形态的运用也相当广泛，但与《吕氏春秋》相较，并无较多新意，也是主要表现在以自然现象比类社会历史上。

第三，有一点需要着重强调的是，与《吕氏春秋》相较，西汉时期的比类思维还呈现出一个相对突出的特征，那就是比附思维在这一时期获得了长足的、充分的发展。主要表现在三个方面：其一，天人附数思维发展迅速。如前文所述，《吕氏春秋》在天人比附问题上，仅仅表现为附象。而从《黄帝内经》《淮南子》的人与天地在"数"上的相应、相参，到《春秋繁露》的人副天数，在天人比附上都特别强调附数问题。其二，根据考察，《吕氏春秋》中五行比附思维表现较为明显，并在五行附象和五行附数的基础上实现了五行世界图式的基本定型，而阴阳比附在《吕氏春秋》中却表现得零散且不突出。伴随着春秋战国以降阴阳、五行合流的进程，及至汉代，除五行比附思维外，阴阳比附思维也有了较大发展。这在《淮南子》《春秋繁露》中都有较为明显的表现。其三，同样是伴随着阴阳、五行的合流，加之"天"的含义在春秋战国时期也从一个无所不能的纯粹的人格神更多地被理解和表现为一个自然的存在物，天人比附和阴阳五行比附逐渐彼此交织、融合。这在《吕氏春秋》中已然初见端倪，表现在天人关系上，《吕氏春秋》不仅承继了天生人的无中介的

"天—人"创生路径，而且还糅合了当时流行的阴阳学说，形成了有中介的"天—阴阳—人"的创生路径。西汉时期宇宙论获得大发展的过程中，后一种天人关系路径不断强化和深入。及至董仲舒，糅合阴阳和五行学说，开创了一条"天地—阴阳—四时—五行—人"的关系路径。可见，西汉时期天人比附思维和阴阳五行比附思维及其关系问题，相较于《吕氏春秋》而言，确是更加丰富和复杂。

至此，我们对于《黄帝内经》《淮南子》和《春秋繁露》三书中比类思维的概况和特征有了一个基本的了解。通过考察可知，西汉时期比类思维的发展进程，是对《吕氏春秋》比类思维的承继、深化和提高，是比类思维在汉代的历史演进。

结　语

　　《吕氏春秋》一书体系谨严，规模宏大，集诸子之大成，是一部先秦时期的百科全书。"类思维"建基于"类"观念之上，是整个中国思维史乃至世界思维史中最重要的思维形态之一。然而，《吕氏春秋》在诞生之初便被贴上了"杂家"的标签，与诸子相较，直至今日其研究依然薄弱。"类思维"甚或思维问题的研究在古代中国强大的经史传统笼罩下，无人问津已为必然之势。近代以降，随着西方文化的传入和中西文化对比、交流的需要，部分学人开始关注包括"类思维"在内的思维问题。不过，或许由于这一问题并非人类文化特别是哲学中的核心论题，也或许由于人们对于思维问题在人类文化史上的意义与价值估计不足，对于"类思维"甚或思维问题的研究始终不够充分，特别是不够细化和深入。事实上，20 世纪八九十年代在中国学界曾形成了一股思维问题研究的热潮，主要关注中西思维方式对比以及中国思维方式的基本特征等宏观问题，至 90 年代中期，延续十余年的这一热潮逐渐消退。时至今日，学界以思维问题为主要研究对象者已是凤毛麟角，这是现今中国学界存在的无可争辩的事实。加之，学术史的考察让我们更加有理由相信，将《吕氏春秋》与"类思维"问题结合起来进行研究必然是少之又少。一方面，从侧面反映出本研究的难度，另一方面，同时也彰显了本研究的价值。

　　本书的中心问题就是考察《吕氏春秋》中的"类思维"。从"类"的基本内涵入手，将"类"分为分类、比类两种思维形态，进而对《吕氏春秋》之前的分类思维与比类思维进行概略性梳理，这可以算是有关《吕氏春秋》类思维问题的"前史"，从历史演进的角度为《吕氏春秋》类思维问题的研究提供了一条较为清晰的脉络，属于史学的范畴；接着，对《吕氏春秋》一书中"类"是否可知与何以可知的问题进行阐明，指出《吕氏春秋》主张的是可知论，可以通过"去宥""别类""审察"等方法来"知类"，这为《吕氏春秋》类思维问题存在的合理性提供了认识论的前提与方法论的保障，属于哲学的范畴。立基于史学与哲学的双重论证之上，《吕氏春秋》中的分类思维、比类思维及其极端形态——比附思维以及《吕氏春秋》分类思维、比类思维在汉代的历史演进等问题，逐一得到了考察与探究。

一　关于《吕氏春秋》分类思维的考察

《吕氏春秋》分类思维，是对《山海经》《尚书·禹贡》《管子·地员》《尔雅》等经典中所表现出的分类思维的承继和超越。通过对《吕氏春秋》分类思维"前史"的考察，我们发现，有关《山海经》《尚书·禹贡》《管子·地员》《尔雅》等经典中所表现出的分类思维主要体现在自然知识领域，简言之，《吕氏春秋》之前的分类思维之进展着重表现为一种重自然知识领域的分类而轻社会历史领域的分类的倾向。历史的脚步踏入春秋战国时期，与这一时期的知识扩增相伴而生的是人们对社会历史知识认知的逐步深入，不仅在所认知的社会历史知识的数量与范围上，而且在对社会历史知识的本质把握上，都有长远的进步。《吕氏春秋》作为先秦最后一部理论著作，其熔铸百家学说，"备天地万物古今之事"（《史记·吕不韦列传》），特别是对社会历史知识中有关分类思维的记载尤为丰富。因此，《吕氏春秋》中的分类思维主要表现有二：其一是承继之前分类思维的一面，表现在地理知识、生物知识以及与二者相关的农业知识方面，隶属自然知识领域；其二是超越之前分类思维的一面，表现在养生、音乐、政治、兵刑、道德等方面，隶属社会历史领域。可以说，在《吕氏春秋》中，分类思维呈现出一种既重自然知识领域的分类又重社会历史领域的分类的倾向，且单从量的角度言之，后者所占比重更大。这是《吕氏春秋》中分类思维的典型特征。

《吕氏春秋》分类思维，也是《黄帝内经》《淮南子》《春秋繁露》中所表现出的分类思维的基础和新的起点。一方面，西汉时期的分类思维，延续了《吕氏春秋》分类思维既重自然知识领域的分类又重社会历史领域的分类的特征，在政治、哲学、兵刑、养生、人性、医学等诸多方面都有丰富的表现，可以说，相较于《吕氏春秋》分类思维，西汉时期的分类思维在数量和范围上都有较大的发展。然而，另一方面，由于中国古代分类思维不注重对概念的种属关系和定义形式的研究，因此，分类思维特别是社会历史领域的分类思维不是表现为一种"类包含"的关系，而更多地表现为一种"类相似"或"类关联"的关系。这样，就致使古代中国的分类思维很难向科学的、逻辑的、层次性的方向发展。这也是包括《吕氏春秋》分类思维在内的古代中国分类思维的一大特点。

综上可见，分类思维在《吕氏春秋》中的运用和表现，在数量上具有丰富性，在范围上具有广泛性，而在本质上，由于古代中国概念逻辑发展上的瓶颈，却呈现出一种发展空间不足、发展动力欠缺、种属层次不清，以致分类具有随意性和混乱性的特征。如果说《吕氏春秋》分类思维在自然知识领域还具有相对的客观性与科学性的话，那么，它在社会历史知识上的表现，由于人们对同一事实或问题的看法见仁见智，必然致使分类呈现不确定性，甚或会出现分类的混乱乃至错误。当然，这依旧不能抹杀或否定《吕氏春秋》分类思维在社会历史领域中存在的价值与意义。法国人类学家列维·斯特劳斯在对分类问题进行考察时便指出："不管分类采取什么形式，它与不进行分类相比自有其价值"；"任何一种分类都比混乱优越，甚至在感官属性水平上的分类也是通向理性秩序的第一步"。① 《吕氏春秋》在对社会历史知识进行分类时所表现出来的混乱与错误同样比不进行分类更具开创性的价值，是《吕氏春秋》对社会历史领域的知识经由非本质的认识上升到本质认识的必经之路。这是《吕氏春秋》对分类思维的进展范围与路径所作出的开拓性探索，具有里程碑式的意义。我们坚信，纵然有关社会历史领域的分类思维可能处于且将长期处于"昨夜西风凋碧树，独上高楼，望断天涯路"（北宋·晏殊：《蝶恋花》）的分类迷茫与混乱阶段，然而只要人们有"衣带渐宽终不悔，为伊消得人憔悴"（北宋·柳永：《凤栖梧》）的毅力，在一次次分类混乱的反复中艰难前行，在艰难前行的道路上反思和弥补分类理论和概念形式上的先天不足，那么，必将最大限度地接近对于社会历史知识的本质性把握，登临"蓦然回首，那人却在灯火阑珊处"（南宋·辛弃疾：《青玉案·元夕》）的境界。这是《吕氏春秋》中分类思维特别是有关社会历史领域的

---

① ［法］列维·斯特劳斯：《野性的思维》，第 10、16 页。

分类思维的最大价值之所在。

二　关于《吕氏春秋》比类思维、比附思维的考察

在《吕氏春秋》中，"比类"和"推类"异名而同实，二者在同一意义上被使用，逻辑本质都为类比推理。其中，通过对于"比类""类比""推类""类推"四个词的考察，我们发现，在中国思维史和中国逻辑史上，"比类"一词实是更加符合古代中国人的表述习惯，更具中国特色。"比附"是"比类"思维发展的极端形态，是一种对"类"的非本质认知，仅是根据对"类"的表象的理解，而在异类之间就建立起了某种必然性的联系。据此，一方面，比类思维与比附思维在思维形式上具有一定的差异。比类思维是作为一种独立的思维形态或思维方式存在的，而比附思维则更加强调其在方法论上的存在意义，是作为一种方法形态而存在的。另一方面，比类思维和比附思维在思维本质上又是一致的。因为比附思维是比类思维的变体和延伸，所以，比附思维实则可以作为比类思维的组成部分而存在。也可以说，比类思维有狭义和广义之分，广义的比类思维是比附思维和比类思维的统称，狭义的比类思维仅仅包含比类思维本身。

具体到比类思维在《吕氏春秋》中的运用和表现，主要包括三部分内容：（一）《吕氏春秋》比类思维的初期形态——"比喻"。在此，比喻并非仅是作为一种修辞学方法而被提及，它更是作为一种思维方法与认知方式而被讨论。"比喻"在《吕氏春秋》一书中的运用极为普遍，在养生、道德、政治、兵刑等诸多领域都有表现。可见，《吕氏春秋》比喻思维方法的存在具有普遍性。又，透过《吕氏春秋》中对于比喻词的运用——以明喻为主，间杂并不规则的比喻形式或暗喻等多种形式，可见，《吕氏春秋》中比喻思维方法的存在具有多样性。总体而言，一方面，这是《吕氏春秋》对之前的比类思维初期形态的承继，另一方面，比喻思维方法的运用又延续到《淮南子》《春秋繁露》乃至以自然科学知识为主要内容的医学圣典《黄帝内经》中，我们甚或可以推出，古代中国有善于运用和习惯运用比喻思维方法的一贯传统。（二）《吕氏春秋》比类思维中符合比类推理公式化结构的成熟形态。之所以称之为"成熟"，是因为"比类"这一思维形态已然跨越了"比喻"的有"比"无"推"的初

期形态阶段，在具有比较特性的同时，兼具推理的特性，且更具有说理性与论证性；进一步，之所以称之为"成熟形态"，是因为"比类"思维形态的表现方式基本符合类比推理的公式化形式结构，具有逻辑上的意义。总体而言，一方面，这是《吕氏春秋》对之前的比类思维有"比"无"推"阶段的超越，另一方面，这种比类思维的公式化结构形成之后，也在西汉时期得到了更为广泛和成熟的运用。（三）《吕氏春秋》中作为成熟形态的比类思维与演绎式思维、归纳式思维的混合运用。从思维进程路向上讲，比类推理是一种从特殊到特殊的推理，演绎推理是一种从普遍（一般）到特殊（个别）的推理，归纳推理是一种从特殊（个别）到普遍（一般）的推理。因此，符合比类推理形式结构的比类思维的成熟形态与演绎式思维、归纳式思维的结合可分为三种情况：与演绎式思维的结合；与归纳式思维的结合；与演绎式思维、归纳式思维的共同结合。这也反映了《吕氏春秋》比类思维的复杂性、多样性和创造性。

　　再来看《吕氏春秋》比附思维的运用和发展情况，主要包含两部分内容：（一）"天人比附"。如所周知，单就"天"与"人"的性质而言，二者必然属于两类截然不同之物。《吕氏春秋》却对二者作牵强的比附式处理，在二者之间建立起了某种必然性的联系，追求天人合一，人天同构。具体而言，《吕氏春秋》中的天人比附思维又表现为两种基本形式：（1）"天人相类"。这是从"天"与"人"的表象的类似性出发，以精气为媒介，以"类同相召"为基本原则，对二者做出的非本质理解的必然结果。（2）"天人相感"。在《吕氏春秋》中，表现为天、人感通或感应的双向路径，若以人的主观能动性为分类依据，可分为被动的天人相感与主动的天人相感两种。总体而言，"天人相类"更加侧重于天、人之间的结构问题，"天人相感"更加侧重于天、人之间的影响问题。以"天人相类"和"天人相感"为主要形式的《吕氏春秋》天人比附思维，主要表现在附象上。及至西汉时期，天人比附思维迁延至附数层面上，从《黄帝内经》《淮南子》的人与天地在"数"上的相应、相参，到《春秋繁露》的人副天数，都是强调附数的问题。这是《吕氏春秋》天人比附思维在西汉时期的重大发展。（二）"五行比附"。"五行"在诞生之初是以物质形式出现的，之后，逐步与"类""数"问题相结合并走向极端化，分别分化出"附象""附数"两种基本形式，在《吕氏春秋》中表现明显。（1）五行附象思维，分为五行具象比附思维和五行想象比附思维两种形式。这是抹杀异类事物之间的本质属性，在异类事物呈现的不同表象之间建立起必然性联结的时候所表现出的一种思维形态。在《十二纪》中，五行分别与时间（包括四季与十天干）、方位、帝神、动物、音阶、味道、气味、祭祀、生理（五脏）、颜色、谷物、牲畜等相比附，可见《吕氏春秋》中的附象思维已然发展到了何等的高度。（2）五行附数思维。这是将包括"五方""五帝""五神""五虫"等在内的天地万事万物全部削足适履式地简约到"五"数结构中的时候，所形成的一种思维形态。在此过程中，多于"五"数的则削则减，少于"五"数的则益则增，其目的只有一个——与五行的"五"数框架相匹配。总体而言，五行中单独每一"行"与天地万事万物相比附属于"五行附象"，整个五行与天地万事万物相比附属于"五行附数"。更为可贵的是，以五行附象和五行附数为基础，五行世界图式在《吕氏春秋》中首次定型。基于此，由先秦以来五星、五材上升到五行的从特殊到一般的思维归纳过程，逐步演变为一种五行作为分类的方法、原则和人们思考问题的思维框架来五分万事万物的由一般到特殊的思维演绎过程。这一点在西汉时期的五行比附思维发展中表现明显，如《黄帝内经》中的五运六气学说、《淮南子》中有关"五兵"的分类、《春秋繁露》中有关"五官"的分类，都是受到五行五分思维影响的结果。

综上可见，有关"比类"思维的三部分内容：以"比喻"为载体的初期形态，符合比类推理公式化形式结构的成熟形态，成熟形态与演绎式思维、归纳式思维相结合的复杂形态，若仅以各自作为比类思维的内容言之，三者之间明显是一种并列的关系，然而，仔细考察，三者又蕴涵与展现了中国比类思维形态逻辑发展的内在进程。因此，问题产生了：如果以西方的形式逻辑为标准，"初期形态"与"复杂形态"两大部分并非严格意义上的比类推理形式，在思维史上也将不具有丝毫的价值。不过，东、西方思维形态在具有某些共性之外更具有具体性与个别性，并不存在一种可以一以贯之的思维标准。退一步讲，即使以西方的形式逻辑为标准，由于中、西方在地域、文化、习惯、传统等方面的不同，对中国比类思维的评判也应采取一种"了解之同情"（陈寅恪语）的态度。可以说，中国比类思维的多样性与复杂性正是比类思维具有中国特色的表现形式，是古代中国人具有想象性与创造性的源泉与体现。有关比附思维，属于比类思维的畸形发展，是向原始思维的回归，表现为一种返祖现象。透过比附思维，我们明显洞彻到中国文明进程的连续性的特质。事实证明，《吕氏春秋》中比附思维所表现出的中国思维进程的连续性特质在之后必将继续得到延续，这从我们对《黄帝内经》《淮南子》和《春秋繁露》三书中比附思维的相关考察中即可管窥一二。

三　关于《吕氏春秋》主导思维形态的考察

鉴于比附思维是比类思维的重要组成部分，因此，我们可以将《吕氏春秋》类思维划分为两大分支形态——分类思维与比类思维。仔细对比、分析这两种形态，从数量上看，《吕氏春秋》兼重分类思维和比类思维，而比类思维所占的比重稍多一些；从影响上看，由于分类思维在概念逻辑上的先天不足，比类思维对后世的影响明显更强；从发展上看，分类思维发展至晚周秦汉之际，除了在运用范围上有所扩大之外，在本质上并无明显的进步，而比类思维，在内容、形式等诸方面都有较大进展。简言之，《吕氏春秋》中的主导思维形态是比类思维。事实上，古典思维进展至《吕氏春秋》时期，经由诸子论辩的涤荡、拣选与升华，分类思维的发展日益衰落，仅仅表现为一种隐性的存在，而比类思维，则获得了大发展，逐步成为日后中国思维史的主导思维形态。这一点，也恰恰与古代中国思维方式中"重比类"的特质相一致。

有关古代中国主导思维形态的问题，部分中外学人都曾进行过相关探讨。如胡孚琛说："在传统的思维方式中，除了一般的归纳推理和演绎推理之外，中国人习惯上更擅长类比推理……类比推理无疑是一种逻辑上不严密的推理，但由于中国人的语言、推理中已习惯于采用这种方式，使它成为传统思维的一种特征或定势。"[①] 台湾学人黄俊杰在《中国古代儒家历史思维的方法及其运用》一文中也曾论及"比式思维方式"，说："所谓'比式思维方式'也就是一种类推思考方法（analogical mode of thinking）……这种类推思考方法，在战国时代至为流行，是当时知识分子论

---

① 胡孚琛：《重效验、好类比及其他》，载张岱年等《中国思维偏向》，第 109 页。

述问题常见的一种思考方法"；"这是古代中国人最常运用的一种思维方式"。① 可见，在黄先生看来，比类的思维方式在东周乃至整个中国思维史中都是居于主导地位的。

部分西方学者特别是一些汉学家在研究中国传统文化时也触及这一问题，如加拿大布洛克大学陈荣灼长期关注中国传统思维方式问题，特别是通过对《墨辩》的研究发现：在中国传统思维模式的发展中，类比思维处于主流的地位，而演绎思维并未取得一席之地以至发展出演绎逻辑。② 2017 年，陈先生又发表《中国文字与中国人的思维模式》一文，继续申明如上观点，指出："汉字作为象形文字造就了中国的思维模式之'类比性'……虽然中国传统哲学没有发展出形式逻辑，但是这并不代表其中完全没有逻辑思维，其主流乃是一种类比逻辑。"③ 当然，我们也应注意到，西方学者很多时候并未直接用"比类"或"比附"的语词，而是采用了一个新的概念——"关联性思维"。根据考察，当他们论及"关联性思维"时，多是指称古代中国的天人关系与阴阳五行问题，也就是说，关联性思维在宇宙论与本体论方面表现尤为突出，就这一点而言，关联性思维在古代中国可能与比类思维中"比附"的关系更加密切。有关"关联性思维"的阐明，一般认为可以追溯至葛兰言（Marcel Granet）作于 1934 年的《中国人的思维》，在此书中，关联性思维被当作中国人思维的一个特征。之后，列维·斯特劳斯（《野性的思维》）、李约瑟（《中国的科学与文明》）、亨德森（John B. Henderson）《中国宇宙论的发展与衰落》）、史华兹（Benjamin I. Schwartz）《古代中国的思想世界》）、费耶阿本德（Paul Feyerabend，《再见吧，理性》）等人对这一问题都有过相关探讨。④ 在此过程中，葛瑞汉、郝大维（David L. Hall）、安乐哲（Roger T. Ames）等人也对"关联性思维"及其与西方思维方式的差异作出过细致、深入的探究。葛瑞汉指出："西方传统长期坚持试图将分析从其关联的背景中完全分离出来，免除作为源于类比的松散论证的后者，我们在实

① 杨儒宾、黄俊杰主编：《中国古代思维方式探索》，台北正中书局 1996 年版，第17页。

② 杨儒宾、黄俊杰主编：《中国古代思维方式探索》，第 201—308 页。

③ 陈荣灼：《中国文字与中国人的思维模式》，《人民论坛》2017 年第 27 期。

④ ［美］安乐哲：《自我的圆成：中西互镜下的古典儒家与道家》，彭国翔译，河北人民出版社 2006 年版，第 172 页。

际生活中需要它，但又从严密的逻辑中剔除它。"这里提到的"分析思维"与"关联性思维"就代表了西方与中国的两种思维方式。其中，西方思维即分析思维是一种具有形式化程序的逻辑思维，中国思维即关联性思维则是"源于类比的松散论证"的比类思维。葛瑞汉甚至说，对于中国人自身来说，"你能够批评关联，但不能摒弃它们"①。可见，比类思维才是中国思维的主要特征。郝大维、安乐哲对这一问题的考察，集中体现在二人合作的中西比较哲学三部曲——第一部：《孔子哲学思微》、第二部：《期望中国：对中西文化的哲学思考》与第三部：《汉哲学思维的文化探源》之中。通过比较研究，二人得出了中、西方思维方式的不同是根源于"第一问题框架"与"第二问题框架"何者居于主导地位的结论。其中，二人将第二问题框架思维称为"因果性思维"，而将第一问题框架思维称为"类比的、关联性思维"。进一步，中、西方思维方式的不同在于：第二问题框架形式是西方文化的显性因子，在古典中国文化中并不昭彰；而第一问题框架形式在西方隐而不显，却统御着整个古典中国文化。② 这里，郝大维、安乐哲二人已然清晰地指出："因果性思维"在西方文化中占有主导地位，而在古代中国的思维形态或思维方式中占据主导地位的是比类思维，或此处称为的"关联性思维"。

通过梳理部分中外学人关于古代中国主导思维形态问题的相关研究，我们发现，学界在承认和坚持比类思维是古代中国主导思维形态这一观点上取得了基本一致的判断。然而，仔细分析便可发现，如上研究的视角主要有两个：一是着眼于中国传统思维的整体特征或特色，一是着眼于中、西思维方式的比较，而这两个视角都是属于宏观层面的。笔者认为在对中国哲学或思维等重大问题进行考察时，从宏观的视角进行分析是合理的，也是必要的。这种以更为宽广的视野反观甚或俯瞰中国哲学或思维问题的做法必将得出较为确当的结论。不过，研究问题的路径和视角绝非是单一的。从微观的视角出发，通过全面、细致、深入地考察有代表性的古代文献本身，来爬梳、整理与总结中国哲学或思维的基本特质，也不失为透视

---

① ［英］葛瑞汉：《论道者：中国古代哲学论辩》，张海晏译，中国社会科学出版社 2003 年版，第 369 页。

② ［美］郝大维、安乐哲：《期望中国：对中西文化的哲学思考》，施忠连等译，学林出版社 2005 年版，《导言：期待论证》，第 6—7 页。

古代思维形态问题的一条有效路径。《吕氏春秋》内容上兼综百家，对后世影响至深至远，就是这样一部有代表性的晚周文献。通过考察，我们同样得出了比类思维在《吕氏春秋》的思维形态中占据主导地位的结论。这样，通过与中外学人在宏观层面上的相关研究彼此印证，笔者认为我们对中国传统思维形态问题的把握一定会更精准，得出的结论也一定会更加客观、科学且有说服力。这也是本书的主要价值之所在。

附录　研究综述

自《吕氏春秋》被《汉书·艺文志》列入杂家之时，已然注定它难以成为显学的命运。后人多以"杂"字有"掺杂""综合"之意，既指其《十二纪》《八览》《六论》的结构为杂然拼凑，又指其思想"漫羡而无所归心"（《汉书·艺文志》）。纵然后来有许维遹、陈奇猷等人终生献身于《吕氏春秋》的研究，特别值得一提的是，李家骧甚至提出了"《吕氏春秋》学"这一概念，将《吕氏春秋》上升到了"学"的高度，但可惜的是，与诸子相比，今人对于《吕氏春秋》的研究依然薄弱。刘跃进曾概述《吕氏春秋》研究的困境，指出："中文系的古代文学史不重视它，因为它的文学价值并不突出；历史系的中国古代史不重视它，因为它的史料价值十分有限；哲学系的古代哲学史也不重视它，因为它的思想庞杂，难以归纳系统。"①

纵观现今对于《吕氏春秋》的研究，仍然集中在文献注疏、政治哲学、政治思想史等范围内，特别是抽取《吕氏春秋》中的个别问题如《吕氏春秋》中的音乐理论问题、《上农》四篇的问题、《吕氏春秋》的学派归属问题等进行探讨。从思维角度，特别是从类思维角度对《吕氏春秋》的研究实在是寥若晨星，迄今为止，尚未见专文、专著。但这并不否定以往的部分研究中已经零星地涉及这一问题，这突出地表现在从逻辑史的角度对《吕氏春秋》中的推类问题的研究上。此外，对于类思维本身以及图式问题的考察也涉及本项研究的诸多重大理论问题。鉴于此，此处大体从3个方面对《吕氏春秋》类思维的研究现状作一考察。

---

① 王启才：《吕氏春秋研究》，学苑出版社2007年版，《序》，第2页。

一 有关《吕氏春秋》类思维问题研究的总论

迄今为止，对于《吕氏春秋》类思维的研究，尚未见对于《吕氏春秋》中分类思维与比类思维的直接探讨，而仅是集中在对推类思维的阐发上。然而，有一点必须强调的是，"推类"具有狭义与广义之别，狭义的"推类"指类比推理，广义的"推类"指推理本身。本书是在狭义的基础上对《吕氏春秋》比类思维进行的考察，"比类"与"推类"异名而同实，而此处前人对于《吕氏春秋》的研究，大都是从广义的角度进行的。因此，此处有关前辈学人对于《吕氏春秋》推类思维概况的总结归纳，实则对于本文的研究并无直接的参考价值，仅是具有间接的启迪意义。纵然如此，笔者依然打算对此问题作一简要的考察。

在有关中国逻辑史的诸多著作中，对《吕氏春秋》中的推类理论，经常作专章或专节的论述。总体而言，主要体现在 3 个问题上：一是对于《吕氏春秋》中推类原则的考察，二是对于"类"何以可知问题的探究，三是对于推类可靠性问题的剖析。

周云之、刘培育、沈剑英、周文英所著的《中国历史上的逻辑家》中载有《〈吕氏春秋〉的逻辑思想》一文，其中第三部分主要论述《吕氏春秋》有关推类的思想，完整地指出了《吕氏春秋》中所蕴含的两大推类法则："《吕氏春秋》对推类有特殊的研究，提出了'类同相召'和'类固不必可推知'两种情况。"[①] 他们还指出，"类同相召"的原则是通过分析事物之间的不同条件联系，进而从某些条件推断其结果；"类固不必可推知"的原则对推论的或然性有所涉及，已经注意到了对具体事物要作具体考察。

之后，周云之、刘培育出版《先秦逻辑史》一书，将第八章也定名为"《吕氏春秋》的逻辑思想"，但对推类问题的论述却有较大进展。它在肯定了两大推类原则的基础上，又着重分析了致使推类发生谬误的原因，这实际上已经涉及"类"何以可知的问题。周云之、刘培育认为，同类相推之所以会发生错误，既有客观上的原因，因为事物本身的情况都具有复杂性、特殊性，任何一种情况都有例外；又有主观上的原因，如人

---

① 周云之等：《中国历史上的逻辑家》，人民出版社 1982 年版，第 107 页。

的认识能力的局限性或片面性便会导致推类错误。此外，本章还探讨了《吕氏春秋》中是如何提高推类的可靠性的问题。《吕氏春秋》已经认识到事物的因果联系之于认识事物的本质与规律的重要性，只有找到事物的因果联系，才能保证推类结论的正确性。因此，"《吕氏春秋》的作者们更强调克服人们认识上的局限性和片面性（《去尤》、《去宥》两篇专门阐述了这个问题），深入考察事物的条件联系和因果联系，认识事物之'所以然'"①，以确保推类的准确度与可靠性。

接着，周云之又出版《先秦名辩逻辑指要》一书，相较于前书，对于《吕氏春秋》的推类问题并无新的创见，最大的进展就是在探究推类时，将"知类"与"明故"结合起来，指出"知类离不开知（明）故，而明故则是知类的根据和本质"。而且，"要能由近而推知远，由今而推知古，由见而推知不见等等，也都是以'知类'和'明故'为前提和基础的"②。

孙中原对《吕氏春秋》的推类问题也曾作过探讨。在《中国逻辑史（先秦）》中，在肯定了推类的两大原则及造成推类发生谬误存在主、客观原因等问题的基础上，对如何提高推类的可靠性问题作出了较为全面系统的思考，将《吕氏春秋》中提高推类可靠性的方法归结为三：（1）深察"疑似"，去伪存真；（2）"知审""加虑"，不恃于心；（3）"察其所以"，明其伦类。其中，第（3）条又包括"察故""当理""知类（察类）"3个方面。最后，孙中原总结道："总之，推理论证要符合'察故'（'察其所以'）、'知类'（'察类'）和'当理'（'中理'）的原则，才是正确的，可靠的。在思维认识中努力做到这三点，乃是提高推理可靠性的根本条件、途径和方法。"③这相对于前人对此一问题的研究更加深入和具体了。

温公颐、崔清田等在著述中对《吕氏春秋》的推类问题也有所考察。在温公颐主编的《中国逻辑史教程》（1988）与温公颐、崔清田共同主编的《中国逻辑史教程》（2001）中，除承继了前人对于两大推类原则等基

---

① 周云之、刘培育：《先秦逻辑史》，第291页。
② 周云之：《先秦名辩逻辑指要》，四川教育出版社1993年版，第160页。
③ 孙中原：《中国逻辑史（先秦）》，第391页。

础问题外，又共同指出了《吕氏春秋》对从已知推未知的思维活动有明确的认识的论断。此外，对"类"何以可知的问题特别是对其中如何保证推类可靠性的问题，有了更大程度的推进。二书把保证推类可靠性的方法集中在"察"字上，且将"察"一分为四："察传言""察疑似""察微始""察不疑"。需要指出的是，温公颐、崔清田共同主编的《中国逻辑史教程》（2001）相较于温公颐主编的《中国逻辑史教程》（1988）在推类问题上的显著区别在于，当探讨到"同类相召"的推类原则时，创造性地加上了一个子标题："以'类同相召'的推类为主要推理方法"，这无疑是吸收了崔清田之于推类问题的基本观点。崔先生认为，推类是以类同为依据的推理，是中国逻辑的主导推理类型，这一发现是他对中国逻辑史的重大贡献。①

有些中青年学人对于《吕氏春秋》推类问题的研究也应该得到重视。其中，张晓光的《推类与中国古代逻辑》与刘明明的《中国古代推类逻辑研究》是其中的杰出代表。二书在吸收了前人成果的基础上，都是将《吕氏春秋》与《淮南子》的推类思想作一比较研究，角度新颖，论述也较为深刻。《推类与中国古代逻辑》一书专辟第八章"《吕氏春秋》和《淮南子》的推类思想"，在前人基础上，独到敏锐地将推类思维与正名理论结合起来，指出："中国古代思想家的推类思想，主要是体现在其正名的理论之中"；"《吕氏春秋》的'正名审分'除了中国古代思想家传统的政治意义正百官之名，审百官之职外，它的逻辑意义是，正名实之名，审名实之类。"②《中国古代推类逻辑研究》一书更是从多个方面拓展了有关《吕氏春秋》推类问题的研究，主要体现在 3 个方面：（1）它认为《吕氏春秋》中的《应同》与《召类》两篇中已经蕴含了同类相感的理论。而且，不仅自然物之间存在相感现象，人与人之间也有如《吕氏春秋·精通》所述的"精气相通"的感应现象。（2）以推类来解释《吕氏春秋》中的五行问题。如指出："五行与五方、五季、五气（风、暑、湿、燥、寒）、五味、五音、五虫、五色、天干等配合，构成完整的五行

---

① 参见崔清田《推类：中国逻辑的主导推理类型》，《中州学刊》2004 年第 3 期。此文发表于《中国逻辑史教程》出版之后，但相信崔先生对推类是中国逻辑的主导推理类型的问题已有了长期的思考，只是在这篇文章中将此观点明确提出而已。

② 张晓光：《推类与中国古代逻辑》，第 231—232 页。

学说，这就是运用五行范畴推类的结果。"① 这一点不可不谓是作者的真知灼见。（3）以推类来解释《吕氏春秋》中的比附问题。比附，是推类中的一种比较典型的谬误类型，是推类的极端化的方式，如极端地运用"比类运数"的推类方法，就会形成对于"数"的比附，它尤其以滥用五行范畴的推类为烈。

最后，对于《吕氏春秋》的逻辑思想特别是推类思想的评价，意见不一。总体来说，以肯定推类思想的价值为主，认为《吕氏春秋》对于逻辑史上的推类理论具有卓越的贡献，上承先秦，下启两汉。如周云之、刘培育指出："《吕氏春秋》是我国历史上时间最早、规模宏大的一部有谨严体系的私人学术著作，是一部先秦时期的百科全书"；"研究中国古代逻辑史，是不能不讨论《吕氏春秋》的"②。张家龙也说："《吕氏春秋》所强调的正确推类，不完全是从推理形式方面说的，而包括了推理的内容，即包含前提的真实性。这一点，从逻辑学来说，是不正确的。但他们探讨'类不可必推'的原因却是有意义的，它在一定程度上推动了人们对事物因果联系的认识。"③ 但是，也存在对《吕氏春秋》推类思想持批评甚或否定态度的，如认为《吕氏春秋》中所倡导的"物固不必，安可推也"（《别类》）的推类结论"具有逻辑取消主义的倾向，而且整个由前提导出结论的过程带有诡辩的色彩，作者运用故事的夸张和不恰当的比附来代替逻辑的论证"④，等等。

综上可见，对于《吕氏春秋》推类思维的考察，还主要是从逻辑史的角度出发，集中在少数几个理论问题上。对于诸如《吕氏春秋》推类思维在养生、道德、政治、兵刑等领域的表现等思维实践问题，未有论及，更未见对于《吕氏春秋》中的分类思维与比类思维的专门研究，这也是本书的重要价值之一。

---

① 刘明明：《中国古代推类逻辑研究》，第261页。此外，在中国哲学史上，冯友兰先生也曾将"类"与五行的关系问题做过论述："阴阳五行家给这种巫术思想一种理论的根据。他们企图用'类'的观念解释这种虚构的联系。"（冯友兰：《中国哲学史新编》上，第636页）吾淳先生通过对"类"的考察，更直接指出："完全可以说，没有'类'观念与概念，也就不会有五行学说。"（吾淳：《中国哲学的起源》，第155页）

② 周云之、刘培育：《先秦逻辑史》，第275页。

③ 张家龙主编：《逻辑学思想史》，湖南教育出版社2004年版，第112页。

④ 周文英：《中国逻辑思想史稿》，人民出版社1979年版，第48页。

二 启发与借鉴——"类思维"的相关研究成果概述

纵然以《吕氏春秋》类思维为研究内容的成果鲜见于世，但中外学人对"类思维"本身的研究却已取得了较大进展。对于"类思维"本身思考与研究的深度，直接关系到对《吕氏春秋》类思维的研究角度、类别划分、具体表现、主导形态等方面的探讨，因此，对这些成果进行考察，将对《吕氏春秋》类思维的研究起到很好的启发与借鉴作用。换言之，要想做好对于《吕氏春秋》类思维的研究，对"类思维"本身的考察极为必要。

在《中国古代推类逻辑研究》中，第二章"中国古代推类逻辑的奠基"下专辟"中国古代的类思维"一节，这是极为罕见的以"类思维"一词为研究对象的例子。我认为，本书对于类思维研究的重大创见有三：（1）对"类思维"作了定义："所谓类思维，是建立在'类'的观念（简称'类观念'）基础上的一种思维形态或思维方式。"① （2）明确指出类思维的基本内容包括分类、归类、象征、比、兴、类比和比附等多种思维方法。（3）对类思维在古代中国的发生发展史作了较为细致地考察。首先，从地理环境、物质生产实践和社会关系实践、观察活动三方面考察了类思维的发生问题。然后，从八卦符号的创制和《周易》的推类思维活动，汉字的创制和汉语表达中的比喻、象征等修辞方法等多角度论述了类思维的定型与发展。

国外的一些人类学或社会学著作，也必须受到应有的重视。虽然它们并未直接使用"类思维"一词，但其研究内容实质上却关系到类思维中的分类思维、比类思维或比附思维的相关问题，这突出表现在涂尔干与莫斯的《原始分类》、列维·斯特劳斯的《野性的思维》与列维·布留尔的《原始思维》三书中。

《原始分类》着重对分类思维进行考察，但在此过程中，却勾勒出一条类思维的基本演进历程的轨迹，具有重要意义。它将人类的分类体系分为澳洲分类类型、其他澳洲体系、祖尼人与苏人、中国4种类型。其中，澳洲部落中发现的分类体系是目前已知最简单的分类体系，其分类体系大

---

① 刘明明：《中国古代推类逻辑研究》，第44页。

概包含两种：一是以部落、氏族为依据的分类形式，二是以图腾为依据的分类形式，这里，二分的观念已经开始萌芽并形成；其他澳洲分类体系是在图腾分类体系的基础上发展而来的；祖尼人的分类体系来源于根据氏族进行的分类，这种分类方式是澳洲体系的进一步发展；中国的分类方式非常复杂，但是这种分类与其他分类的基础是相同的，即都是依据方向、空间来分类。基于此，涂尔干得出结论，从澳洲分类体系—其他澳洲体系—阿兰达人的分类体系—奥马哈人的分类体系—祖尼人的分类体系—中国人的分类体系直到现代科学的分类体系，分类方式的变化是连续的，与最初的科学分类是一脉相通的，可以说，原始分类是科学分类的前身。该书完整地叙述了人类分类思维的发展过程，对研究分类思维问题大有裨益。此外，该书对我的借鉴与启发意义还表现在3个方面：（1）对"分类"作了定义："所谓分类，是指人们把事物、事件以及有关世界的事实划分成类和种，使之各有归属，并确定它们的包含关系或排斥关系的过程。"①（2）祖尼人和中国的分类体系的部分内容已经具备了图式或范式的意义。一方面，在祖尼人那里，空间被分成了七个区域，宇宙万物和事实甚至社会功能都根据其相似性程度被分配到这七个区域中，每个方位都被赋予特殊的意义和功能，区域与一定氏族相对应，并且相互交织，融为一体。这里涉及图式的空间因素。另一方面，在中国的分类体系中，主要依据三个原则，即方位、五大要素和时间。其一是依据四个基本方向，世界被分成四个区域，每个方位之间的区域又被分成两个部分，这样就有八个区域，万物被归属到这八个区域中。其二是将事物分配到以金、木、水、火、土五大要素的名目之下的分类，这种分类可以还原成以四个基本方位的分类。其三是将时间视为分类的一种方式，四季对应四个方向，每个区域又被分成六个部分，对应二十四节气。并且构建了两个循环，一个有十二项，一个有十项，这样，就形成一种六十进制的周期。这里不仅涉及图式的空间因素，还涉及时间因素。（3）书中所提到的泛同原则与比附思维实则有莫大的关系。我认为，我们把在异类之间建立某种必然性的联系而形成的比附看作是比类思维的返祖现象，在很大程度上实是返回到了早期社会中泛同原则支配下的泛同状态。

---

① ［法］爱弥儿·涂尔干、［法］马塞尔·莫斯：《原始分类》，第4页。

　　《野性的思维》同样是强调分类思维，但与《原始分类》注重对分类体系的研究不同，它更强调通过列举实例来说明分类思维的相关问题，特别着重于以原始人的生物知识为依据来进行分析。例如：哈努诺人把当地的鸟类分成 75 种，他们大约能辨别 10 多种蛇，60 多种鱼，10 多种淡水和海水甲壳动物。哈努诺人还把现有的数千种昆虫分为 108 类，他们认识60 多种海水软体动物，25 种以上的陆地和淡水软体动物。人类学家们调查发现，他们共记下 461 种动物。多贡人把植物分为 22 个主科，其中一些继续分成 11 个子类。排成适当顺序的 22 个科被分成两个系列。那伐鹤印第安人把自己看成"大分类家"，他们以是否发出言语的原则把动物分成 3 种："走兽""飞禽"和"爬虫"。每一种又细分为"陆地行者"和"水泽行者""日行者"和"夜行者"。埃若契欧斯诸部落以三分法对动物进行分类，他们把动物分成水族（龟、河狸、鳗、苍鹭等）、陆族（狼、鹿、熊）和空族（鹰等）。列维·斯特劳斯还指出，从原始人的语言可以看出，他们对生物形态的分类能力也很强。列维·斯特劳斯的如上举例对研究分类思维大有益处，能够使对于这一问题的理解与研究更加具体、形象。此外，该书对我的启迪作用还表现在两个方面：（1）对于分类思维价值的强调。他指出："不管分类采取什么形式，它与不进行分类相比自有其价值"；"任何一种分类都比混乱优越，甚至在感官属性水平上的分类也是通向理性秩序的第一步。"① 由此，在列维·斯特劳斯这里，分类与秩序结合了起来，分类实是对秩序的一种要求。（2）列维·斯特劳斯虽然重在考查分类思维问题，但他也注意到，在原始思维中经常会有比附思维的出现，这里同样关涉到图式问题。例如，那伐鹤人认为每种动物或植物都对应着一种自然物：鹤——天；红色鸣鸟——太阳；鹰——山；隼——岩石；蓝色鸣鸟——树；蜂鸟——植物；玉米甲虫——土地；苍鹭——水（海尔）。合皮人经常借助一种庞大的对应系统把生物和自然现象加以分类：西北——黄色——美洲狮——黄鹂——洋松——菜豆；西南——蓝色或绿色——熊——蓝色鸣鸟——白松——棉豆；东南——红色——野猫——鹦鹉——红柳——矮豆；东北——白色——狼——鹊——白杨——利马豆；天顶——黑色——秃鹫——燕子；天底——斑驳色——

---

　　① ［法］列维·斯特劳斯：《野性的思维》，第 10、16 页。

蛇——莺。泡尼印第安人同样将植物、颜色、方位、时间放在一起作比附性思考：白杨树——白色——西南——夏季；美洲枫树——红色——东南——夏季；榆树——黑色——东北——冬季；柳树——黄色——西北——冬季。类似的情况在古代中国人的思维中大量存在，因此，如上陈述对于深入研究比附问题具有较强的比较与借鉴价值。

《原始思维》一书中对于类思维问题的研究既不集中在分类思维上，也非集中在比类思维上，而是集中在比附思维上。该书对比附思维的探究具有巨大的启迪作用，总体而言，主要表现在两个方面：（1）互渗与互渗律的提出。原始思维服从于互渗律，早期人类以为个人与外界通过神秘的方式相互渗透，并以此来认识和把握外界。所以，列维·布留尔"把这个为'原始'思维所特有的支配这些表象的关联和前关联的原则叫做'互渗律'"①。可见，互渗反映的是某种关联性，而这种关联性特别体现在不同的"类"之间，列维·布留尔举例道：假如，一个人在路上走着，看见一条蛇从树上掉到他面前，即使他明天或者在下星期才知道他的儿子在昆士兰死了，他也一定会把这两件事联系起来。诸如此类的事例不论在西方，还是在中国，都不胜枚举，都是通过在不同的"类"之间确立某种必然联系的方式来实现的，这实则与比附问题密切相关。受此启发，可以更加细致地研究五行世界图式问题。当然，学界也已经出现了部分成果，比如本杰明·史华兹在《古代中国的思想世界》中探讨阴阳家的理论时提出的"相关性宇宙论"的概念，当然其不是完全从比附思维角度来谈的。（2）列维·布留尔在研究原始思维时，指出原始思维与我们所谓的理性思维迥然不同，其突出表现在原始思维对矛盾采取了完全不关心的态度。我认为，这本身就是比附思维的特点。比附思维从不关心"类"在逻辑上的真实性问题，而仅是表现出对"类"的表象的理解，从不关心内在的矛盾，只是在表象的基础上对宇宙或自然结构作牵强附会地解释。以此为线索，我们会发现《原始思维》中有许多的附象与附数的比附思维的记载，例如，在每个图腾集团和固定给该集团的一定空间之间，就存在着神秘的互渗，东西南北的方位又通过互渗而与一定的颜色、风、神话活动比附着，而后者又与河流或神圣的森林比附着，如此等等至于无

---

① ［法］列维·布留尔：《原始思维》，第78—79页。

穷；北美印第安人给"4"这个数赋予的神秘意义超过了其他一切数，等等。

国内学人在思维领域的一些成果也关涉到类思维问题，其中最具有代表性的便是刘文英与吾淳的研究。刘文英的《漫长的历史源头——原始思维与原始文化新探》可谓是国内学人研究原始思维的一部皇皇巨著，分为四编：第一编是根据原始文化所提供的材料，考察原始思维的发生、发展和基本特征；第二编旨在具体考察活动与动作、社会交往、语言系统、潜意识等因素在原始思维中的作用；第三编转换了一个视角，从原始思维的象征、机制及其历史变化，反观原始时代和原始人的各种文化现象；第四编是思考原始思维与原始文化问题的若干结论。刘文英强调，原始思维走向逻辑化，有其内在的根据和历史的必然性。而且，他注意到思维与文化的彼此影响、互为表里的关系，通过对中国思维方式进行历史与逻辑相统一的研究，以探讨中国文化的自身特质。刘文英并无意对"类思维"问题作出专门论述，也未有专章、专节对这一问题作特殊考察，但是，我们依然可以从此书对于原始思维与原始文化的探究中发现其对于"类思维"研究的巨大贡献，主要有三：（1）本书对类思维问题的最大贡献集中于对分类思维的阐明上。首先，刘文英通过对"类意象"即意象的类化的考察，分析了文明人的分类与原始人的分类的不同之处。他认为，"对于文明人来说，所谓分类，就是根据一个对象的本质特性，把它纳入到一定的'类'概念当中，或者说，概括众多对象共同的本质特征，而形成一个'类'概念"，而对于原始人来说，"他们只能通过类比意象，把有关对象在头脑中划分成一个一个的意象系列或意象群"①。即是说，原始人是着眼于"象"上的相似，而文明人更加注意"理"上的一致。其次，刘文英注意到分类思维是建基于人类自身的社会实践之上的，即原始人在头脑中之所以会产生某种类化或分类的能力，完全是因为原始人的社会实践与社会活动的影响，如原始人在实践中已经能够制造一定类型的工具。再次，像列维·斯特劳斯一样，刘文英也将分类与秩序结合起来，认为，无论是类化还是整合，都是原始思维有序化的一种方式。最后，在研究五行问题时，刘文英也是从分类的角度入手的。他认为五行最初可能

---

① 刘文英：《漫长的历史源头》，第 202—203 页。

是按照空间方位所进行的一种分类，并进一步指出："'五行'不是五种物，而是由五种物代表的五类物。'木'似代表植物类，'火'似代表可燃发光类，'土'似代表固态、粉状无机类，'金'明显代表金属类，'水'似代表液态类。"① （2）该书对比类思维问题也稍有涉及。当探讨到原始思维的"意象——概念"运作阶段的"意象符号水平"时，刘文英指出："图画符号由图画简化而来，有类比、象征、借喻、隐喻等。"② 就我们今天的研究来看，象征、借喻、隐喻等实是比类思维的具体表现与应用。在"意象把握对象的方式"一节中，刘文英对"类比性的借喻"与"象征性的隐喻"作了专门的考察。（3）通过对原始思维与原始文化的全面考察，刘文英的研究结论已经关涉到连续性问题，虽然他并未以"连续性"一词来展开。刘文英指出，从人类思维的历史发展来看，原始思维是整个人类思维、包括现代思维的真正源头，就算是"包括中国在内的一些历史悠久的文明古国，现在还仍然能看到原始文化的某些遗存，而哪里还有原始文化的遗存，那里就还能看到原始思维的影响"③。这一看法引发了我对《吕氏春秋》类思维与原始思维的关系问题的思考。

吾淳对于包括类思维在内的思维问题特别是中国思维问题也进行过较为细致的考察。对于"类"的相关问题，吾淳在《中国思维形态》中多有涉及，专辟第五章"辨物"与第十七章"相似性思考：类比与类推"两章进行考察，其他如第十四章"象征倾向"等也有相关论述。之后，吾淳在《古代中国科学范型》第十二章"经验的常见形式"中专辟"类比"一节，又将第十三章定名为"辨类"，对"分类"思维进行了相关研讨。近年，吾淳将其长期以来对于中国哲学与思维形态、科学范型等领域的研究成果进行了总结梳理与深度研究，著述为《中国哲学的起源》一书，影响较大。其中，针对类思维问题，在第二章"早期思维的主要兴趣"中对二分与分类思维进行了考察，在第三章"早期思维的主要特征"中对因现象之间的相似性而形成的比类思维进行了考察，在第四章"中国哲学思维与观念的上古知识源头"中对早期生物、地理知识对于类思

① 刘文英：《漫长的历史源头》，第207页。
② 刘文英：《漫长的历史源头》，第126页。
③ 刘文英：《漫长的历史源头》，第743页。

维与观念的意义及影响进行了考察，在第五章"中国哲学思维与观念的上古宗教源头"中又对巫术之于类观念的意义与价值进行了考察。以此为基础，吾淳辟出专章即第七章"'类'观念"，对中国思维中的分类思维、类比思维及类概念的形成等重大问题进行了较为深入的研究。吾淳对此问题的思考一直建基于与希腊状况的对比之上，故多有创见。简言之，他对类思维及其相关问题研究的价值主要有三：（1）首次自觉地将类思维分为分类思维、比类思维、比附思维，并旁及象征、比兴等相关问题，且对诸问题的研究都进行了展开。吾淳通过对《山海经》《尚书·禹贡》《管子·地员》《尔雅》等文献的集中考察，对早期中国的分类思维进行了较为深入的研究，这在中国思维史上还是第一次。此外，吾淳通过研究，指出类比思维具有两大特征：一是它是一种作横向运动的思维形式，二是它具有明显的联想性；比附思维也可分为两种：一是附象，二是附数。①（2）从"类"的角度进一步系统考察了五行观念、概念、思想的发生发展史，他指出："'阴阳'和'五行'观念实则是'象'与'类'观念的具体化也即中国化。其中，'阴阳'主要是沿'象'的思维与观念路径发展起来的，它是观象、征象思维与观念发展的体现和结果，而'五行'则在很大程度上与'类'的思维和观念有关，它既有分类思维与观念的成分，也有比类思维与观念的内容。"②（3）通过对世界各族的原始思维与早期中国思维形态的比较思考与研究，吾淳在多处提到了比附思维具有返祖的特征这一重要论断。而对于返祖问题的研究，我相信，必然对深入探究类思维的发生发展演进历程等重大问题产生极大的推动作用。如上吾淳有关类思维问题的思考与论述，对本书的写作具有很大的启发意义。

三　援引与开拓——"图式"问题的相关研究成果概述

图式问题与类思维之间有着莫大的联系，它是一个异中求同的排除性过程，并以此来体现异类之间关系的抽象化和概括性，这是类思维特别是比附思维的载体与表现形式。反观中国哲学的相关问题，与图式问题关联

① 吾淳：《中国思维形态》，第 276 页。
② 吾淳：《中国哲学的起源》，第 158 页。

性最强的应属五行世界图式问题，而《吕氏春秋》特别是《十二纪》的部分明显是以五行为框架写就的，甚至如陈奇猷等人认定《吕氏春秋》一书就是五行家思想的体现，所以，比附思维与五行世界图式问题在本书中也占有较大篇幅。又，国内实际上已有对图式问题的研究综述，即发表于《重庆教育学院学报》2003 年第 1 期的《图式研究的历史演变》与发表于《河南社会科学》2011 年第 4 期的《国内图式理论研究综述》两篇文章。前文将康德图式说的源头追溯到柏拉图的"理念论"，将"理念论"比作"早期图式说"，将康德的图式说比作图式的"近代形态"，将皮亚杰的图式说比作"现代图式说"，将信息加工理论的认知图式理论比作"发达形态"，可以说仅是将西方图式理论的基本发展进程做了一个简单的梳理，并未涉及今人对图式问题的研究现状。后文的确是图式说在国内研究现状的总结，但由于作者的专业出身（作者康立新为外语专业教师），故对图式理论在哲学领域的进展及现状的撰写比较粗疏，主要关注点在于图式理论在外语教学领域的应用上。鉴于图式在本书中重要的理论价值以及今人对研究现状考察的不足，从哲学、思维角度对其研究现状作一基本概略是完全必要的。

图式（schema）一词是由康德在《纯粹理性批判》的"原理分析论"中首次提出，他认为，"显然必须有第三种东西，一面与范畴同质，另一面又和出现同质，而这样才使前者之应用于后者成为可能。这种中间媒介的表象必须是纯粹的，即毫无经验性的内容，而同时它一方面必须是知性的，另一方面却必然是感性的。这样一种表象就是先验的图型"[①]。这里，"图型"即"图式"，仅是译法不同而已。接着，康德对图式与图像的关系、图式的分类、图式的来源等问题进行了论述，以解决其知性概念何以应用于感性经验的问题。康德之后，海德格尔（Martin Heidegger）、维特根斯坦（Ludwig Wittgenstein）、乔姆斯基（Noam Chomshy）等人都对图式问题有所阐发，特别值得一提的是，巴特莱特（Frederic C. Bartlett）通过对"记忆"的研究，将图式理论首次引入心理学领域，这集中体现在其所著述的《记忆：一个实验的与社会的心理学实验》一书中。皮亚杰（Jean Piaget）紧跟其后，将康德的"图式"援引到他的研究中，通过选

---

① ［德］康德：《纯粹理性批判》，韦卓民译，华中师范大学出版社 2000 年版，第 186 页。

择性地接受过程，逐步成为了他的发生认识论与儿童心理学研究中的核心概念与理论基石，主要体现在他的《发生认识论》《发生认识论原理》《儿童心理学》《结构主义》《生物学与认识》等著作中。如下，我将对图式学说特别是康德图式说的研究现状作一考察。

在国外，部分学者将毕生精力都献给了康德哲学研究事业，我们可将这些人称之为"康德学者"。他们对康德哲学进行引介与深层研究，其中，加拿大康德学者约翰·华特生（John Wtson）和英国康德学者康蒲·斯密（Norman Kemp Smith）就是典型。

约翰·华特生著有《康德哲学讲解》一书，主要是对康德哲学进行简要介绍与分析，但其中也不乏个人的见解。在第二卷第一章"范畴的图型法"中，有两个地方值得我们注意：（1）当他探讨到图式与意象的关系时，指出："图型是想象力的产物，可是一种特别的产物，因为想象力所产生的对象不是个别的而是普遍的，或者更确切说，不是一个个别对象的产生，而是产生一个个别对象的某种普通的方法。"[1]（2）在考察到图式的本质问题时，他指出，图式只是想象力按照表达于这范畴的统一状态的规则的纯粹综合。如上论述，显然是对康德图式说深入思考的结果，相较于康德原著，无疑是更加具体的。

与约翰·华特生不同，康蒲·斯密并未将关注点集中在对于哲学理论的引介上，而主要是对康德哲学进行重新思考与批判，体现在康德图式说中，大体有二：（1）"建筑术"一词的提出。"建筑术"指康德建构其哲学体系所运用的方法、技巧。康蒲·斯密通过对康德图式说的考察，认为康德图式理论明显存在矫揉造作与前后矛盾之处，因此，他认为康德之所以提出图式学说，完全是出于建构自身理论体系的需要，并不存在合理性，更不能为人所接受。（2）对经验图式的关注。先验图式在康德的先验哲学中占有至关重要的地位，是其图式学说中最基本、最普遍、最为着重论述的部分。但事实上，先验图式并不涵容康德图式理论的全部，先验图式之外还有经验图式的存在。这一点，康德本人可能也未能自觉地注意到。康蒲·斯密指出："康德说到生产的想象的经验的机能，这样就使他承认先验的图型之同时，并承认有经验的图型"，而他虽认为这种做法使

---

① ［加］约翰·华特生：《康德哲学讲解》，韦卓民译，商务印书馆1963年版，第149页。

康德在阐明中发生了很大混乱，"但他的学说却因之更为丰富"①。康蒲·斯密之于康德图式说的这两项发现与强调，对国内学人理解与思考康德的图式理论产生了非常重要的影响。如周贵莲在著述《认识自然科学之谜的哲学家——康德认识论研究》中便充分吸收了康蒲·斯密有关"建筑术"的观点，曹俊峰在《论康德的图式学说》一文中也注意到了经验图式在康德图式说中的重要价值。

国内学人对于康德图式说的研究大体还停留在理论介绍与解读的层面上。从对"schema"一词进行翻译竟然存在如此之大的争议上便可见一斑：郑昕、牟宗三等人将其译为"图式"，蓝公武、韦卓民、杨祖陶、邓晓芒、李秋零等人译为"图型"，齐良骥译为"范型"，李泽厚译为"构架"，王宪钿译为"格局"，范祖珠译为"架构"，等等。当然，自20世纪70年代，当皮亚杰的图式学说传到中国以后，国内学人在之后的二十年里曾对图式问题形成了一个小的研究热潮，也取得了一定的成果。

就我所知，郑昕应为最早将康德哲学引介到中国的学者，现有《康德学述》一书传世。在对康德图式理论的简要介绍之外，郑昕提出"缩合字"一词以形象地解释"图式"。他说："想象力替概念的形象设计一个轮廓，附于概念一种'缩合字'……这样的'缩合字'或图案叫做'图式'。"② 这一解释对于我们如何更好地理解"图式"一词无疑起到了更加形象的作用。此外，郑昕对有关康德图式说批判的若干思考也值得我们注意。他认为，康德过分地接受了传统逻辑的影响，把概念看作是抽象的即不关乎内容的，这违背了康德本人对于概念论的巨大贡献，所以，图式说在康德的知识系统中，完全属于画蛇添足，是没有必要的。这一观点至今仍存在许多争议，但无论如何，至少是国内学人研究康德图式说的起步，是独立思考的结果，这是应当受到肯定与赞扬的。

李泽厚有关康德图式说的思考也应受到我们的关注。他在《批判哲学的批判》第四章"认识论：范畴"中专辟"先验构架"一节来探讨图式问题，主要创见有二：（1）李泽厚通过对图式本质的考察，指出图式

---

① ［英］康蒲·斯密：《康德〈纯粹理性批判〉解义》，韦卓民译，华中师范大学出版社2000年版，第363页。

② 郑昕：《康德学述》，商务印书馆1984年版，第152页。

大体相当于某种图表、格式、模型等，并创造性地将图式比作地图、建筑工地的蓝图、化学元素周期表、人体解剖图等，这与郑昕"缩合字"一词的提出有异曲同工之妙，都能让我们更加形象准确地对"图式"作出理解。（2）对于康德图式学说的评价，李泽厚批评并否定了以往斥责康德的图式说或认为康德图式说不重要的观点，指出图式说"是康德'批判哲学'认识论的关键之一，它是企图连接先验与经验、知性与感性、一般与特殊、本质与现象的中介，康德以唯心主义的方式提出了这个具体联结方式的问题，有极为重要的意义"[①]。

齐良骥也是国内康德哲学研究的代表人物。他在《康德的知识学》中辟出整章即第六章"范型的中介作用"来探究康德图式说的相关问题。我认为，齐良骥对于康德图式说的最大贡献应该是：他在谈到康德图式说的意义时，把范畴与经验对象的结合归结为了一般与特殊的结合。而且，他还用"归属"与"统摄"二词来描述二者的关系，指出："归属"是指具体的、个别的客体归属于一定的概念，而"统摄"是指一个概念包含着或应用于诸多个别的客体。更进一步，他注意到这种一般与个别结合的问题是知识学的，而非本体论的。康德是把本体论的一般与个别结合的问题，转变为彻底的知识学的个别客体归属概念或概念包含个别客体的问题。纵然这一观点可能具有这样那样的局限性，但从这一角度进行思考实在是一种真知灼见。

温纯如对于康德图式理论的考察在康德图式学说研究史上具有里程碑的意义。他在《哲学研究》1997 年第 7 期发表长文《康德图式说》，后收录到他的《认知、逻辑与价值——康德〈纯粹理性批判〉新探》一书中。他从异质认识的联结、图式的本质、图式的分类、图式说的意义等 4 个方面对康德的图式理论进行了全面系统的论述，可以说，研究康德图式理论，这是一个新的起点。其中，最为有价值的论述体现在两个方面：（1）对康德图式说所具有的动态性特质的肯定。在温纯如发表此文之前的既定事实是，包括皮亚杰在内的诸多国内外学人都共同指出，康德的图式学说是静态的、僵死的、凝固不变的，如皮亚杰便认为康德"把范畴

---

① 李泽厚：《批判哲学的批判》，人民出版社 1979 年版，第 134 页。

看作固定的，看作以确定的形式一劳永逸地对心灵和事物施加影响的"①。国内学人如郭小平在《四川大学学报（哲学社会科学版）》1985 年第 3 期发表的《康德图式说述评》，王靖华在《北京师范大学学报（哲学社会科学版）》1987 年第 3 期发表的《康德的"图式说"与现代认知结构理论》，熊哲宏在《襄樊学院学报》2000 年第 6 期发表的《皮亚杰理论与康德先验范畴体系》等著述中对康德图式说的静态性问题都有论述。温纯如通过对康德著述原文的解读与思考，在文中两次提出并强调康德图式说所具有的动态性特质，具有重大理论价值。（2）温纯如在考察图式说的意义时，首次提出康德的图式理论具有合主体目的性与辩证法的意义。合主体目的性主要表现在两个方面：一是确立普遍性必然性的科学知识，二是为科学知识的可能确立哲学的依据；辩证法的思想主要体现在从感性到知性、个别与一般的联结等方面。

如上郑昕、齐良骥、温纯如三代学人对于康德图式说的研究既一脉相承，又向前发展，可算是国内图式学说研究史的缩影。而我对于图式理论进行考察的目的，是要在学习与研究图式问题的基础上总结图式的基本特质，以实现与中国哲学特别是其中的阴阳五行问题的对接。中国哲学中也谈图式、世界图式或宇宙图式，但据我考察，基本并未建基于对图式理论的深入考察之上。如冯友兰在《中国哲学简史》中就指出："中国古代，试图解释宇宙的结构和起源的思想中有两种路线。一条见于阴阳家的著作，一条见于儒家的无名作者们所著的'易传'。"② 后来，在《中国哲学史新编》第二册里又专门辟出两章，即第二十章"阴阳五行家的具有唯物主义因素的世界图式"与第二十一章"易传的具有辩证法因素的世界图式"。庞朴在《阴阳五行探源》一文中，也将"阴阳五行图式"作为一词来运用，说："如果不明白阴阳五行图式，几乎就无法理解中国的文化体系。"③ 此外，乌恩溥还著有《周易：古代中国的世界图式》一书，其中对《周易》的阴阳图式及其衍生出的八卦图式、六十四卦图式进行了考察。但若严格基于如上图式理论的考察，我们发现，唯一能够与西方

---

① ［美］R. 基奇纳：《皮亚杰与康德主义》，熊哲宏译，《哲学译丛》1993 年第 4 期。

② 冯友兰：《中国哲学简史》，涂又光译，北京大学出版社 1985 年版，第 158 页。

③ 庞朴：《当代学者自选文库：庞朴卷》，安徽教育出版社 1999 年版，第 194 页。

图式理论实现完整对接的仅表现在五行图式上，阴阳图式与阴阳五行图式可能在表述上都有欠妥之处。

重新回归图式与类思维的关系问题，我发现，有关图式学说的援引、考察与思考，实则对类思维问题的理解与研究有很大的启发意义，主要表现在3个方面：（1）由思维的角度研究图式问题的合理性问题。当康德探究图式与意象的关系问题时，他举例说明：如果并排着点5个黑点，那么，就有了"5"这个数的意象，然而，"5"的图式，既不是具体的图画，也不是知性的概念，更不是写在纸上的"5"字，它仅仅是关于"5"这个数目的思维。由此，我们可以看出，图式是思维的表现形式，思维是图式所要表达的内容，从思维的角度研究图式问题具有合理性与可行性。（2）异质认识的联结问题对于考察比附思维的启迪意义。感性直观与知性概念是不同源的异质类，如何把二者联结起来，这应是康德提出图式说的直接动因。而这种不同类或不同质的认识联结问题，让我们联想到了比附思维的相关问题。比附思维就是在对异类事物的认知之间建立某种必然性的联结。只不过图式是强调在思维内部异类认识的联结，而比附更加强调在不同的事物、现象之间的联结。如果这一点能够讲得通的话，就更加增强了从图式与世界图式的角度研究五行比附思维的合理性。（3）有关图式与类思维的关系问题，国内少数学人已经自觉认识到了这一点，如曹俊峰在考察经验图式与经验概念的关系时便指出：类名称就是经验概念，"经验图式是类概念的图形化，是群体特征和结构的抽象化，人脑中有了它，便可认知属于某个类的个体"①。由此可见，图式与类思维问题的确息息相关。

---

① 曹俊峰：《论康德的图式学说》，《社会科学战线》1994年第6期。

参考文献

经典典籍

（汉）高诱：《吕氏春秋注》，世界书局 1935 年版。

夏纬瑛：《吕氏春秋上农等四篇校释》，中华书局 1956 年版。

吉联抗：《吕氏春秋音乐文字译注》，上海文艺出版社 1963 年版。

许维遹：《吕氏春秋集释》，中华书局 2009 年版。

张双棣等：《吕氏春秋译注》，北京大学出版社 2000 年版。

陈奇猷：《吕氏春秋新校释》，上海古籍出版社 2002 年版。

王利器：《吕氏春秋注疏》，巴蜀书社 2002 年版。

关贤柱等：《吕氏春秋全译》，贵州人民出版社 2009 年版。

王晓明：《吕氏春秋通诠》，江西人民出版社 2010 年版

刘毓庆、李蹊译注：《诗经》，中华书局 2011 年版。

王世舜、王翠叶译注：《尚书》，中华书局 2012 年版。

高亨：《周易古经今注》，中华书局 1984 年版。

孙星衍：《周易集解》上，成都古籍书店 1988 年版。

刘大钧、林忠军：《周易经传白话解》，上海古籍出版社 2006 年版。

洪亮吉：《春秋左传诂》，李解民点校，中华书局 1987 年版。

杨伯峻：《春秋左传注》，中华书局 1990 年版。

李梦生：《左传译注》，上海古籍出版社 1998 年版。

李学勤主编：《十三经注疏》之《春秋左传正义》，北京大学出版社 1999 年版。

李学勤主编：《十三经注疏》之《毛诗正义》，北京大学出版社 1999 年版。

上海师范大学古籍整理组校点：《国语》，上海古籍出版社 1978

年版。

徐元诰：《国语集解》，王树民、沈长云点校，中华书局 2002 年版。

孙诒让：《周礼正义》，中华书局 1987 年版。

李学勤主编：《十三经注疏》之《周礼注疏》，北京大学出版社 1999 年版。

杨天宇：《周礼译注》，上海古籍出版社 2004 年版。

杨天宇：《礼记译注》，上海古籍出版社 2004 年版。

李渔叔：《墨子今注今译》，台湾商务印书馆 1974 年版。

孙诒让：《墨子闲诂》，中华书局 2001 年版。

李学勤主编：《十三经注疏》之《孟子注疏》，北京大学出版社 1999 年版。

夏纬瑛：《管子地员篇校释》，农业出版社 1981 年版。

姚春鹏译注：《黄帝内经》，中华书局 2010 年版。

（汉）高诱：《淮南子注》，世界书局 1935 年版。

许匡一：《淮南子全译》，贵州人民出版社 1993 年版。

何宁：《淮南子集释》，中华书局 1998 年版。

赖炎元：《春秋繁露今注今译》，台湾商务印书馆 1984 年版。

康有为：《春秋董氏学》，楼宇烈整理，中华书局 1990 年版。

苏舆撰：《春秋繁露义证》，钟哲点校，中华书局 2015 年版。

曾振宇、傅永聚：《春秋繁露新注》，商务印书馆 2010 年版。

张世亮等译注：《春秋繁露》，中华书局 2012 年版。

马其昶：《韩昌黎文集校注》，上海古籍出版社 1986 年版。

朱杰人等主编：《朱子全书》（修订本）第 1、6 册，上海古籍出版社、安徽教育出版社 2010 年版。

顾祖禹：《读史方舆纪要》第 1 册，中华书局 2005 年版。

朱骏声：《说文通训定声》，武汉古籍书店 1983 年影印本。

刘熙：《释名》，中华书局 1985 年版。

工具书籍

刘殿爵、陈方正主编：《〈吕氏春秋〉逐字索引》，台湾商务印书馆 1996 年版。

张双棣等：《〈吕氏春秋〉索引》，山东教育出版社2002年版。

冯契主编，傅季重分卷主编：《哲学大辞典》（逻辑学卷），上海辞书出版社1988年版。

夏征农主编：《大辞海》（医药科学卷），上海辞书出版社2003年版。

中国百科大辞典编委会编：《中国百科大辞典》（逻辑学），华夏出版社1990年版。

中文著作

白奚：《先秦哲学沉思录》，中国社会科学出版社2007年版。

陈遵妫：《中国天文学史》（第二册），上海人民出版社1982年版。

陈广忠：《淮南子科技思想》，中国文史出版社2017年版。

杜石然：《中国科学技术史稿》上册，科学出版社1982年版。

丁原明：《黄老学论纲》，山东大学出版社1997年版。

冯友兰：《中国哲学简史》，涂又光译，北京大学出版社1985年版。

冯友兰：《中国哲学史新编》上，人民出版社1998年版。

冯友兰：《中国哲学史》下，中华书局2014年版。

冯禹：《"天"与"人"——中国历史上的天人关系》，重庆出版社1990年版。

顾颉刚：《秦汉的方士与儒生》，上海古籍出版社1978年版。

顾颉刚编著：《古史辨》三、五，上海古籍出版社1982年版。

郭宝钧：《中国青铜器时代》，生活·读书·新知三联书店1963年版。

郭教礼等主编：《类经评注》，陕西科学技术出版社1996年版。

郭沫若：《郭沫若全集》之《历史编》第四卷，人民出版社1982年版。

郭沫若：《十批判书》，东方出版社1996年版。

郭郛等：《中国古代动物学史》，科学出版社1999年版。

黄大受：《吕氏春秋政治思想论》，东方文化社1947年版。

侯外庐等：《中国思想通史》第一卷，人民出版社1957年版。

洪家义：《吕不韦评传》，南京大学出版社1995年版。

胡道静、戚文编著：《周易十讲》，上海人民出版社2003年版。

黄朝阳：《中国古代的类比——先秦诸子譬论》，社会科学文献出版社 2006 年版。

金景芳：《周易讲座》，吉林大学出版社 1987 年版。

金春峰：《汉代思想史》，中国社会科学出版社 2006 年版。

吕子方：《中国科学技术史论文集》下册，四川人民出版社 1984 年版。

卢嘉锡主编：《中国科学技术史》（地学卷），科学出版社 2000 年版。

卢嘉锡主编：《中国科学技术史》（农学卷），科学出版社 2000 年版。

卢嘉锡主编：《中国科学技术史》（科学思想卷），科学出版社 2001 年版。

卢嘉锡主编：《中国科学技术史》（天文学卷），科学出版社 2003 年版。

卢嘉锡主编：《中国科学技术史》（生物学卷），科学出版社 2005 年版。

刘大钧：《周易概论》，齐鲁书社 1986 年版。

刘泽华：《中国政治思想史》（先秦卷），浙江人民出版社 1996 年版。

刘文英：《漫长的历史源头》，中国社会科学出版社 1996 年版。

刘明明：《中国古代推类逻辑研究》，北京师范大学出版社 2012 年版。

李镜池：《周易探源》，中华书局 1978 年版。

李泽厚：《批判哲学的批判》，人民出版社 1979 年版。

李泽厚：《中国古代思想史论》，人民出版社 1985 年版。

李家骧：《吕氏春秋通论》，岳麓书社 1995 年版。

李维武：《吕不韦评传——一代名相与千古奇书》，广西教育出版社 1997 年版。

李零：《中国方术考》（修订本），东方出版社 2001 年版。

李零：《中国方术续考》，东方出版社 2000 年版。

李健：《比兴思维研究——对中国古代一种艺术思维方式的美学考察》，安徽教育出版社 2003 年版。

罗根泽：《管子探源》，岳麓书社 2010 年版。

梁启超：《先秦政治思想史》，东方出版社 1996 年版。

林剑鸣：《秦国发展史》，陕西人民出版社 1981 年版。

马伯英：《中国医学文化史》，上海人民出版社 1994 年版。

牟钟鉴：《〈吕氏春秋〉与〈淮南子〉思想研究》，人民出版社 2013 年版。

聂焱：《比喻新论》，宁夏人民教育出版社 2009 年版。

庞朴：《当代学者自选文库：庞朴卷》，安徽教育出版社 1999 年版。

任应秋：《五运六气》，上海科学技术出版社 1959 年版。

任继愈主编：《中国哲学发展史》（秦汉），人民出版社 1985 年版。

沈有鼎：《墨经的逻辑学》，中国社会科学出版社 1982 年版。

孙中原：《中国逻辑史》（先秦），中国人民大学出版社 1987 年版。

唐晓峰：《从混沌到秩序——中国上古地理思想史述论》，中华书局 2010 年版。

王启才：《〈吕氏春秋〉研究》，学苑出版社 2007 年版。

王启才编著：《〈吕氏春秋〉学术档案》，武汉大学出版社 2015 年版。

吾淳：《中国思维形态》，上海人民出版社 1998 年版。

吾淳：《古代中国科学范型》，中华书局 2002 年版。

吾淳：《中国哲学的起源》，上海人民出版社 2010 年版。

吾淳：《中国哲学起源的知识线索》，上海人民出版社 2014 年版。

吴光：《黄老之学通论》，浙江人民出版社 1985 年版。

温公颐、崔清田主编：《中国逻辑史教程》修订本，南开大学出版社 2001 年版。

汪子春、程宝绰：《中国古代生物学》，商务印书馆 1997 年版。

汪高鑫：《董仲舒与汉代历史思想研究》，商务印书馆 2012 年版。

乌恩溥：《周易：古代中国的世界图式》，吉林文史出版社 1998 年版。

熊铁基：《秦汉新道家略论稿》，上海人民出版社 1984 年版。

熊铁基：《秦汉新道家》，上海人民出版社 2001 年版。

萧公权：《中国政治思想史》，辽宁教育出版社 1998 年版。

萧风：《〈吕氏春秋〉养生精要》，宗教文化出版社 1998 年版。

徐复观：《两汉思想史》，九州出版社 2014 年版。

邢玉瑞：《〈黄帝内经〉理论与方法论》，陕西科学技术出版社 2005

年版。

轩小杨：《先秦两汉音乐美学思想研究》，中国社会科学出版社 2011年版。

袁晖：《比喻》，安徽人民出版社 1982 年版。

于希贤：《中国古代地理学史略》，河北科学技术出版社 1990 年版。

杨儒宾、黄俊杰主编：《中国古代思维方式探索》，台北正中书局1996 年版。

中国科学院自然科学史研究所地学史组主编：《中国古代地理学史》，科学出版社 1984 年版。

朱志凯主编：《形式逻辑基础》，复旦大学出版社 1983 年版。

张岱年：《中国哲学大纲》，中国社会科学出版社 1982 年版。

张岱年等：《中国思维偏向》，中国社会科学出版社 1991 年版。

张明冈：《比喻常识》，北京出版社 1985 年版。

张富祥：《王政全书——〈吕氏春秋〉与中国文化》，河南大学出版社 2001 年版。

张家龙主编：《逻辑学思想史》，湖南教育出版社 2004 年版。

张晓光：《推类与中国古代逻辑》，法律出版社 2012 年版。

章学诚：《文史通义》，上海书店 1988 年版。

周文英：《中国逻辑思想史稿》，人民出版社 1979 年版。

周云之等：《中国历史上的逻辑家》，人民出版社 1982 年版。

周云之、刘培育：《先秦逻辑史》，中国社会科学出版社 1984 年版。

周云之：《先秦名辩逻辑指要》，四川教育出版社 1993 年版。

周桂钿：《秦汉思想史》，河北人民出版社 2000 年版。

周桂钿主编：《中国传统政治哲学》，河北人民出版社 2007 年版。

周桂钿：《董学探微》，北京师范大学出版社 2008 年版。

周山主编：《中国传统类比推理系统研究》，上海辞书出版社 2011年版。

周光华：《远古华夏族群的融合——〈禹贡〉新解》，海天出版社2013 年版。

中译著作

［德］康德：《纯粹理性批判》，韦卓民译，华中师范大学出版社2000年版。

［德］康德：《纯粹理性批判》，邓晓芒译，人民出版社2004年版。

［德］康德：《宇宙发展史概论》，全增嘏译，上海译文出版社2001年版。

［法］爱弥儿·涂尔干、［法］马塞尔·莫斯：《原始分类》，汲喆译，上海人民出版社2000年版。

［法］列维·斯特劳斯：《野性的思维》，李幼蒸译，中国人民大学出版社2006年版。

［法］列维·布留尔：《原始思维》，丁由译，商务印书馆2014年版。

［加］约翰·华特生：《康德哲学讲解》，韦卓民译，商务印书馆1963年版。

［美］张光直：《美术、神话与祭祀》，郭净、陈星译，辽宁教育出版社1988年版。

［美］本杰明·史华兹：《古代中国的思想世界》，程刚译，江苏人民出版社2004年版。

［美］郝大维、安乐哲：《期望中国：对中西文化的哲学思考》，施忠连等译，学林出版社2005年版。

［美］安乐哲：《自我的圆成：中西互镜下的古典儒家与道家》，彭国翔译，河北人民出版社2006年版。

［日］中村元：《东方民族的思维方法》，林太、马小鹤译，浙江人民出版社1989年版。

［日］山田庆儿：《古代东亚哲学与科技文化》，廖育群译，辽宁教育出版社1996年版。

［苏］楚巴欣、布洛德斯基主编：《形式逻辑》，宋文坚等译，上海人民出版社1981年版。

［英］李约瑟：《中国科学技术史》第五卷《地学》第一分册，《中国科学技术史》翻译小组译，科学出版社1976年版。

［英］李约瑟：《中国科学技术史》第六卷第六分册《医学》，刘巍

译，科学出版社 2013 年版。

　　［英］康蒲·斯密：《康德〈纯粹理性批判〉解义》，韦卓民译，华中师范大学出版社 2000 年版。

　　［英］葛瑞汉：《论道者：中国古代哲学论辩》，张海宴译，中国社会科学出版社 2003 年版。

主要论文

　　白奚：《也谈〈管子〉的成书年代与作者》，《中国哲学史》1997 年第 4 期。

　　白奚：《儒家天人合一思想开展的向度——以〈易传〉、思孟学派和董仲舒为中心的考察》，《社会科学战线》2013 年第 6 期。

　　陈梦麟：《从类概念的发生发展看中国古代逻辑思想的萌芽和逻辑科学的建立——兼与吴建国同志商榷》，《中国社会科学》1985 年第 4 期。

　　崔清田：《推类：中国逻辑的主导推理类型》，《中州学刊》2004 年第 3 期。

　　晁福林：《从新出战国竹简资料看〈诗经〉成书的若干问题》，《中国史研究》2012 年第 3 期。

　　陈荣灼：《中国文字与中国人的思维模式》，《人民论坛》2017 年第 27 期。

　　丁四新：《汉代哲学发展的动力及其思想斗争新论》，《上海师范大学学报》（哲学社会科学版）2019 年第 2 期。

　　丁四新：《"数"的哲学观念与早期〈老子〉文本的经典化》，《中山大学学报》（哲学社会科学版）2019 年第 3 期。

　　冯文慈：《释"宫商角徵羽"阶名由来》，《中国音乐》1984 年第 1 期。

　　葛荣晋：《〈黄帝内经〉哲学思想探》，《湖南师范大学社会科学学报》1986 年第 5 期。

　　康中乾：《论"天人合一"之"合"》，《人文杂志》1995 年第 4 期。

　　黄开国：《天人感应论——本质上是社会伦理政治哲学》，《社会科学研究》1988 年第 1 期。

　　黄朴民：《〈春秋繁露〉的真伪与体例辨析》，《齐鲁学刊》1990 年第

2 期。

黄朝阳：《中国古代逻辑的主导推理类型——推类》，《南开学报》（哲学社会科学版）2009 年第 5 期。

胡克森：《从德政思想兴衰看"五德终始"说的流变》，《历史研究》2015 年第 2 期。

季羡林：《"天人合一"新解》，《传统文化与现代化》1993 年第 1 期。

金景芳：《论〈周易〉的实质及其产生的时代与原因》，《传统文化与现代化》1998 年第 3 期。

金荣权：《关于〈诗经〉成书时代与逸诗问题的再探讨》，《诗经研究丛刊》2007 年第 2 期。

巨朝军：《类比思维探微》，《齐鲁学刊》1999 年第 4 期。

晋荣东：《推类等于类比推理吗?》，《逻辑学研究》2013 年第 4 期。

李零：《〈管子〉三十时节与二十四节气——再谈〈玄宫〉和〈玄宫图〉》，《管子学刊》1988 年第 2 期。

李家骧：《中外"〈吕氏春秋〉学"评考综要》上，《湘潭大学学报》（哲学社会科学版）1998 年第 6 期。

李家骧：《中外"〈吕氏春秋〉学"评考综要》下，《湘潭大学学报》（哲学社会科学版）1999 年第 1 期。

李家骧：《中外"〈吕氏春秋〉学"评考综要补》，《湘潭大学学报》（哲学社会科学版）2001 年第 5 期。

李海霞：《〈中国古代动物学史〉古动物名考误》，《自然科学史研究》2002 年第 1 期。

李宗桂：《生态文明与中国文化的天人合一思想》，《哲学动态》2012 年第 6 期。

李若晖：《论五行学说之成立》，《杭州师范大学学报》（哲学社会科学版）2014 年第 3 期。

刘玉堂：《〈神农〉作者考辨》，《中国农史》1984 年第 3 期。

刘泽华：《天人合一与王权主义》，《天津社会科学》1996 年第 4 期。

刘元彦：《〈吕氏春秋〉的精气说——兼论与德谟克利特原子论的异同》，《传统文化与现代化》1997 年第 2 期。

刘冠生：《〈吕氏春秋〉之〈上农〉四篇的思想渊源新论》，《管子学刊》2014 年第 2 期。

鲁洪生：《从赋、比、兴产生的时代背景看其本义》，《中国社会科学》1993 年第 3 期。

任继愈：《试论天人合一》，《传统文化与现代化》1996 年第 1 期。

史念海：《论〈禹贡〉的著作年代》，《陕西师范大学学报》（哲学社会科学版）1979 年第 3 期。

沈志忠：《汉代五谷考略》，《中国农史》1998 年第 1 期。

苏正道：《再论〈吕氏春秋〉"上农四篇"的来源》，《农业考古》2013 年第 3 期。

唐明邦：《〈周易〉和〈黄帝内经〉》，《孔子研究》1987 年第 3 期。

汤一介：《论"天人合一"》，《中国哲学史》2005 年第 2 期。

吴建国：《中国逻辑思想史上类概念的发生发展与逻辑科学的形成》《中国社会科学》1980 年第 2 期。

王绍东、张玉祥：《五德终始学说中的水德与秦汉政治》，《中国社会科学院研究生院学报》2005 年第 4 期。

夏鼐：《从宣化辽墓的星图论二十八宿和黄道十二宫》，《考古学报》1976 年第 2 期。

修海林：《先秦道家音乐学术思想的主要特征——以〈吕氏春秋〉诸篇为例的分析》，《中国音乐学》2011 年第 1 期。

许富宏：《〈吕氏春秋〉"上农四篇"来源考》，《中国农史》2009 年第 1 期。

姚春鹏：《〈周易〉与〈黄帝内经〉》，《周易研究》2001 年第 4 期。

易华：《六畜考源》，《古今农业》2012 年第 3 期。

张岱年：《中国哲学中"天人合一"思想的剖析》，《北京大学学报》（哲学社会科学版）1985 年第 1 期。

张岱年：《〈周易〉经传的历史地位》，《人文杂志》1990 年第 6 期。

张增田：《〈易经〉成书年代新证》，《安徽大学学报》（哲学社会科学版）1994 年第 1 期。

张增田：《〈易经〉成书年代新证补考》，《古籍研究》1997 年第 3 期。

张国华：《从〈天人三策〉到〈春秋繁露〉——兼论董仲舒与"黄老之学"》，《中国社会科学院研究生院学报》1995 年第 3 期。

张灿玾：《〈内经〉"人与天地相参"说刍议》，《山东中医药大学学报》2000 年第 2 期。

张晓芒：《中国古代从"类"范畴到"类"法式的发展演进过程》，《逻辑学研究》2010 年第 1 期。

赵玉瑄：《〈吕氏春秋〉的认识论思想》，《社会科学战线》1986 年第 2 期。

周山：《中国古代逻辑中几个重要范畴的历史考察》，《上海社会科学院学术季刊》1988 年第 2 期。

周桂钿：《释"天人合一"——兼论传统价值观的现代意义及其现代转换》，《山东社会科学》2002 年第 1 期。

周桂钿：《谈谈关于董仲舒研究的方法论问题》，《社会科学动态》2017 年第 9 期。

翟江月：《试论〈管子〉中的作品完成在〈吕氏春秋〉成书之后》，《管子学刊》2004 年第 3 期。

邹顺康：《董仲舒"三纲五常"思想评析》，《道德与文明》2014 年第 6 期。

后　记

　　呈现在大家面前的这本小书，既是我的博士学位论文，也是国家社科基金青年项目的结项成果。此刻，书稿付梓之际，掩卷回眸，往事如昨。

　　2011 年，我进入上海师范大学中国哲学专业攻读博士学位，师从吾敬东先生。吾师勤恳严谨的治学精神、善解人意的宽厚气量、正直无私的处事态度，都深深地感染着我，使我终身受益。论文题目确定之后，吾师多次对我说："有问题就来找我！"这句简短而饱含深情的话我始终记得。迄今为止，我依然保存着邮件中吾师发送给我的每一章的修改意见，大到篇章结构，小到字符格式，吾师为我的论文的写作实在付出了太多，感谢吾师！

　　2014 年，我如期毕业。感谢董平教授、吴震教授、周瀚光教授、刘仲宇教授、李申教授、方广锠教授、马德邻教授在论文开题和答辩过程中提出的宝贵意见，为我日后论文的修改指明了方向。

　　2015 年，我以博士学位论文为基础，首次申报国家社科基金青年项目并幸运获批。从 16 万字，删减、修改、扩充、完善，到如今 30 万字。历时四载，2019 年，顺利结项。

　　在此前后 9 年的时光中，我还要感谢为我的学习、工作和生活提供了莫大帮助的师友们，他们是：安庆师范大学罗本琦教授、余精华教授、张红飞副教授、何孔蛟副教授、章林副教授，安徽省社会科学院陶武副研究员、张盈盈博士，贵州凯里学院梁辉成副教授，还有我的同门师兄张方玉教授、张二远副教授，正是你们的关心、支持和鼓励，才有了这本小书的顺利完成。

　　本书得以顺利出版，我还要特别感谢曲阜师范大学马克思主义学院李安增院长和孙迪亮常务副院长，本书得到了李院长主持的山东省泰山学者工程专项经费资助项目（TS201712038）和曲阜师范大学马克思主义学院山东省重点马院建设经费的大力支持，为我解决了后顾之忧。

最后，衷心感谢中国社会科学出版社韩国茹女士为本书出版付出的大量辛勤劳动，书稿中许多格式方面的问题，韩老师都一一指出，并帮助修改，谢谢韩老师。

向所有在人生道路上鼓励过、帮助过我的师友们再道一声"谢谢"。明天的路依旧漫长，我会将师友们的这份情爱装进行囊，带向我生活的远方！

蒋开天

2021 年 2 月 26 日于曲园